가고 싶다, 그라나다

디테일이 살아 있는 색다른 지식 여행

가고 싶다,
그라나다

1판 2쇄 펴냄 2018년 2월 15일

지은이 신양란(글), 오형권(사진)
펴낸이 정현순
디자인 이은아

펴낸곳 (주)북핀
등록 제2016-000041호(2016. 6. 3)
주소 서울시 광진구 천호대로 572, 5층 505호
연락처 TEL: 070-4242-0525 / FAX: 02-6969-9737

ISBN 978-89-94886-68-8 13920
값 17,500원

색다른
지식 여행
시리즈 ❷

글 신양란─사진 오형권

가고 싶다,
그라나다

디테일이 살아 있는 색다른 지식 여행

그라나다에서 꼭 가봐야 할 장소를 꼼꼼하게
파헤친 색다른 지식 가이드

지혜정원

〈색다른 지식 여행 시리즈〉의 첫 번째 작품인 『가고 싶다, 바르셀로나』를 두고 한 지인이 이렇게 말했습니다.

"책을 낸다는 것은 영혼의 출산이다."

그 말이 맞는다면, 둘째 아이인 『가고 싶다, 그라나다』는 난산 끝에 세상에 나왔습니다. 원고가 대강 마무리되었을 때, '아니야, 이렇게는 책을 낼 수 없어.' 하는 마음이 들어 또다시 그라나다를 방문했을 정도입니다.

그라나다를 두 번째 도시로 정하고 작업을 시작할 때만 해도 쉽게 끝낼 수 있을 것 같았습니다. 너무나 강렬하게 날 사로잡은 그 매혹적인 도시에 대해서라면 할 말이 술술 나올 것 같았거든요.

그런데 막상 시작하고 보니 미궁을 헤매는 심정이 되었습니다. 그라나다를 여행하며 내가 한 일이라고는 "와!", "아아!" 하는 감탄과 탄식을 번갈아 터뜨린 것밖에 없다는 사실을 뒤늦게 깨달은 것입니다. 그렇습니다. 나는 그라나다를 냉정하게 분석하며 보질 못했습니다. 그저 황홀한 광경을 앞에 두고 가슴만 설렜던 것입니다. 사실 누군들 나스르 궁전의 그 숨 막히게 섬세한 장식을 보면서 냉정을 유지할 수 있겠습니까?

그러나 '디테일이 살아 있는 색다른 지식 여행'을 내세운 책의 콘셉트 때문에, 나는 다시 그라나다를 방문하여 기를 쓰고 냉정한 관점을 유지하려고 노력했습니다. 돋보기를 들이대는 심정으로 하나하나 꼼꼼히 보려고 무던히 애를 썼지요.

그리고 돌아와 하나하나 확인하며 글로 정리하는 과정이 '난산'에 비할 만큼 힘들었던 것입니다. 그렇지만 힘든 과정을 통과하고 보니 한편으로는 뿌듯하기도 합니다. 나는 지인들에게 이렇게 자랑하곤 합니다.

"책을 쓰면서부터 내가 자꾸 진화하는 것 같아. 다섯 권쯤 쓰고 나면 아무래도 내가 똑똑한 사람이 될 것 같아."

물론 아직 나는 똑똑한 사람으로 진화하지를 못했습니다. 약간 진화의 기미가 보일 뿐입니다.

그래도 『가고 싶다, 그라나다』를 탈고하면서 행복합니다. 오랜 산고를 견디어 내고 아이를 세상에 선보이는 산모의 심정처럼 말입니다.

부디 이 아이가 사람들에게 사랑받았으면 좋겠습니다. 그라나다를 여행하는 여행자들에게 꼭 필요한 아이라는 평가를 받았으면 좋겠습니다. 이 아이를 벗 삼아 여행한 사람들이 큰 도움을 받았다며 기특하게 여겨주었으면 좋겠습니다. 그럴 수 있다면 지독한 산고의 기억도 달콤하게 남을 것입니다.

함께 힘겨운 산고를 겪어준 박세란 편집자님께 감사드립니다. 여행작가로서는 초보자인 내게 시리즈를 맡기는 모험을 감수해 준 지혜정원의 모든 분께 감사드립니다. 책을 볼품 있게 만들어 줄 사진을 위해 중노동을 감수해 준 오형권 사진작가께 감사드립니다. 그리고 귀중한 사진을 쓰도록 허락해 준 구남희 선생님과 그분의 따님 이하영 양에게 각별한 감사의 마음을 전합니다. 그분들의 호의를 생각해서라도 좋은 책을 만들려고 노력했다는 점을 꼭 밝히고 싶습니다.

그 밖의 고마운 사람들을 여기에 다 적으면 책이 너무 두꺼워져 읽는 이에게 부담이 될까 봐 부득이 이 정도로 줄이겠습니다.

마지막으로, 이 좋은 세상을 다 보지 못한 채 다음 세상으로 총총히 여행을 떠나버린 조카 혜진이에게 이 책을 통해서라도 그라나다의 아름다운 풍광을 보여주고 싶습니다. 그 아이가 간 세상은 더 아름답겠지만, 그래도 고모 된 사람의 마음으로는 꼭 보여주고 싶은 곳이기 때문입니다.

저자 신양란

Contents

Part1. 알람브라 궁전(La Alhambra)

2장. 그라나다의 광장과 그 주변 건축물

3장. 그라나다의 수도원과 성당

이베리아 반도의 이슬람 왕조

현재의 사우디아라비아 지역에서 발생한 이슬람교는 종교적 포교와 군사적 정복을 병행하며 빠른 속도로 세력을 확장하였습니다. 그들은 동쪽으로는 메소포타미아 지역을, 서쪽으로는 이집트 지역을 정복하며 거대한 제국을 형성했지만 정복 욕심이 거기서 그치지 않았습니다. 651년에 현재의 트리폴리(리비아의 도시)를 정복했고, 680년에는 모리타니아(서아프리카에 위치한 나라)까지 정복했던 것입니다.

북부 아프리카를 차지하고 보니, 이제는 지중해 너머 북쪽의 이베리아 반도가 욕심났습니다. 중동 지역의 무덥고 메마른 사막 지대에서 살던 그들에게 지중해성 기후의 온화한 날씨와 풍부한 물, 꽃과 나무가 울창한 이베리아 반도는 지상 낙원과 같았던 것입니다.

호시탐탐 이베리아 반도로 진출할 기회만 노리고 있던 이슬람교도들에게 기쁜 소식이 전해졌습니다. 당시 이베리아 반도는 서 고트족의 지배 아래 있었는데, 왕위 계승을 둘러싸고 내분이 일어난 것입니다. 국왕 위티사Witiza가 죽은 뒤 그의 아들 아킬라Achila가 왕위에 올랐는데, 왕위 세습을 반대하는 귀족들과 손을 잡은 로드리고Rodrigo가 그를 축출하고 왕위를 찬탈한 것입니다.

타리크 이븐 지야드

당시 서 고트족에게는 왕위 세습의 전통이 없는 상태였으므로 늘 혼란의 여지가 있었습니다. 아킬라는 빼앗긴 왕위를 되찾기 위해 북아프리카의 통치자인 무사 빈 누사이르Musa bin Nusair에게 도움을 요청했습니다. 무사에게 이것은 저절로 굴러온 행운이었으니, 거절할 이유가 없었지요.

무사는 자신의 부하인 타리크 이븐 지야드Tāriq Ibn Ziyād에게 군사를 주어 이베리아 반도로 건너가게 합니다. 타리크가 군대를 이끌고 상륙한 지점을 그의 이름을 따서 '자발 알 타리크Jabal al Tāriq(타리크의 언덕)'라고 했는데, 나중에 와전되어 지금은 '지브롤터Gibraltar'라고 부릅니다.

711년에 타리크는 이베리아 반도의 남쪽에 있는 과달레테 강Rio Guadalete 부근에서 서 고트 왕국의 로드리고 왕을 크게 무찌르고 이베리아 반도에 이슬람 왕조가 들어설 수 있는 기반을 마련했는데, 이때부터 이슬람교도들의 이베리아 반도 지배가 시작된 것으로 계산합니다. 로드리고는 서 고트 왕국의 마지막 왕이 되는 것이지요. 이렇게 북아프리카를 통해 들어온 이슬람교도들을 무어인이라고 합니다.

Salvador Martínez Cubells, '과달레테 강의 전투'

타호 강변의 카바 목욕탕

그런데 타리크가 로드리고를 무찌른 역사적 사건에 이런 재미있는 이야기가 전하기에 적어봅니다. 톨레도의 타호 강Rio Tajo 에는 지금도 카바 목욕탕baño de la Cava이란 곳이 남아 있는데, 그곳이 로드리고 왕이 목욕 중이던 아리따운 처녀를 보고 반한 곳이라고 합니다. 왕은 처녀에게 반하여 추파를 던졌는데, 하필 그 처녀가 지브롤터 해협 근처의 세브타Sebta를 다스리던 총독 훌리안Julián의 딸 플로린다 라 카바Florinda la Cava였던 것입니다. 카바 목욕탕이란 이름은 그녀의 이름에서 따온 것이지요. 훌리안은 딸로부터 일의 자초지종을 들은 뒤 분개했습니다. 딸의 명예가 실추된 것은 곧 자신의 명예가 실추된 것이나 마찬가지라고 생각했기 때문입니다. 그래서 왕에게 앙심을 품고 있다가 타리크의 군대가 로드리고를 치기 위해 지브롤터 해협을 건너올 때 일부러 방어를 하지 않고 통과시켰다는 것입니다. 군사적 요충지를 전혀 저항받지 않고 지난 타리크는 큰 승리를 거둘 수 있었고, 그때부터 800년 동안 이슬람교도들에 의한 이베리아 반도 지배가 시작되었다니, 역사는 참으로 사소한 것에서부터 어긋날 수 있는 것인가 봅니다.

이베리아 반도를 장악한 이슬람교도(무어인)들은 남부 지역인 코르도바Cordoba와 세비야Sevilla에 도시를 세우고 번성하였습니다. 그러나 그들의 번영은 영원히 지속되지를 못했지요.

코르도바는 10세기 아브드 알 라흐만 3세Abd al-Raḥmān Ⅲ 시대에 세계 최대의 도시로서 번영하였으나, 11세기부터 쇠퇴하기 시작하여 1236년 카스티야의 페르난도 3세Fernando III de Castilla에게 점령당하면서 역사의 뒤안길로 사라집니다. 이슬람 건축의 걸작이라고 평가받는 코르도바 메스키타만이 아직까지 남아 그때의 영화를 증언합니다.

세비야는 12세기에 이슬람 문화의 정수를 모은 알카사르Alcázar 궁전, 히랄다Giralda 탑 등을 세울 정도로 번영을 누렸으나 코르도바

와 마찬가지로 페르난도 3세에 의해 1248년에 멸망합니다.

페르난도 3세는 카스티야 왕국과 레온 왕국을 완전히 통합한 왕으로, 역대 스페인의 왕 중에서 가장 위대한 왕 중의 한 명으로 꼽히는 걸출한 인물이었습니다. 그런데 당시 코르도바와 세비야는 왕권을 둘러싼 다툼으로 국력을 소모하고 있었으니, 자멸의 길로 달려간 것이나 다를 바 없습니다.

카스티야와 레온을 통일한 페르난도 3세. 왕의 왼편에 있는 성은 카스티야 왕국을, 오른편에 있는 사자는 레온 왕국을 상징한다.

결국 기독교도들에게 밀려난 코르도바와 세비야의 이슬람교도들은 피난처로 그라나다를 선택하여 몰려듭니다. 이때 그라나다는 나스르 왕조가 막 들어선 때로 아직 안정을 찾기 전이었지요.

그렇지만 이미 코르도바와 세비야에서 찬란한 이슬람 문화를 꽃피웠던 사람들이 대거 몰려들었으니, 그라나다는 적어도 문화적인 측면에서는 황금기를 맞게 됩니다. 나스르 궁전의 화려한 장식과 수준 높은 건축 기술은 코르도바와 세비야에서 이주해온 기술자들의 도움에 힘입은 것이었습니다.

이베리아 반도의 이슬람교도들에게 마지막 피난처였던 그라나다의 나스르 왕조는 1231년부터 1492년까지 261년간 지속되었습니다. 하나의 왕조가 260여 년 동안 이어졌다면 그리 길다고는 할 수 없어도 짧은 것도 아닙니다. 그런데 우리에게 나스르 왕조는 생소합니다. 나스르 왕조 왕(술탄)들의 이름이 생소하며, 그들의 치세에 무슨 일이 있었는지는 더욱 생소합니다. 역사는 승리자의 기록일 수밖에 없음을 알면서도, 나스르 궁전처럼 수준 높은 문화재를 남긴 왕조가 역사에 이렇다 할 흔적을 남기지 못한 것은 아쉬운 일입니다.

그래서 나스르 왕조의 역사를 간략하게나마 정리해 볼까 합니다. 이 책에서 앞으로 등장할 왕들을 중심으로, 중요한 사건들을 차례대로 적어보겠습니다.

나스르 왕조의 시조는 무함마드 1세(1231~1273년 재위)입니다. 그는 카스티야 왕국에 공물을 바치던 제후였는데, 1231년(건국 시기는 기록에 따라 조금씩 달라 부정확합니다)에 그라나다 지역에 새로운 이슬람 왕조를 세우고 왕을 칭합니다. 1246년에는 카스티야 왕국에 충성을 맹세하는 대가로 왕조의 개창을 승인받음으로써 정치적인 안정을 꾀하지요(이때를 건국으로 보는 견해도 있습니다). 알람브라 궁전의 주춧돌이 놓인 것이 무함마드 1세 때이며, 그는 기독교도들에게 패해 그라나다로 몰려든 이슬람교도들을 받아들여 문화적으로 도약하는 계기로 삼습니다.

유수프 3세(1333~1354년 재위)는 알람브라 궁전을 1차로 완공(그 뒤로도 꾸준히 증축과 개축이 진행되었지요)한 왕입니다. 이때 아라베스크 무늬가 유행하여 건축에 널리 활용되었지요. 알람브라 궁전의 장식을 보면 잘 알 수 있습니다. 그러나 그의 치세에 카스티야 왕국과의 전쟁이 있었고, 크게 패함으로써 타격을 입게 됩니다.

무함마드 5세(1362~1391년 재위)의 통치 때는 나스르 왕조 최전성기로 그라나다의 인구가 40만 명에 달할 정도였습니다. 기독교도들에게 빼앗겼던 알헤시라스를 되찾은 것도 이때의 일(1368년)로, 알람브라 궁전 코마레스 파사드에 그 사실이 기록되어 있답니다.

1466~1485년에 왕위에 있었던 이는 이 책에서 여러 차례 이름이 나오는 아부 알 하산 알리로, 마지막 왕 보압딜의 아버지입니다. 이때는 왕위 계승을 둘러싼 내분으로 정치적 혼란이 극심했고, 그것은 필연적으로 국력의 약화를 불러 서서히 멸망의 길로 들어섰다고 할 수 있습니다. 게다가 건국 때부터 관례적으로 카스티야 왕국에 바치던 조공을 거부하면서 양국 관계도 악화됩니다.

그런 반면 이 무렵 카스티야는 강력한 지도력을 가진 이사벨 여왕이 등극(1474년)하면서 내정이 안정된 데다가 아라곤 왕국의 페르난도 2세와 결혼하며 두 나라를 하나로 통합(1479년)했습니다. 그라나다 주변을 제외한 이베리아 반도 대부분이 기독교도들의 손에 들어간 것입니다. 그런데도 나스르 왕조는 부자父子간의 권력 다툼으로 피비린내 나는 싸움을 계속했으니, 왕조의 운명은 바람 앞의 등불 신세였던 것이지요.

나스르 왕조의 마지막 왕은 보압딜이란 이름으로 더 알려진 무함마드 11세(1482~1492년)입니다. 아버지를 몰아내고, 숙적이었던 숙부 엘 사갈까지 몰아낸 후 권력을 잡았지만, 그가 왕위를 지킨 기간은 고작 10년이었습니다. 레콘키스타를 필생의 숙원으로 삼았던 이사벨 1세와 페르난도 2세의 집념어린 공격 앞에 항복하고 왕조의 문을 닫아야 했던 것입니다.

보압딜 왕이 왜 항복을 했는지는 뒤에서 다시 설명하도록 하겠습니다. 여기에서는 일단 이베리아 반도에 자리 잡았던 이슬람 왕조들과 마지막 왕조인 나스르 왕조에 대해 대략적으로 알아보는 것으로 그치겠습니다.

레콘키스타(Reconquista)

스페인을 여행하다 보면 레콘키스타란 말을 자주 듣게 됩니다. 이 말은 무슨 뜻일까요? 그리고 이 말은 왜 그리 중요한 것일까요? 그라나다를 본격적으로 여행하기 전에, 이 말의 의미부터 알아봅시다.

로마 제국의 식민지였던 유대 땅에서 발생한 기독교는 초기에 극심한 박해를 받았습니다. 그리스 신화의 영향으로 다신교를 숭배했던 로마인들에게 신神은 오로지 하나뿐이라는 기독교의 교리는 용납하기 어려웠기 때문이지요. 네로 황제를 비롯한 로마의 황제들이 기독교도들을 잔인하게 처형한 이야기는 소설이나 영화로 널리 알려져 있습니다.

그러나 콘스탄티누스 황제 때인 313년에 기독교가 종교로서 인정되었고(밀라노 칙령), 테오도시우스 1세가 392년에 로마 제국의 국교國敎로 선포한 이후로 기독교는 유럽의 역사에서 매우 중요한 역할을 했습니다.

유럽인들에게 기독교와 적대 관계에 있는 이슬람교를 억누르거나 물리치는 일은 무엇보다도 숭고한 일이었기 때문에 다른 일로는 전쟁을 하던 나라들도 그 문제에 이르면 힘을 합하곤 했는데, 십자군 전쟁이 바로 그런 예입니다.

그런데 문제는 이베리아 반도였습니다. 711년에 북아프리카에 살던 무어인들이 이베리아 반도 남부에 상륙한 이후로 그곳은 이슬람교도들의 땅이 되었기 때문에, 기독교도들로서는 그곳을 되찾는 일이 무엇보다도 중요하게 되었습니다.

스페인의 기독교도들이 이슬람교도들에게 빼앗긴 땅을 되찾기 위해 벌인 국토회복운동國土回復運動을 '재정복', '탈환'이라는 뜻의 '레콘키스타Reconquista'라고 합니다. 레콘키스타는 어느 한 시점에 있었던 국토 회복을 위한 전쟁을 일컫는다기보다는, 이슬람교도들이 이베리아 반도에 발을 내딛은 때로부터 그들을 완전히 몰아낼 때까지의 오랜 노력을 일컫는 말이라고 할 수 있습니다.

무어인들이 서 고트 왕국의 분열을 틈타 이베리아 반도를 점령했을 때, 고트 족의 귀족들(이들은 기독교도들이었지요)은 북쪽의 칸타브리아 산맥과 동쪽의 피레네 산맥 너머로 도피했습니다. 이 말은 이베리아 반도 전체가 이슬람교도들의 손에 넘어간 것이나 마찬가지라는 뜻입니다.

그때부터 이교도異敎徒(즉 이슬람교도)에게 빼앗긴 땅을 되찾기 위한 기독교도들의 오랜 염원과 투쟁이 시작되었지요. 10세기에 이베리아 반도 북부에 기독교도들의 레온 왕국과 카스티야 왕국이 세워졌으며, 그들은 1085년에 이슬람 세력의 중심지인 톨레도를 점령했습니다.

이베리아 반도의 동쪽에서는 10세기에 나바라 왕국이 독립하고, 11세기에는 아라곤 왕국이 독립했지요. 이로써 스페인의 4대 기독교 왕국인 카스티야, 레온, 아라곤, 나바라 왕국이 정립되면서 남부의 이슬람 왕조와 팽팽한 대립각을 세우게 되는 것입니다.

힘을 키운 기독교 왕국들이 1236년에 코르도바를, 1248년에 세비야를, 1343년에 알헤시라스를 빼앗으면서 이슬람 왕국은 그라나다 지역에 국한된 소왕국으로 위축되었으며, 그나마 내부 분열로 카스티야–아라곤 연합 왕국의 공격에 무너짐으로써 이베리아 반도에서 완전히 쫓겨나게 되어 스페인 기독교들의 오랜 염원이었던 레콘키스타는 비로소 완성되는 것입니다.

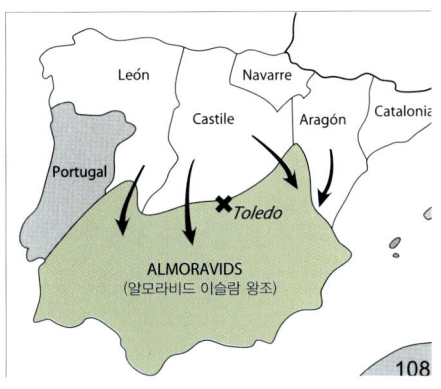

오른쪽 지도는 레콘키스타의 전개 양상을 시대별로 보여주고 있습니다.

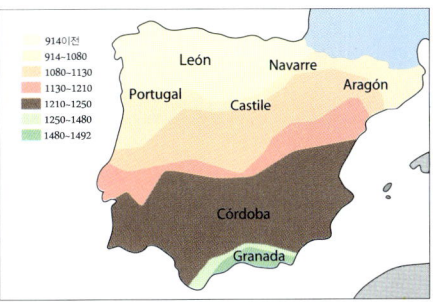

이베리아 반도에서의 레콘키스타 전개 과정

이베리아 반도에서 이러한 레콘키스타를 완성한 사람들이 '가톨릭 국왕 부부Los Reyes Catolicos(이슬람교도들로부터 그라나다를 되찾은 공을 인정받아 페르난도 2세와 이사벨 1세 부부가 교황으로부터 받은 명칭)'라고 불리는 페르난도 2세와 이사벨 1세입니다. 페르난도는 아라곤 왕국의 왕이었고, 이사벨은 카스티야 왕국의 여왕이었지요.

스페인 역사에서 가톨릭 국왕 부부의 가장 큰 업적으로 여겨지는 것은 그라나다에서 이슬람 세력을 몰아냄으로써 완전한 국토 회복(레콘키스타)을 이루고, 가톨릭으로의 종교 통일을 이룬 점입니다. 가톨릭 국가인 스페인에서 그라나다의 함락은 매우 중요한 의미를 갖는 사건이었지요. 이사벨 1세와 페르난도 2세는 카스티야도, 아라곤도 아닌 그라나다에 묻혔는데, 그 이유가 아마도 그라나다가 갖는 상징적인 의미 때문이었을 것입니다.

이들과 관련해서는 특히 결혼 과정이 흥미롭습니다. 그에 관한 이야기를 알아봅시다.

카스티야 왕국의 이사벨 공주에게는 배다른 오빠가 있었습니다. 이사벨의 아버지인 후안 2세가 죽은 후 왕위에 오른 엔리케 4세Enrique IV가 바로 그였습니다. 그는 이복누이인 이사벨에게 적대적인 입장이었지요.

엔리케 4세의 박해를 받으며 자란 이사벨 공주가 결혼할 나이가 되자, 유럽 왕실들은 다투어 청혼합니다. 이사벨이 아름답고 슬기롭다는 소문이 난 까닭도 있지만, 그녀가 카스티야 왕국의 왕위 계승권자이기 때문이었습니다. 그녀와 결혼한다는 것은 카스티야 왕국을 차지한다는 뜻이었지요. 이때 그녀의 결혼 상대자를 결정할 수 있는 권한을 가진 엔리케 4세는 이사벨을 포르투갈로 시집보내려 했습니다.

그 당시 유럽 왕실의 결혼 풍속도를 보면 정치적 영향력을 확대하기 위한 정략결혼이 보편적이었습니다. 결혼 당사자의 의견은 고려 대상이 아니었지요. 그러니 엔리케 4세가 이사벨을 포르투갈의 아폰수 5세Afonso V에게 시집보내려 한 것을 무조건 나쁘다고만 할 수는 없습니다.

그럼, 왜 엔리케 4세는 포르투갈을 선택한 것일까요? 엔리케 4세의 두 번째 왕비인 후아나가 포르투갈의 공주였으므로, 그에게는 포르투갈이 우군友軍과 같았습니다. 정치적으로 무능력하여 귀족들에게 휘둘리는 신세였던 엔리케 4세에게 강력한 지원군을 얻을 수 있는 방법으로 이사벨의 결혼만큼 안성맞춤인 계기가 없었던 것이지요.

게다가 아폰수 5세는 오스만 제국의 콘스탄티노플 함락 당시 기독교도들을 구원하기 위한 병력을 파견할 정도로 정치적 수완도 있었습니다. 엔리케 4세로서는 그런 그와 인척 관계를 맺으면 든든할 거라고 생각했겠지요.

그러나 이사벨 공주는 포르투갈로 시집갈 생각이 전혀 없었습니다. 왜냐하면 아폰수 5세는 이사벨보다 스무 살이나 많은 홀아비로, 그녀가 사람을 놓아 알아본 바에 의하면 남성적인 매력이 없는 인물이었던 것입니다.

이사벨은 정략결혼의 희생양이 되고 싶은 생각이 없었습니다. 그래서 나름대로 신랑감을 물색했고, 그 결과 가장 마음에 드는 후보로 아라곤 왕국의 페르난도 왕자를 점찍었습니다. 젊고 잘생겼으며 정치적 능력도 있다는 평가였기 때문입니다. 그래서 먼저 중매쟁이를 페르난도에게 보냈다고 합니다. 그때 결혼 조건도 함께 밝혔다고 하네요. 그런데 그 조건이란 것이 페르난도로서는 굴욕감을 느낄 수 있을 정도로 당돌한 것이었습니다. 이런 내용이었다고 합니다.

1. 이사벨이 왕위에 오를 경우, 페르난도는 카스티야에서 산다.
2. 페르난도는 카스티야의 내정 문제에 권한이 없다.
3. 페르난도는 카스티야의 법률을 지킨다.
4. 관리를 임명할 때는 이사벨의 승인을 받아야 한다.

페르난도는 이 조건을 수락합니다. 아마도 아라곤 왕국의 왕위 계승권자로서 강대국인 카스티야의 도움이 필요했기 때문에 굴욕적인 결혼 조건을 받아들였는지도 모릅니다. 어차피 카스티야의 왕위를 넘볼 수 없도록 못 박아 놓았기 때문에(실제로 이사벨 1세가 죽은 뒤 카스티야의 왕위는 남편인 페르난도가 아닌, 그들의 딸인 후아나에게 넘어갑니다) 카스티야를 차지할 야심에서 결혼을 결정했다고는 생각되지 않습니다.

그런데 재미있는 것은 이때의 불평등한 결혼 조건은 카스티야와 아라곤 왕국이 하나로 통일된 후에도 영향을 미쳤고, 아라곤 왕국의 후예인 카탈루냐 사람들에게 피해 의식으로 남아 있다는 점입니다. 카탈루냐 사람들의 독립 요구 밑바탕에는 두 사람이 결혼 당시에 약속했던 조건들에 대한 불만이 있는 것 같아 재미있습니다.

하여간 두 사람은 비밀리에 결혼을 약속했지만, 엔리케 4세와 친 포르투갈파의 반대가 큰 장벽으로 남아 있었습니다. 할 수 없이 그들은 몰래 만나 결혼식을 올립니다. 반대파의 감시를 피해 바야돌리드Valladolid로 가서 조촐한 결혼식을 올리고 둘은 부부가 되었지만, 격노한 엔리케 4세가 이사벨의 왕위 계승권을 취소하겠다고 선언하여 카스티야 왕실은 다시 한 번 분란에 휩싸입니다.

엔리케 4세가 죽은 뒤, 이사벨이 왕위에 오르자 반대파들이 저항하며 내세운 명분이 바로 "엔리케 4세 생전에 이사벨의 왕위 계승권을 취소했으므로, 이사벨에게는 권리가 없다."는 것이었지요. 그러나 이사벨은 남편 페르난도의 도움과 자신의 결단력을 앞세워 반대파들을 제압하고 왕권을 확고하게 다집니다. 그리고 1479년에 페르난도가 아라곤의 왕으로 즉위하자 두 사람은 카스티야와 아라곤을 하나로 통합하였고, 그것이 스페인 통일의 초석이 되었던 것입니다.

그들의 결혼은 파란만장했지만 스페인의 역사를 바꾸고 세계사를 바꾼 세기의 결혼이었습니다. 그런 의미 때문인지, 세비야의 에스파냐 광장에 있는 바야돌리드 역사를 타일 그림으로 표현한 의자를 보면 두 사람의 결혼식 장면이 있습니다. 스페인 사람들이 그들의 결혼을 어떻게 받아들이는지를 짐작할 수 있게 하는 대목입니다.

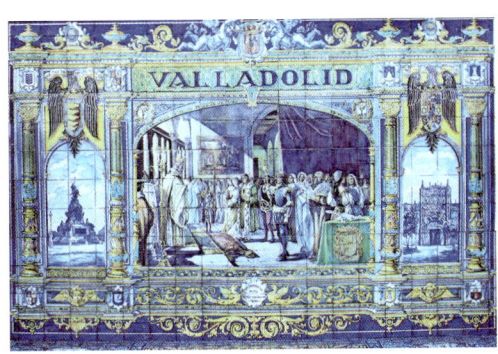

타일 그림으로 표현한 바야돌리드의 역사

그라나다는 이베리아 반도에서 최후까지 남았던 이슬람 왕조였으며, 가톨릭 국왕 부부에 의해 그곳이 함락되면서 스페인은 비로소 완전한 기독교도들의 나라가 되었습니다. 그러니 현재 가톨릭 국가인 스페인으로서는 레콘키스타의 완수가 무엇보다도 중요한 역사적 사실이 되는 것이지요. 반대로 이슬람교도의 입장에서는 가장 뼈아픈 단어가 바로 레콘키스타일 것입니다.

그라나다의 역사

그라나다의 기원에 대해서는 몇 가지 전설 같은 이야기가 있습니다. 이를테면 헤라클레스Hercules의 딸이 이곳에 와서 정착한 것이 기원이 됐다는 설, 노아Noah의 여러 딸들 중의 하나가 이곳에 와서 도시를 세웠다는 설 등이 그것입니다.

그러나 이런 이야기들은 확인되지 않은 것이고, 역사적으로 분명한 것은 로마 시대에 이미 이곳에 도시가 생겨났다는 것입니다. 그리고 756년에 안달루시아 지방을 정복한 무어인들에 의해 첫 이슬람 요새가 세워졌습니다. 카디마 요새Alcazaba Qadima라는 이름의 이 군사 목적 시설은 현재의 산 니콜라스 전망대Mirador de San Nicolas 주변에 위치했던 것으로 알려져 있습니다. 알람브라 언덕에 요새와 궁전이 세워지기 전까지는 알바이신Albaicin 지구가 도시의 중심지였던 것입니다.

카디마 요새 아래 지역인 다로Darro 강 주변에 사람들이 정착하면서 모스크, 시장, 물 저장소, 성벽 등이 들어서 도시의 형태를 갖추기 시작했습니다. 다로 강변에 지금도 남아 있는 성벽과 성문 유적은 그 당시의 도시 모습을 짐작하게 하지요.

그라나다는 11세기 지리Ziri 왕조와 13~15세기 나스르 왕조 때 번영을 누립니다. 지리 왕조 시대에 자위 이븐 지리Zawi Iben Ziri는 스페인 우마이야 왕조의 칼리프Caliph(이슬람 제국의 최고 통치자)인 술라이만 알 무스타인Sulaymān al Musta'īn을 도와준 보상으로 엘비라Elvira 지방을 받게 됩니다. 이때 그에 의해 가르나타Garnatha가 이 지방의 수도가 되는데, 이 말이 나중에 '그라나다'가 된 것으로 봅니다.

알바이신에 남아 있는 카디마 요새 유적

다로 강변에 남아 있는 지리(Ziri) 왕조의
성벽과 성문 유적(Cadí Bridge)

그 시기에 사람들이 많이 모여 산 또 다른 지역은 현재의 그라나다 대성당이 있는 곳으로, 거기엔 대 모스크가 있었습니다. 그곳을 메디나Medina 구역이라고 하는데, 이때의 메디나는 '구시가, 이슬람교도의 거주 지구'란 뜻입니다. 그곳에는 향신료와 비단을 파는 시장이 있었으며, 그 흔적을 지금도 볼 수 있답니다.

그러나 뭐니 뭐니 해도 그라나다의 전성기는 나스르 왕조Nasrid Dynasty 때였습니다. 1236년에 기독교 세력에게 코르도바Cordoba의 지배권을 빼앗긴 무슬림(이슬람교도)들은 그라나다로 몰려옵니다. 그들의 도움으로 나스르 왕조는 알람브라 언덕에 튼튼한 요새와 화려한 궁전을 짓고 250여 년 동안 번영을 누리게 되지요. 찬란한 이슬람 문화의 정수精髓를 우리는 알람브라의 나스르 궁전Palacio Nazaries에서 엿볼 수 있습니다.

나스르 왕조 당시 그라나다에는 약 40만 명이 살았다고 합니다. 현재 그라나다 시민이 25만 명인 것을 생각하면 얼마나 번성한 도시였는지를 충분히 짐작할 수 있습니다.

그러나 난공불락의 요새로만 생각했던 알람브라 궁성宮城도 왕조의 내분 앞에서는 모래 위에 지은 성 같았습니다. 결국 피비린내 나는 왕위 계승 전쟁 끝에 술탄Sultan(칼리프로부터 권한을 위임받아 특정한 지역을 지배하는 무슬림 통치자)이 된 보압딜Boabdil은 10년을 넘기지 못하고 기독교 군대에게 항복한 뒤 그라나다를 떠나게 됩니다. 그야말로 권불십년權不十年(십 년을 넘기는 권세란 없다는 말)이란 말이 딱 들어맞는 상황이 된 것이지요. 어쨌든 그로 인해 그라나다에서 화려한 이슬람 문화가 발전하는 것은 더 이상 가능하지 않게 됩니다.

다로 강 너머에 남아 있는 나스르 왕조의 알람브라 궁전과 요새

그라나다를 빼앗은 가톨릭 국왕 부부에게는 더없이 소중한 땅이었지만, 후대 왕들은 스페인 전체와 새로운 식민지를 다스리기에도 벅찼던지 그라나다에 대한 관심이 줄어듭니다. 결국 그라나다와 알람브라 궁전은 사람들의 관심에서 멀어지며 황폐해졌으나 1832년에 미국의 작가인 워싱턴 어빙Washington Irving이 『알람브라 이야기Tales of the Alhambra』를 발표하면서 새롭게 주목받게 됩니다.

그 뒤로 많은 관광객들이 모여들면서 알람브라 궁전은 제대로 보호받기 시작했고, 그라나다도 세계적인 관광 도시로서의 명성을 얻게 되었습니다. 현재는 스페인 사람들이 가장 사랑하고 자랑스럽게 생각하는 도시로서 새로운 번영을 구가하는 중입니다.

⑬ ABADÍA DEL SACROMONTE
사크로몬테

Palacio de los Córdova
Archivo Municipal

② GENERALIFE

Casas del Chapiz
Escuela De Estudios Árabes

Carmen
De La Victoria

CHAPIZ

s De La
arina

PUENTE
DEL REY
CHICO

CUESTA DE LOS CHINOS

CUESTA
VICTORIA

Placeta
Toqueros

HORNO DE ORO

PASEO DE LOS TRISTES

Río Darro

Parador Nacional
de San Francisco

CANDIL

알람브라 궁전

Iglesia
San Juan
s los Reyes

SAN JUAN DE LOS REYES

HORNO
DEL VIDRIO

① ALHAMBRA

Convento
San Bernardo

Iglesia
Santa María
de la Alhambra

Museo
Arqueológico
(Casa de Castril)

**⑭ IGLESIA
SAN PEDRO
Y SAN PABLO**

REAL DE LA ALHAMBRA

Museo de
la Alhambra

Convento
Santa Catalina
de Zafra

PASEO DE
LOS MÁRTIRES

Universo
Manuel de Falla

Monasterio
Concepción

Casa Museo
Manuel de Falla

SAN JUAN DE LOS REYES

El Bañuelo

Puente
del Cadi

ANTEQUERUELA TA

ANTEQUERUELA BAJA

Hotel
Alhambra
Palace

CUES

CUESTA
SANTA INÉS

CARRERA DEL DARRO

CARRIL DE SAN CECILIO

GREGORIO

Placeta de
Carvajales

SANTA ANA

Iglesia
San Cecilio

Fundación
Rodríguez-acosta

Placeta
Porras

**IGLESIA
SANTA ANA**

Plaza
Santa Ana

Instituto
Gómez-Moreno

CUESTA DEL REALEJO

Museo
San Juan de Dios
(Casa de los Pisa)

Torres
Bermejas

ALBAICÍN

**CAMPO
DEL PRÍNCIPE**

REAL CHANCILLERÍA
Tribunal Superior De
Justicia De Andalucía

CARCEL ALTA

Convento
Santa Catalina

MOLINOS

MARIA NUEVA

CALDERERIA VIEJA

Convento
San Gregorio

누에바 광장

CUESTA DE GOMÉREZ

Placeta
Puerta del Sol

Plaza Del
Realejo

Corrala de
Santiago

SANTIAGO

**⑧ PLAZA
NUEVA**

ELVIRA

Plaza
Fortuny

Convento
Comendadoras
de Santiago

COLCHA

PAVANERAS

Convento de
las Carmelitas

Museo Casa
De Los Tiros

Plaza
Santo Domingo

Iglesia
Santo Domingo

Plaza
Padre
Suárez

Casa Árabe
Palacio Girones
Condes Degabia

Plaza
Santo Domingo

Antigua
Capitanía

JESÚS Y MARÍA

**⑨ PLAZA ISABEL
LA CATÓLICA**

Convento de
las Carmelitas
Descalzas

Cuarto Real
de Santo Domingo

그라나다 대성당

Madraza

SAN MATÍAS

③ CAPILLA REAL
Centro
José Guerrero

Palacio de
Abrantes

PLAZA
CAMPOS

seo
alicio

CATEDRAL

Corral
del Carbón

OFICIOS

ZACATÍN

REYES CATÓLICOS

NAVAS

⑤ SAGRARIO

Plaza
Alonso Cano

Ayuntamiento

⑥ ALCAICERÍA

Plaza Mariana
Pineda

Plaza
Asiega

Palacio
Episcopal

Palacio de
Bibataubin

**⑩ PLAZA DEL
CARMEN**

**⑦ PLAZA
BIB-RAMBLA**

PRINCIPE

SALAMANCA

ANGEL GANIVET

Plaza
Campillo

Plaza
Bibataubin

PESCADERIA

ACERA DEL CASINO

CARRERA DEL GENIL

Teatro Isabel
La Católica

Fuente de
las Batallas

**⑮ IGLESIA
NUESTRA SEÑORA
DE LAS ANGUSTIAS**

Plaza Humilladero

ONES

Puerta
Real

Correos

RECOGIL

ACERA DEL DARRO

Biblioteca

PASEO DEL SALÓN

part 01

LA ALHAMBRA

알람브라 궁전

알람브라 궁전 전체 지도

● 매표소

❶ 그라나다의 문
❷ 앙헬 가니베트 기념비
❸ 카를로스 5세의 기둥
❹ 정의의 문
❺ 포도주의 문

알카사바

❻ 알히베스 광장
❼ 부서진 탑
❽ 경외의 탑
❾ 작은 원형의 탑
❿ 아르마스 광장
⓫ 목욕탕 유적
⓬ 아르마스 탑
⓭ 벨라 탑
⓮ 이달고의 탑

알카사바

⓯ 마추카 중정
⓰ 메수아르의 방
⓱ 기도실
⓲ 황금의 방
⓳ 황금의 중정
⓴ 코마레스 파사드
㉑ 아라야네스 중정
㉒ 작은 배의 방
㉓ 코마레스 탑(대사의 방)
㉔ 왕의 목욕탕
㉕ 모카라베스의 방
㉖ 사자의 중정
㉗ 아벤세라헤스 방

㉘ 왕의 방
㉙ 두 자매의 방
㉚ 린다라하 전망대
㉛ 카를로스 5세의 방
㉜ 왕비의 규방
㉝ 린다라하 중정

카를로스 5세 궁전

㉞ 카를로스 5세 궁전

파르탈 궁전과 주변

㉟ 파르탈 궁전
㊱ 유수프 3세의 궁전 터
㊲ 산타 마리아 교회
㊳ 파라도르 데 그라나다

알람브라 여러 탑들

㊴ 피코스 탑
㊵ 카디 탑
㊶ 감금의 탑
㊷ 왕녀들의 탑
㊸ 물의 탑
㊹ 7층탑
㊺ 붉은색 탑

헤네탈리페

㊻ 헤네랄리페 새(新) 정원
㊼ 아세키아 중정
㊽ 술타나의 중정
㊾ 수로 계단
㊿ 무어인의 자리

알람브라 개요

✚ 알람브라 언덕

하엔 지방에서 태어난 이븐 알아마르는 안달루시아의 유력한 가문 출신으로 아르호나Arjona 반란을 일으킨 뒤 그라나다를 정복하고, 그곳에 새로운 왕조를 세웁니다. 그가 바로 무함마드 1세Muhammad I로 불리는 무함마드 벤 유수프 벤 나스르Muhammad Ben Yusuf Ben Nasr입니다.

1238년에 나스르 왕조를 세운 이븐 알아마르Ibn Alhamar는 사비카Sabika 언덕 위에 새로운 도시를 건설하기로 합니다. 사비카 언덕은 알바이신 언덕, 사크로몬테 언덕과 더불어 그라나다의 3대 언덕으로 불리는 곳으로 현재 알람브라 궁전이 있는 곳을 말합니다. 그런데 알람브라 궁전이 들어서면서 사람들이 알람브라 언덕이라고 부르다 보니 이제는 점차 잊혀지는 이름이 되고 있지요.

그가 이미 도시가 형성된 알바이신 지구를 두고 새로운 도시를 건설하려 한 것은 몇 가지 이유가 있었습니다. 이전 왕조들이 사용하던 알바이신의 카디마 요새가 너무 좁은 것이 첫 번째 이유였고, 요새 주변으로 백성들의 거주지가 너무 밀집하여 불편한 것이 두 번째 이유였습니다. 마지막으로, 멸망한 왕조의 궁전을 그대로 물려받아 쓰고 싶지 않은 마음도 있었습니다.

그에 비해 새로운 도시 후보지인 사비카 언덕은 기존의 도시와 멀리 떨어져 있지 않으면서도 다로 강 너머 높다란 곳에 있기 때문에 방어 측면으로 보나 왕실의 비밀 유지 측면으로 보나 유리한 점이 많았습니다. 다로 강Río Darro과 헤닐 강Río Genil 사이에 자리 잡고 있어 물 공급이 수월한 것도 중요한 이유가 되었을 것으로 보입니다.

알람브라 궁전

그런데 알람브라 궁전을 '알람브라 시타델'이라고도 합니다. 시타델Citadel은 스페인어로는 Ciudadela라고 표기하고, 프랑스어로는 Citadelle라고 표기합니다. 모두 '성채', '요새'라는 의미를 갖습니다. 그러니까 '요새를 겸하는 성채'라고 보면 되겠네요.

중세 시대 궁전 건축은 두 가지 유형이 있었습니다. 넓은 영지領地를 가진 귀족이나 왕족의 장원莊園에 둘러싸인 대저택이 하나의 예입니다. 서유럽을 여행하며 보게 되는 도시의 궁전들이 여기에 해당합니다.

그런가 하면 이슬람 국가에서는 도시를 지키기 위해 견고한 성벽을 둘러쌓은 뒤 그 안에 지배자의 거주 공간인 궁전을 짓고, 주변에 여러 건물을 세워 작은 도시로 만드는 경우가 있었습니다. 이런 성채 도시를 시타델이라고 하는데, 알람브라 궁전은 가장 전형적인 시타델이므로 '알람브라 시타델'이라고 하는 것입니다. 카이로(이집트), 암만(요르단), 다마스쿠스(시리아), 알레포(시리아) 등에 시타델이란 이름의 구역이 현재도 남아 있습니다. 이들은 모두 이슬람 국가에 있다는 것이 공통점이지요.

✚ 알람브라 궁전의 건축

앞서 이야기했다시피 사비카 언덕에 새로운 궁전을 짓기 시작한 사람은 나스르 왕조를 세운 무함마드 1세였습니다. 그러나 그의 당대에 완성하지는 못하였고, 유수프 1세Yusuf Ⅰ와 무함마드 5세Muhammad Ⅴ에 의해 대략의 윤곽이 완성되었습니다. 그 이후에도 부속 건물과 일부 시설을 짓는 작업이 꾸준히 진행되어 왕조가 멸망하기 직전인 15세기 후반까지 알람브라 궁전은 계속 확장되었습니다.

알람브라 시타델의 구조를 보면, 도시를 방어하기 위한 요새要塞인 알카사바Alcazaba가 제일 먼저 건설되었고, 흔히 알람브라 궁전이라고 일컬어지는 나스르 궁전이 이어서 윤곽을 드러냈습니다. 그다음 술탄들의 여름 별궁인 헤네랄리페가 지어졌고, 그라나다 왕국이 멸망한 다음에 카를로스 5세 궁전이 나스르 궁전 옆에 지어졌습니다. 처음부터 작은 도시로 건설된 곳이었기 때문에 궁전 주변에 메디나Medina라고 하는 귀족들의 거주 지역도 있었지만, 현재는 건물터만 남아 있습니다.

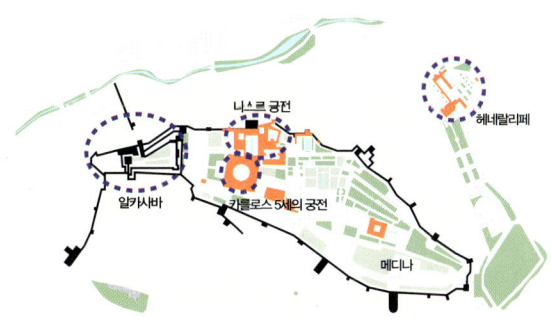

알람브라 궁전의 구조

알람브라란 이름은 '붉은 성城'을 의미하는 아랍어 'al-qala'at al-hamra'에서 온 것으로, 붉은 철을 많이 함유하고 있는 흙으로 만든 벽돌을 사용해 성벽을 지어 붉게 보이기 때문에 그런 이름이 붙었다고 합니다. 해질녘에 산 니콜라스 전망대에서 붉게 물든 알람브라 언덕을 바라보면 그 이름이 꽤 적절하다는 것을 이해하게 됩니다.

알람브라 궁전의 아름다움에 대한 감상은 필자의 무딘 말과 글로 제대로 표현하기 어렵습니다. 그래서 『알람브라 이야기』의 저자인 워싱턴 어빙이 한 말을 인용함으로써 설명을 대신하기로 합니다.

> 신실한 무슬림 신자들에게 메카의 카바 신전(Al-Kaba in Mecca)이 그렇듯, 그라나다의
> 알람브라는 역사와 시를 좋아하는 여행자들에게 숭배의 대상이다.

알람브라 궁전은 숭배의 대상이라는 찬사를 들어도 될 만큼 매우 아름답고 신비로운 곳입니다.

✚ 알람브라 예약 및 관람

알람브라 궁전을 방문하기 위해 그라나다에 가는 사람이라면 나스르 궁전을 빼놓을 리 없습니다. 그곳이 핵심이니까요. 그런데 나스르 궁전은 하루 방문객의 숫자를 제한하므로, 예약하지 않고 갔다가는 입장권을 구하지 못할 가능성이 있습니다. 그러니 미리 예약을 하고 가는 것이 안전하지요. (예약은 http://www.ticketmaster.es로 들어가면 할 수 있습니다.) 예약할 때 가장 중요한 것은 나스르 궁전 입장 시간을 미리 정해야 한다는 점입니다. 이때 정한 시간을 어기면 입장권이 있더라도 들어갈 수 없으니, 반드시 시간을 지켜야 합니다.

나스르 궁전은 카를로스 5세 궁전의 왼쪽(정면 기준)에 있고, 입장하는 곳 역시 그쪽에 있습니다.

나스르 궁전 입장 시간을 잊지 말라는 안내문 　　나스르 궁전 입구

1장

알람브라 궁전 입구

알람브라 궁전 입구에서 만나는 여러 조형물과 문들

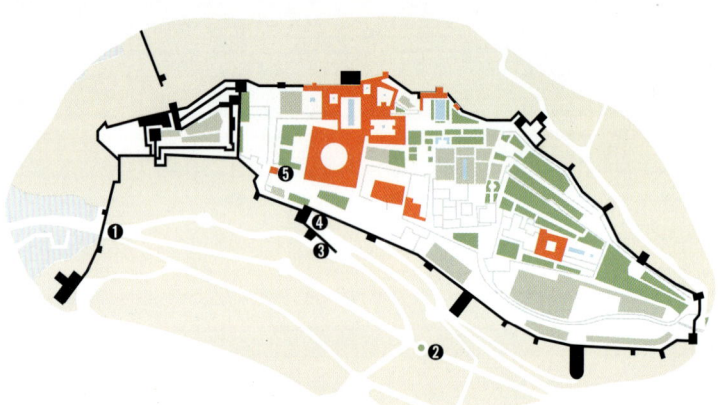

❶ 그라나다의 문(Puerta de las Granadas)
❷ 앙헬 가니베트 기념비(Monumento a Ángel Ganivet)
❸ 카를로스 5세의 기둥(Pilar de Carlos V)
❹ 정의의 문(Puerta de la Justicia)
❺ 포도주의 문(Puerta del Vino)

PART01 _ 알람브라 궁전(La Alhambra)

그라나다의 문 ①

Puerta de las Granadas
Gate of Pomegranates

누에바 광장Plaza Nueva을 출발하여 오른쪽으로 난 고메레스 언덕Cuesta de Gomerez을 올라가다 보면 알람브라 궁전터 초입에서 '그라나다의 문 Puerta de las Granadas'을 만나게 됩니다. 1536년에 카를로스 5세가 페드로 마추카(그에 대해서는 '메수아르 궁(77쪽)'편 참조)에게 명령하여 세웠다고 합니다.

그라나다의 문

그라나다 문 위쪽의 박공 부분

여기서 잠깐, 이 문의 이름을 한번 살펴봅시다. 스페인어로는 'Puerta de las Granadas'라고 하는데, 여기에서 Puerta는 문門이나 입구入口를 가리키는 말입니다. 그리고 Granada(s)는 그라나다란 지명을 뜻하는가 싶은데, 뜻밖에도 스페인어의 Granada에는 '석류'라는 뜻이 있군요. 그러고 보니 영어 이름인 'Gate of Pomegranates'의 Pomegranate(s)도 석류라는 뜻입니다. 그러니까 이 문 이름의 정확한 뜻은 '그라나다에 있는 문'이 아니라, '석류의 문'인 셈입니다. 그래서인지 문의 위쪽을 보면 석류가 조각된 것을 알 수 있습니다.

석류와 그라나다, 과연 이 둘은 어떤 관계일까요? 석류 때문에 그라나다란 도시 이름이 생겼을까요, 아니면 그라나다란 도시 이름 때문에 석류가 이 도시의 상징물이 된 것일까요?

그라나다라는 도시의 시초는 알바이신 지역에 이베리아 인들이 정착하면서 비롯되었습니다. 그런데 711년에 이슬람교도들이 이 지역에 들

PART01 _ 알람브라 궁전(La Alhambra)

어와 알람브라 언덕에 살던 유대인들의 도움으로 서 고트족이 차지하고 있던 땅을 넘겨받게 되지요. 그때 알람브라 언덕을 Garnatha al Jahud라고 했는데, 여기에서 Granada란 말이 나왔다고 합니다. 그런데 스페인어로 Granada가 석류를 뜻하다 보니, 자연스럽게 도시의 상징물로 석류가 정해진 것입니다. 석류는 현재 사용하는 그라나다의 깃발에도 나옵니다.

그라나다의 문 위쪽에 조각된 석류에 대한 궁금증은 해결되었지만, 박공博栱(경사진 지붕과 벽이 이루고 있는 삼각형 모양의 공간) 중앙에 새겨진 쌍두 독수리에 대한 의문이 또 생깁니다. 이것은 카를로스 5세를 상징합니다. 고대로부터 새는 신과 인간을 연결해주는 매개체로 신성하게 여겨왔는데, 새 중에서도 용맹스러운 독수리는 더욱 중요하게 여겼습니다. 그러다가 로마 시대에는 독수리를 국가의 상징으로 사용하기 시작하였고, 그런 전통은 현재에까지 이어지고 있습니다. 미국, 러시아 등 많은 나라에서 국가의 상징으로 독수리를 채택하고 있는 것이 그러한 예입니다. 특히 비잔틴 제국과 신성로마제국에서는 쌍두 독수리를 사용했습니다.

석류가 그려진 그라나다의 깃발

비잔틴 제국의 국장

신성로마제국의 국기

카를로스 5세는 신성로마제국의 황제였기 때문에, 쌍두 독수리를 자신의 문장紋章으로 삼았습니다. 그라나다의 문이 카를로스 5세 궁전을 설계한 페드로 마추카의 작품이라고 하니, 그것은 더욱 분명해집니다.

참고로 카를로스 5세의 문장을 보여드리면 사진과 같습니다. 독수리가 품고 있는 다양한 문장들은 카를로스 5세가 다스리던 나라들을 뜻하며, 그가 얼마나 거대한 제국을 상속받았는지를 말해줍니다. 그리고 문장의 아래쪽에는 헤라클레스의 기둥이 보이는데, 카를로스 5세의 좌우명이 담긴 그의 상징이나 다름없는 표지입니다. 이에 대해서는 앞으로 여러 차례 설명하게 될 것이니 눈여겨보아 주세요.

카를로스 5세의 문장

그라나다에서는 쌍두 독수리 외에도 '요한의 독수리'라고 하는, 머리가 하나인 독수리도 자주 보게 되는데, 그것은 카를로스 5세와는 상관이 없습니다. 요한의 독수리는 '왕실 예배당(309쪽)' 편에서 다시 설명하겠습니다.

앙헬 가니베트 기념비 ②

Monumento a Ángel Ganivet

Monument To Ángel Ganivet

앙헬 가니베트 기념비

그라나다의 문을 지나 매표소를 향해 가다 보면, 앙헬 가니베트 기념비라고 하는 조형물을 볼 수 있습니다. 그라나다의 문을 들어서면 두 갈래로 길이 나뉘는데, 약간 왼쪽으로 치우친 길을 올라가면 카를로스 5세의 기둥과 정의의 문이 나오고, 직진하여 계속 가면 매표소가 나옵니다. 앙헬 가니베트 기념비는 매표소 가는 길의 중간쯤 되는 곳 오른편에 있으니 놓치지 마세요.

앙헬 가니베트는 그라나다 출신의 문학가로서 근대 개혁 운동의 선구자로 일컬어집니다. 그의 대표작인 『에스파냐 정신에 대한 고찰(Idealium español)』은 스페인의 98세대에게 많은 영향을 끼쳤습니다. 그의 기념비가 그라나다에 세워진 것은 그런 이유 때문으로 보이며, 카를로스 5세 궁전의 2층에 있는 그라나다 예술 박물관 5번 방에 그의 초상화가 있는 것도 마찬가지 이유로 보입니다. 그러나 불행히도 그는 33세 때 투신자

살로 생을 마감합니다.

그런데 스페인의 98세대란 무
슨 말일까요?

1898년('98'이라는 숫자를 기억하
십시오)에 스페인은 미국과의 전
쟁에서 패하면서 마지막 남은 식
민지들을 빼앗깁니다. 스페인은
한때 신대륙의 발견으로 거대 제
국을 건설하고 '해가 지지 않는
나라'라는 자부심을 가졌었는데,
영국과의 전쟁에서 무적함대가

José Ruiz de Almodó var Burgos, '앙헬 가니베트의 초상'

참패를 당한 뒤 내리막길을 걷기 시작했지요. 종교적 순혈주의純血主義를
고수하며 배타적인 태도를 고집한 것이 상황을 더욱 악화시켰습니다. 그
리하여 19세기 말에는 식민지 대부분을 잃고 쿠바와 필리핀 정도만 남
아 있었는데, 미국과의 전쟁에서 패하면서 그마저도 빼앗기게 되었던 것
입니다.

이것은 스페인 사람들에게 다시는 세계 제국이 될 수 없을 거라는 절
망감을 안겨준 사건이었습니다. 이 사건을 계기로 스페인에서는 전반적
인 사회 개혁의 필요성을 깨달은 젊은이들을 중심으로 개혁 운동이 일
어나는데, 이들 세대를 '98세대'라고 합니다. 앙헬 가니베트는 98세대의
선구자였습니다. 앞서 언급한 『에스파냐 정신에 대한 고찰』은 98세대의
깨달음에 중요한 역할을 했던 것입니다. 스페인 사람들이 그의 문학적
업적을 높게 평가하는 이유는, 암울했던 시기에 스페인의 미래를 위해
올바른 방향을 제시한 그의 통찰력 때문일 것입니다.

그런데 스페인과 미국은 왜 전쟁을 했던 것일까요. 그리고 그 전쟁은 두 나라의 역사에 어떤 영향을 미쳤을까요.

1894년에 미국은 수입 설탕에 높은 관세를 부과했는데, 이 조치는 설탕이 주요 수출품이었던 쿠바 경제에 큰 타격이 되었습니다. 경제적으로 곤란해진 쿠바에서는 스페인 지배에 저항하는 시위가 발생하였고, 스페인은 이를 강경 진압합니다.

그 무렵 미국은 쿠바 문제에 개입할 기회만 노리고 있었습니다. 왜냐하면 미국으로서는 자신의 앞마당에 있는 쿠바에 영향력을 행사하는 스페인이 껄끄러웠기 때문입니다. 그러던 차에 쿠바에서 발생한 시위를 스페인이 강경 진압하자 미국은 쿠바 내 미국인들의 생명과 재산을 보호한다는 명분으로 전함인 메인Maine호를 파견합니다. 그런데 공교롭게도 1898년 1월 25일에 의문의 폭발로 메인호가 파괴되는 사건이 발생한 것입니다.

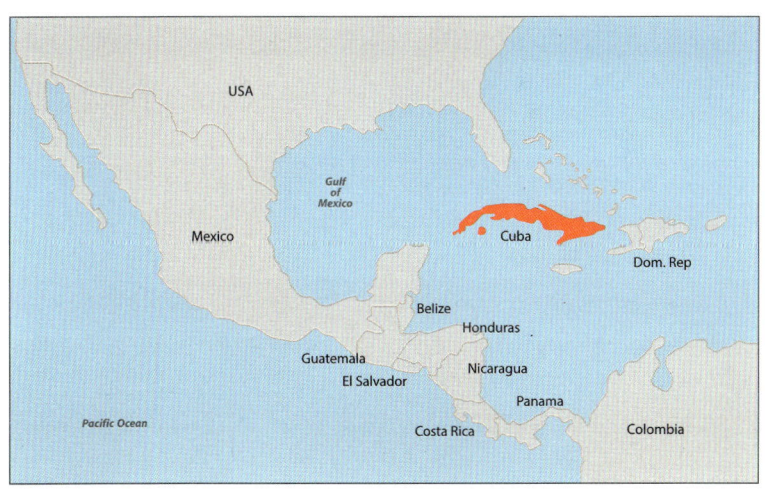

아메리카 대륙에서의 쿠바의 지리적 위치

스페인은 메인호 폭발 사건은 자신들과 무관하다고 주장했지만, 참전의 빌미를 찾고 있던 미국은 스페인에 선전포고를 하고 전쟁을 시작합니다.

전쟁은 4개월 만에 미국의 승리로 끝나고, 스페인은 1898년 12월 10일 파리에서 체결된 평화조약에 따라 필리핀과 푸에르토리코, 괌을 미국에 넘겨주고, 쿠바의 독립에 동의합니다. 쿠바의 관타나모Guantanamo(현재 수용소가 있는 곳)를 미군 기지로 만든 것도 이때의 일입니다.

이 전쟁이 끝난 후 스페인은 종이호랑이로 전락하게 되었으며, 미국이 세계 역사의 주역으로 부상하게 됩니다. 그러니 당시 스페인 사람들이 느꼈을 절망감이 어느 정도였을지 충분히 짐작할 수 있는 일입니다.

그런 시대 상황 속에서 절망에 빠진 국민들에게 개혁을 통해 새로운 국가를 건설하자고 주장했던 앙헬 가니베트의 문학을 스페인 사람들은 높게 평가하는 것입니다. 그의 기념비는 그런 스페인 사람들 마음의 표현이겠지요.

카를로스 5세의 기둥 ③
Pilar de Carlos V
Charles V's Pillar

'그라나다의 문'에서 매표소 쪽으로 가지 않고 왼쪽으로 치우친 길을 따라 올라가면 '정의의 문' 근처에 있는 분수대를 만날 수 있습니다. 형태와 기능은 분수대인데, 이름은 'Pilar de Carlos V(카를로스 5세의 기둥)' 입니다. 이 역시 페드로 마추카의 작품입니다.

정의의 문

카를로스 5세의 기둥

정의의 문과 카를로스 5세의 기둥

쌍두 독수리

헤라클레스의 기둥   부르고뉴의 십자가

석류   석류

카를로스 5세의 기둥. 작은 사진은 기둥 앞 바닥의 쌍두 독수리와 헤라클레스의 기둥 모자이크

　카를로스 5세의 기둥에는 그라나다를 상징하는 석류와 카를로스 5세를 상징하는 쌍두 독수리 외에도 뒤에서 여러 차례 다시 설명하게 될 '헤라클레스의 기둥'과 '부르고뉴의 십자가'가 있으니 눈여겨보시기 바랍니다. 그리고 바닥에는 돌을 이용한 모자이크로 '헤라클레스의 기둥'과 '쌍두 독수리'가 새겨져 있답니다.

　카를로스 5세(재위 1516~1556년)는 그라나다를 설명할 때 가장 중요한 인물인 가톨릭 국왕 부부(이사벨 1세와 페르난도 2세)의 외손자입니다. 그들의 둘째 딸 후아나가 신성로마제국 황제(막시밀리안 1세)의 아들인 펠리페 왕자와의 사이에서 낳은 아들이지요.

　카를로스가 태어날 무렵의 유럽 왕실은 정치적 목적에 의한 정략결혼이 다반사였기 때문에, 혈연으로 얽히지 않은 왕실이 없을 정도였습니다. 그러다 보니 후계자를 낳지 못하고 왕이 사망하면 갑자기 다른 나라의 왕이 통치자로 등장하기도 하고, 백성들의 의사와는 상관없이 두 사람의 결혼으로 나라가 통합되는 일도 생겼습니다. 그뿐만 아니라, 왕실

구성원이 결혼할 때 나라가 혼수처럼 넘어가는 일도 종종 생겼지요. 카를로스가 스페인 국왕으로서는 카를로스 1세라 불리고, 신성로마제국의 황제로서는 카를로스 5세라고 불리는 이유를 알기 위해서는, 그러한 복잡한 혼인 관계를 이해해야만 합니다.

1516년 1월 23일, 카를로스의 외할아버지인 페르난도 2세가 사망합니다. 페르난도 2세는 아내인 이사벨 1세와의 사이에서 여러 명의 자녀를 두었고, 그들을 통해 유럽 왕실들과 두루 혼인 관계를 맺었지만 후손에 관한 한 결과가 신통치 않았습니다.

그들의 장남인 후안Juan은 신성로마제국의 공주인 마르가리타Margarita de Austria와 결혼했는데, 후안은 결혼한 지 6개월 만에 사망하고 임신 중이었던 마르게리타는 사산死産하였으므로 왕위를 직접 계승할 자손을 얻는 데 실패합니다.

큰딸인 이사벨Isabel을 포르투갈의 왕자 아폰수Afonso와 결혼시킨 것은 두 나라를 통합하기 위해서였는데, 불행히도 아폰수가 결혼한 지 몇 개월 만에 사망함으로써 그 계획은 물거품이 됩니다. 그러자 그들은 과부가 된 이사벨을 포르투갈의 왕이 된 마누엘Manuel에게 다시 시집보냅니다. 그들 사이에서 아들 미겔Miguel이 태어나지만 이사벨은 산후 후유증으로 죽고, 미겔은 생후 2년 만에 죽음으로써 그들의 계획은 또 어그러지고 말지요.

둘째 딸은 후아나Juanna로, 카를로스 5세의 어머니입니다. 그녀는 남편인 펠리페 왕자를 지나치게 사랑한 나머지, 남편이 죽자 정신착란을 일으켜 죽을 때까지 왕녀로서의 역할을 하지 못합니다. 이에 대한 이야기는 '왕실 예배당의 영묘(317쪽)' 편에서 다시 할 것입니다.

셋째 딸 마리아Maria는 큰 언니가 죽은 뒤, 형부인 포르투갈의 왕 마누엘과 결혼합니다. 포르투갈과의 통합을 위한 페르난도 2세의 노력이 얼마나 집요했는지를 짐작할 수 있는 대목입니다. 결국 마리아는 부모의 소원대로 마누엘과의 사이에서 10명의 자녀를 낳지요.

넷째 딸은 '아라곤의 캐서린Catherine of Aragon'이란 이름으로 널리 알려진, 영국 왕 헨리 8세의 부인이었던 카탈리나입니다. 그녀에 대한 이야기는 '그라나다 대성당(340쪽)' 편에서 다시 하도록 하겠습니다.

어쨌든 이사벨 1세가 먼저 사망하고, 페르난도 2세까지 사망하자 스페인의 왕위는 둘째 딸 후아나의 장남인 카를로스에게로 전해집니다. 스페인 왕으로서는 카를로스 1세라고 하지요. 후아나는 이사벨 1세의 사망 후 형식상 왕위를 계승하여 여왕이란 이름을 얻기는 했지만, 정신착란에 시달리며 아버지에 의해 유폐되었기 때문에 실제적인 통치는 하지 못했습니다.

1519년 1월 12일, 이번엔 합스부르크 왕가의 왕이자 신성로마제국의 황제인 막시밀리안 1세Maximilian I가 사망합니다. 그는 카를로스의 할아버지입니다. 막시밀리안 1세의 장남인 펠리페Felipe(후아나의 남편)가 이미 사망했기 때문에 합스부르크 왕가의 왕위는 손자인 카를로스에게 이어지게 되며, 그는 나중에 신성로마제국의 황제도 겸하게 됩니다. 스페인의 국왕 카를로스 1세가 신성로마제국의 카를로스 5세(카를 5세)가 되는 것은 이 때문이지요. 같은 인물이기는 하지만, 스페인보다는 신성로마제국이 더 크고 중요하기 때문에 대개는 그를 카를로스 5세라고 합니다. 이 책에서도 그렇게 부를 것입니다.

즉위하자마자 카를로스 5세는 매우 방대한 영토를 지배하는 왕이 되었습니다. 할아버지인 막시밀리안 1세로부터는 합스부르크 왕가의 모든 영토를 물려받았고, 할머니인 마리아 데 부르고냐로부터는 플랑드르 지방과 프랑크 공국, 그리고 부르고냐 백작령을 물려받았으며, 외할아버지인 페르난도 2세로부터는 카탈루냐–아라곤 연합 왕국과 나폴리·시칠리아·사르데냐 등의 이탈리아 영토를, 그리고 외할머니인 이사벨 1세로부터는 카스티야 왕국과 신대륙 및 아프리카의 식민지를 물려받았기 때문입니다. 정복 전쟁을 통해서가 아니라 정략결혼의 결과물로 거대한 제국이 탄생한 것입니다.

그는 거대한 영토를 물려받은 대신, 그것을 유지하기 위해 수많은 전쟁을 치러야 했습니다. 특히 오스만 제국과의 전쟁과 프랑스와의 잦은 전쟁은 스페인의 경제에 악영향을 미쳤고, 백성들로부터 원성을 사는 원인이 되었습니다. 특히 스페인의 왕위를 물려받았음에도 스페인어에 서툰 그는 외국인으로 여겨졌기 때문에 국민들로부터 호감을 살 수 없었습니다. 결국 그를 배척하는 반란이 1520년에 일어나 2년 만에 진압되기도 했지요.

말년의 그는 그리 행복하지 않았던 것으로 보입니다. 오랜 전쟁과 질병에 지친 그는 자발적인 퇴위를 결정한 다음, 스페인의 통치권은 아들인 펠리페 2세Felipe II에게, 신성로마제국의 통치권은 동생인 페르디난트 1세Ferdinand I에게 물려준 다음, 스페인의 유스테 수도원에서 은둔하다가 세상을 떠납니다. 1558년, 그의 나이 58세 때의 일이었지요.

스페인 왕위 계승 전쟁과 부르봉 왕조

그라나다 함락을 필생의 숙원 사업으로 삼았던 가톨릭 국왕 부부에게 그곳은 무엇과도 바꿀 수 없는 소중한 땅이었습니다. 오죽하면 자신들의 고국인 카스티야 왕국도, 아라곤 왕국도 아닌 그라나다 땅에 묻히길 소망했겠습니까?

그들의 외손자인 카를로스 5세도 그라나다를 소중하게 생각했던 것으로 보입니다. 그라나다로 신혼여행을 왔었다는 기록이 있고, 알람브라 궁전 안에 자신이 머물 생각으로 궁전(카를로스 5세 궁전)을 짓기 시작했으니까요. 비록 궁전은 미완성에 그쳤지만 말입니다.

그러나 후대 왕들에게 그라나다는 이교도들(이슬람교도인 무어인들)의 흔적이 진하게 남은, 혹은 이교도들의 원한이 사무친 땅이었습니다. 심정적으로 뜨악할 수밖에 없었을 것입니다. 그래서인지 그라나다는 버려진 땅이 되어 점점 황폐해집니다.

그라나다가 마지막으로 맞은 귀빈은 18세기 초에 머물렀던 펠리페 5세Felipe V와 그의 부인인 엘리자베타 파르네세Elisabetta Farnese였습니다. 그들도 오래 머문 것은 아니지만, 그래도 그들이 방문한 동안에는 알람브라 궁전에 온기가 돌았지요. 그들을 맞이하기 위해 궁전과 정원을 수리했으며, 이탈리아에서 데려온 예술가들이 장식한 새로운 주거용 건물들이 세워졌던 것입니다. 그러나 그들 역시 일시적으로 체류했고, 그들이 떠나고 난 후로는 찾는 이가 없어 알람브라 궁전은 집시와 도둑들의 소굴이 되어 퇴락해 갔던 것입니다. 워싱턴 어빙의 『알람브라 이야기』가 세

Jean Ranc, '펠리페 5세' Louis-Michel van Loo, '엘리자베타 파르네세'

상에 널리 알려지기 전까지는 말입니다.

그런데 알람브라 궁전에 머물렀던 마지막 귀빈인 펠리페 5세는 누구일까요. 그는 스페인 왕위 계승 전쟁을 치른 끝에 왕위에 오른, 스페인 부르봉 왕가의 첫 번째 왕입니다. 스페인 왕위 계승 전쟁은 스페인 역사에서 중요한 사건이며, 현재의 스페인 왕실이 펠리페 5세로부터 비롯된 부르봉 왕가의 후예이니 그에 대해 알아보는 것이 필요할 것 같습니다.

펠리페 4세의 아들 카를로스 2세Carlos Ⅱ는 네 살 때 왕위에 올랐는데, 불행히도 그는 신체장애를 가진 데다가 매우 허약했습니다. '백치왕白痴王'이라는 별명을 들을 정도로 지적知的 능력도 부족했지요. 게다가 후계자를 낳지 못한 채 세상을 떠나고 말았는데, 이게 복잡한 문제를 불러온 것입니다.

펠리페 4세의 여러 딸(즉, 카를로스 2세의 여자 형제들) 중에서 한 명은 '태양왕'이라고 불린 프랑스의 루이 14세Louis XIV와 결혼했고, 다른 한 명은 신성로마제국의 황제 레오폴트 1세Leopold I와 결혼했습니다. 카를로스 2세가 후계자를 남기지 못했으므로, 스페인의 다음 왕은 그 둘의 자손(다시 말하면 루이 14세와 레오폴트 1세의 자손) 중에서 나오게 된 것입니다.

카를로스 2세

카를로스 2세는 유언으로 루이 14세의 손자인 펠리페Felipe를 후계자로 지명하였습니다. 그러니 펠리페가 즉위하면 아무 문제도 안 될 상황이었지요. 그런데 스페인 제국을 욕심낸 신성로마제국의 황제 레오폴트 1세는 이를 인정하지 않고 자신의 아들인 카를로스Carlos 대공大公을 왕으로 내세운 것입니다. 이렇게 하여 프랑스와 신성로마제국 사이에 전쟁이 벌어지는데, 이를 스페인 왕위 계승 전쟁(1701~1714년)이라고 합니다.

영국과 네덜란드가 신성로마제국 편을 들고, 스페인과 프랑스가 한 편이 되어 벌인 이 국제 전쟁은 1713년에 체결된 위트레흐트 조약에 의해 펠리페 5세의 스페인 국왕 지위를 인정하는 쪽으로 정리되었고, 1714년에 완전히 종결됩니다. 대신 부르봉 왕조의 일원인 펠리페 5세는 프랑스의 왕위를 계승할 수 없고, 이후로 스페인과 프랑스를 합병할 수 없다는 단서 조항늘 달았지요.

그때 이후로 스페인은 부르봉 왕가의 후손이 다스리는 국가가 되었고, 그 사실은 스페인 국기에도 나타나 있습니다. 즉, 국기 가운데에 있는 문장을 보면 세 송이 백합꽃이 있는데, 백합은 부르봉 왕가의 상징이지요. 현재 왕실이 부르봉 왕가의 후예라는 사실이 그렇게 표현된 것입니다.

정의의 문 ④
Puerta de la Justicia
Gate of Justice

카를로스 5세의 기둥 위쪽에 서 있는 성문은 '정의의 문'입니다. 알람브라 궁전으로 들어가는 최초의 문이지요. 앞으로 통과하게 될 포도주의 문이 장식적 요소가 풍부하여 아름답게 보인다면, 정의의 문은 망루의 기능이 더 중요했을 것으로 여겨지는 견고한 외관입니다. 그래도 아치 안쪽의 아라베스크 무늬는 아름다우므로 잠깐이라도 눈길을 주는 게 좋겠습니다.

이 문에 '정의의 문(혹은 심판의 문)'이란 이름이 붙은 까닭은, 이슬람 왕조 시대에 간단한 민원民願은 이곳에서 처리했기 때문입니다. 중요하거나 복잡한 문제는 나스르 궁전 안에 있는 메수아르 궁에서 정식으로 판결했지만, 사소한 분쟁이나 간단히 해결할 수 있는 문제들은 이곳에서 처리했던 것입니다.

정의의 문에서 눈여겨보아야 할 요소들

파티마의 손   천국의 열쇠

문을 통과하기 전에, 몇 군데 눈여겨볼 것이 있습니다.

아치 위에는 손바닥 모양이 새겨져 있는데 그것은 '파티마의 손the hand of Fatima(아랍어로는 함사khamsa라고 함)'으로, 이슬람교에서는 예언자 무함마드(마호메트)의 딸 파티마의 손이 천국의 문을 여는 열쇠 역할을 한다고 믿었다고 합니다. 혹은 다섯 손가락이 이슬람교의 다섯 가지 계율, 즉 신앙 고백, 기부, 예배, 단식, 메카로의 순례를 상징한다는 설명도 있습니다. 맨 아래 동그라미 부분의 열쇠는 천국의 문을 여는 열쇠를 상징하는 것으로 보입니다.

안쪽 아치 위쪽에는 예수를 안고 있는 성모 마리아가 있는데, 이것은 당연히 레콘키스타 후에 기독교도들이 제작한 것입니다. 성모 마리아가 딛고 선 단의 중앙에는 요한의 독수리가 있고, 좌우로 이사벨의 멍에와 페르난도의 화살이 보입니다. 요한의 독수리와 이사벨의 멍에, 그리고 페르난도의 화살이 무엇인지에 대해서는 '왕실 예배당 입구(310쪽)' 편에서 자세히 설명하겠습니다.

이슬람 문자와 아라베스크 문양의 타일들로 장식된 벽에 뜬금없이 들어선 성 모자상은 기독교도들에 의한 이슬람 유적 파괴처럼 보입니다.

정의의 문에는 재미있는 설화가 전합니다.

수백 년 전 그라나다를 다스리던 아벤 하부즈 왕은 아름다운 서 고트족의 공주를 사랑했습니다. 그런데 늙은 점성술사도 공주를 사랑하여 다툼이 일어납니다. 권력으로는 왕이 한 수 위였지만, 점성술사는 마술을 사용할 줄 알았습니다. 그래서 왕이 보호하고 있는 공주를 마술로써 납치하였지요. 그리고

이사벨의 멍에   페르난도의 화살

요한의 독수리

정의의 문의 성모자 상

는 정의의 문 지하에 있는 마술로 봉인된 동굴에 가둬두고, 밖으로 나갈 수 없게 만들었다고 합니다.

그 이후로 공주는 동굴 안에서 악기를 연주하는데, 그 소리는 듣는 사람을 졸게 만드는 힘이 있기 때문에 정의의 문을 지키는 병사들은 늘 꾸벅꾸벅 존다는 것입니다. 그래서 『알람브라 이야기』를 쓴 워싱턴 어빙은 "알람브라 요새는 기독교 세계를 통틀어 가장 졸음이 많이 오는 군인 주둔지"라고 했답니다.

이렇게 설화의 힘은 끈질기고 강한 것입니다.

포도주의 문 ⑤
Puerta del Vino
Wine Gate

'포도주의 문'은 알카사바와 카를로스 5세 궁전을 나누는 경계라고도 말할 수 있습니다. 두 공간 사이에 존재하기 때문이지요. 1556년에 이곳에서 면세 포도주를 팔도록 허용했기 때문에 이런 이름이 붙었다고 하는데, 그래서인지 아치 부분의 붉은 벽돌이 포도주색으로 보입니다. 아치 위의 타일 장식과 섬세하고 정교한 문양은 이슬람 건축에서 흔히 볼 수 있는 기하학적 문양으로 특히 아름답습니다.

알카사바 앞에 있는 포도주의 문
아치 윗부분의 정교한 장식

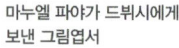

마누엘 파야가 드뷔시에게
보낸 그림엽서

'포도주의 문' 작곡 관련 표지 위치

그런데 이 문에는 더 재미있는 사실이 있습니다. 바로 클로드 드뷔시 Claude Debussy가 '포도주의 문'이라는 곡을 작곡하게 된 계기에 관한 것이 지요.

그라나다에서 활동하는 음악가 친구 마누엘 데 파야Manuel de Falla에게 서 포도주의 문이 그려진 엽서를 받은 드뷔시는 그라나다를 여행한 적 이 없었음에도 포도주의 문에 흥미를 갖게 되었고, 특히 엽서 속의 강 렬한 명암 대비에 영감을 얻어 '포도주의 문'이라는 음악을 작곡하게 되 었다고 합니다. 곡의 앞부분에 '극도의 격렬함과 정열적인 달콤함의 갑 작스러운 대조와 함께'라는 말을 적어 넣은 것은 아마도 그때의 영감을 표현한 것으로 보입니다.

알카사바 쪽에서 포도주의 문을 보았을 때 문 오른쪽에 있는 기념품 가게의 벽면에 이 사실을 알려주는 표지가 있으니 찾아보시기 바랍니다.

이 포도주의 문을 통과하면 알카사바로 이어지고, 이 문을 왼쪽으로 끼고 돌면 카를로스 5세 궁전에 이르게 됩니다. 여기서는 포도주의 문 을 통과해 만날 수 있는 알카사바부터 방문하도록 하겠습니다.

2장

알카사바(Alcazaba)

아름다운 성을 보호하는 성채

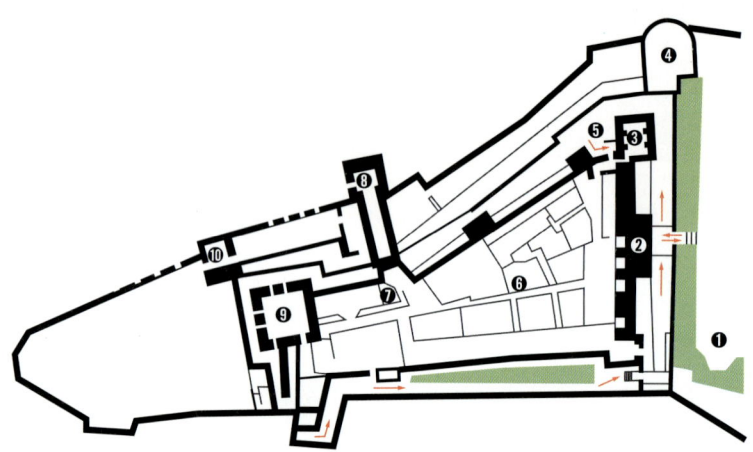

❶ 알히베스 광장(Plaza de los Aljibes)　　　❻ 아르마스 광장(Plaza de Armas)
❷ 부서진 탑(Torre Quebrada)　　　　　　　❼ 목욕탕 유적(Baño)
❸ 경외의 탑(Torre del Homenaje)　　　　　❽ 아르마스 탑(Torre de las Armas)
❹ 작은 원형의 탑(Torre del Cubo)　　　　　❾ 벨라 탑(Torre de la Vela)
❺ 무기의 문(Porta de las Armas)　　　　　❿ 이달고의 탑(Torre de los Hidalgos)

알히베스 광장 ①

Plaza de los Aljibes
Square of the Cisterns

카를로스 5세 궁전 쪽에서 알카사바를 바라보면 널찍한 공터가 보입니다. '알히베스 광장', 혹은 '저수지 광장'이라고 불리는 곳이지요. 궁전 쪽에서 봤을 때 포도주의 문 오른쪽 공간에 해당합니다.

사진에서 알히베스 광장 뒤편으로 보이는 탑들은 알카사바 성벽 중 일부로, 왼쪽은 '부서진 탑Torre Quebrada, Broken Tower'이고 오른쪽은 '경외의 탑Torre del Homenaje, Tower of Homage'입니다. 현재까지 남아 있는 탑들을 보면 상당히 견고하면서도 방어와 공격에 유리한 시설로 보여 당시로서

알히베스 광장. 뒤로 부서진 탑(좌), 경외의 탑(우)이 보인다.

는 난공불락難攻不落이었겠다는 생각이 듭니다. 나스르 왕조의 내부 분열만 없었다면, 그라나다 왕조는 역사에 더 오래 남을 수 있었을 거라는 생각이 들어 문득 씁쓸해집니다.

이 광장은 스페인어로는 알히베스 광장(Plaza de los Aljibes), 영어로는 'Square of the Cisterns'라고 하는데 Aljibes와 Cistern은 물탱크나 커다란 물통을 말하니까 과거에 이곳이 물과 관련된 곳이었다는 점을 이름을 통해서 짐작할 수 있습니다. 실제로 이곳 지하에는 과거에 저수지가 있었다고 합니다. 물론 우리가 생각하는 정도로 거대한 규모의 저수지는 아니었을 테고, 시에라네바다(그라나다 근처의 산맥)에서 끌어온 물줄기가 알람브라 궁전 구석구석에 공급되기 전에 일단 모이는 일종의 저수조였던 곳으로 보입니다.

워싱턴 어빙의 『알람브라 이야기』에는 이곳에 대한 설명이 나오는데, 인용해 보면 이렇습니다.

사각탑을 통과해 들어간 우리는 벽들 사이로 구불구불 이어지는 좁은 통로를 따라 올라가서 요새 안의 탁 트인 물가의 산책로에 도달했다. 그곳은 무어인들이 그 요새의 물 공급을 위해 자연석을 파내고 묻은 거대한 수조水槽(물 저장용 통) 때문에 플라사 데 로스 알히베스Plaza de los Aljibes(수조 광장)라 불렀다. 또한 여기에 있는 어마어마하게 깊은 우물은 너무나 깨끗하고 차가운 물을 공급해 주는데, 이는 수정처럼 맑은 물을 얻기 위해 지치지 않고 노력한 무어인들의 정교한 취향을 보여주는 또 하나의 증거물이다. -'정의의 문에서 코마레스 탑까지'에서 인용

워싱턴 어빙이 알람브라 궁전에 머물 당시만 해도 그곳에는 수정처럼 맑은 물이 고인 우물이 있었다는 설명으로 읽힙니다. 같은 책의 '무어인의 유산에 관한 전설' 편에도 비슷한 내용이 나옵니다.

알람브라의 성채 안 왕궁 앞에는 저수지 광장이라 불리는 넓게 트인 산책로가 있다. 그렇게 불리는 것은 비록 지금은 보이지 않지만, 광장 아래에다 무어인들의 시대부터 저수지를 만들었기 때문이다. 이 산책로의 한 귀퉁이에는 바위를 깊이 파서 만든 무어인들의 우물이 있는데, 거기서 나오는 물은 얼음처럼 차갑고 수정처럼 맑다.

이런 내용으로 미루어볼 때, 워싱턴 어빙이 그곳에 머물 때만 해도 저수지는 사라졌지만 우물은 제 역할을 하며 그 자리에 있었다는 것을 알 수 있습니다.

그라나다가 아직 무어인들의 지배 아래 있을 때는 물지게꾼들이 나귀 등에 커다란 물독을 싣고 와서 물을 퍼갔으며, 물을 긷기 위해 몰려든 마을 사람들로 늘 북적거렸다고 하는데, 이제는 전 세계에서 몰려든 관광객들로 북적거리니 이곳의 운명은 예나 이제나 달라진 것이 없다는 생각이 듭니다.

작은 원형의 탑 ②

Torre del Cubo
Round Tower

알히베스 광장을 지나 알카사바 쪽으로 걸어가면 부서진 탑 앞에 출입구가 보입니다. 그곳에서 입장권을 보여주고 안으로 들어서면 좁은 길이 있는데, 관람객은 오른쪽으로 길을 잡아야 합니다. 왼쪽은 알카사바를 다 둘러본 다음에 나오는 길이지요. 알카사바 안쪽의 좁은 길은 적의 침입에 대비하여 일부러 비좁게 만든 것으로 보입니다.

오른쪽으로 끝까지 가면 계단으로 만들어진 길과 왼쪽으로 꺾어지는

경외의 탑 앞쪽으로 튀어나온 작은 원형의 탑

길이 나오는데, 계단은 작은 원형의 탑으로 올라가는 길이고 왼쪽으로 꺾어지는 길은 무기의 문으로 연결되는 길입니다. 일단 작은 원형의 탑에 올라 주변 경관을 조망해보는 것이 좋겠지요. 이곳에서는 특히 나스르 궁전과 카를로스 5세 궁전의 전체 모습이 한눈에 들어오기 때문입니다.

작은 원형의 탑Torre del Cubo은 이름 그대로 경외의 탑 앞쪽으로 튀어나온 듯 서 있는 반원형의 탑입니다. Cubo는 스페인어 사전에 '군사 용어로, (옛 성의) 작은 원형 탑'을 뜻한다고 되어 있습니다. 그러니까 이 탑은 생긴 형태를 그대로 이름으로 쓴 예입니다.

그런데 신기하게도 우리나라의 옛 성에서도 이런 형태의 구조물을 발견할 수 있습니다. 바로 '치성雉城'이라고 하는 것입니다.

치성이란 성벽 일부를 반원형으로 돌출시킨 것인데, 그 이름의 유래가 재미있습니다. '치雉'라는 글자는 '꿩 치'입니다. 그러니 치성이란, '꿩을 닮은 성'이란 뜻

수원성의 치성

입니다. 옛사람들은 성을 쌓으면서 왜 이름에 꿩을 끌어들였을까요? 그것은 꿩이 자기 몸을 숨기고 밖을 엿보기를 잘한다고 생각했기 때문입니다.

반원형으로 돌출된 치성은 일직선으로 된 성벽보다 더 넓은 방향을 감시할 수 있으며, 성벽을 기어오르는 적군을 더 효과적으로 퇴치할 수 있습니다. 성벽을 쌓으면서 일정한 거리마다 치성을 마련해 둔 이유가

수원성의 옹성

거기 있는 것입니다. 아마도 알카사바를 건설한 무어인들도 그런 점을 고려하여 반원형 탑을 세웠을 것입니다. 우리나라의 성에 치성이 군데군데 설치된 것처럼, 알카사바에도 여러 군데에서 찾아볼 수 있으니 눈여겨보면 좋겠습니다.

우리의 옛 성을 이야기한 김에, 옹성甕城과 성가퀴에 대해서도 간단히 설명하고 넘어가겠습니다. 평소에는 설명을 들을 기회가 없는 용어들이기 때문입니다.

옹성이란, 성문을 보호하기 위하여 성문 밖으로 또 한 겹의 성벽을 둘러쌓아 이중으로 된 성벽을 말합니다. 적군이 성안으로 쉽게 진입하는 것을 막기 위한 장치이지요. 옹성 안에 들어온 적군은 마치 함정에 빠진 것처럼 사방에서 쏟아지는 공격을 받아야만 하는 구조입니다. 사진으로 보면 쉽게 이해될 것입니다.

수원성의 성가퀴

    그리고 성가퀴는 성벽 위에 설치한 높이가 낮은 담으로, 몸을 숨긴 채 적을 공격할 수 있도록 만든 시설입니다. 위 사진에서 총이나 활을 쏠 수 있도록 구멍을 낸 부분이 바로 성가퀴입니다.

    옛 성을 볼 때, 치성·옹성·성가퀴만 알아도 이해에 도움이 될 듯하여 설명했습니다.

군인들의 구역 ③

The Military Quarter

　알카사바 자체가 군사적 목적으로 세워진 시설이긴 합니다만, 방어용 성벽과 탑을 제외한 성안의 군인 거주 시설을 따로 '군인들의 구역'이라고 합니다.

　군인들의 구역은 '무기의 문Porta de las Armas, Gate of Weapons'을 통해 들어가게 됩니다. 문 이름부터 이곳이 군사 시설임을 알게 해주는군요.

　관람객은 부서진 탑 앞에 나 있는 출입구를 통해 안으로 들어가 오른쪽으로 직진하게 됩니다. 경외의 탑을 돌아가면 문이 나오는데 그곳

무기의 문은 경외의 탑 뒤쪽에 있다.　　　　좁고 가파르며 직각으로 굽은 계단

이 바로 무기의 문이지요. 무기의 문으로 들어서면 왼쪽에 좁고 가파르며 직각으로 굽은 계단이 나오는데, 그곳으로 올라가면 알카사바 전체를 조망할 수 있습니다. 적의 침입을 효과적으로 막기 위해 직각으로 굽은 좁은 통로와 함정들을 만들어 놓았다고 합니다.

무기의 문을 통과하여 안으로 들어가면 제법 넓은 공간이 나오는데, 숙소·무기고 등의 건물터가 남아 있는 이곳을 아르마스 광장Plaza de Armas이라고 합니다.

아르마스 광장에 들어서자마자 왼쪽으로 보이는 것은 지하 감옥Dungeon의 입구와 우물입니다. 이곳 지하 감옥은 원래 Silo라고 하는 곡식이나 소금, 향신료 등을 저장하는 곡물 저장 창고였지만, 이교도들과의 전쟁에서 생포한 포로가 생기면 여기에 가둬두다 보니 감옥의 역할도 했다고 합니다. 포로는 나중에 몸값을 받고 넘겨주기도 하고, 자기편 포로와 교환하기도 했으므로 그때까지 그들을 가둬둘 수 있는 공간

지하 감옥과 우물

이 필요했던 것입니다.

전성기 때는 이곳에 4만여 명의 군인들이 생활할 수 있는 숙소와 무기고, 대장간, 지하 감옥, 우물, 목욕탕 등이 있었다고 하는데, 지금은 규모가 축소되고 많은 부분이 파괴된 상태로 남아 있습니다. 특히 나폴레옹의 침략 때는 프랑스 군의 막사로 사용되기도 했는데, 이들은 1812

벨라 탑 쪽에서 내려다 본 아르마스 광장, 작은 그림은 목욕탕 확대 컷

군사들의 숙소

무기고

목욕탕

아르마스 탑

아르마스 광장과 아르마스 탑(벨라 탑에서 내려다 본 모습)

년에 철수할 때 이곳의 기능을 마비시키기 위해 지뢰를 터뜨리는 만행을 저질렀고 그로 인해 대부분이 잿더미로 변했다고 합니다.

이 광장의 칸막이로 구분된 크고 작은 미로 같은 공간들은 대부분 군인들의 숙소가 있던 자리이고, 상대적으로 널찍한 공간은 무기고 등으로 쓰였던 창고 자리입니다. 또한, 아르마스 광장의 중앙 통로로 쭉 걸어오다 보면 오른쪽으로 목욕탕의 흔적도 보입니다.

아르마스 광장에서는 오른쪽에 있는 탑으로 올라갈 수도 있는데, 밖으로 돌출되어 전망대 역할을 하기도 하는 이 탑은 아르마스 탑Torre de las Armas입니다.

벨라 탑 ④

Torre de la Vela
Watch Tower

아르마스 광장에서 남쪽을 바라보면 알카사바에서 가장 높은 탑이 보입니다. 그라나다 시내와 알바이신 지구는 물론 시에라네바다가 한눈에 들어오는 벨라 탑Torre de la Vela입니다. 넓은 시야를 확보할 수 있어 사방으로부터 침입하는 적을 조기에 발견할 수 있는 곳이니, 최적의 감시탑이었음이 분명합니다.

벨라 탑에는 유럽연합 기와 스페인 국기, 안달루시아 주州 기와 그라나다 시市 기가 나란히 펄럭이고 있는데, 그 자리가 바로 그라나다가 함

벨라 탑

벨라 탑에 설치된 종탑

락되고 난 직후에 페르난도 2
세와 이사벨 1세를 상징하는
기가 걸렸던 자리입니다.

벨라 탑에는 그라나다가 함
락될 때 이사벨 1세가 승리를
기념하기 위해 기독교를 상징하
는 종을 달아놓았다고 합니다.

스페인어로 vela는 여러 가지
뜻이 있지만, 그중에서 이곳과
관련지어 가장 유력한 의미는
'(옛날, 군대나 성에서 했던) 야경,
야간 순찰'입니다. 밤에도 적의
침입을 감시하기 위해 순찰을 돌았다는 의미에서 붙인 것이니, 높은 망
루에 잘 어울리는 이름이라고 할 수 있습니다.

이 종탑의 종은 과거에 그라나다 사람들에게 매우 중요한 역할을 했
다고 합니다. 시간을 알려주었기 때문입니다. 시계가 없던 시절에 농사
짓고 가축 기르는 일을 하는 사람들에게 시간을 알려주는 것은 중요한
일이었지요. 종을 치는 역할은 참전했다가 부상당한 상이용사들이 맡
았다고 하며 마지막 종탑지기는 상이용사의 부인이었던 엔카나시온 라
벨레라였다고 하는데, 지금은 따로 종탑지기를 두지는 않습니다.

다만 매년 1월 2일에 결혼하지 않은 젊은 여성이 종을 울리면 그 해가
가기 전에 결혼한다는 속설이 있어 그날만큼은 젊은 여성들이 종을 치
기 위해 줄을 선다니 재미있습니다.

이달고의 탑 💬5

Torre de los Hidalgos
Tower of the Noblemen

　알카사바에 대한 설명을 마치기 전에 벨라 탑 앞쪽에 있는 낮은 탑 하나를 더 소개할까 합니다. 다로 강 쪽에서 알람브라 궁전을 올려다보았을 때 가장 오른쪽에 보이는 탑이기도 한데, 바로 '이달고Hidalgo의 탑'입니다.

　이 탑의 이름에 붙여진 '이달고Hidalgo'라는 말은 원래 스페인어로 하급 귀족이나 시골 양반을 뜻한다고 합니다. 더 정확히 말하자면, 공식적인 작위爵位를 갖지 못한 귀족이 이달고입니다.

이달고의 탑

이달고의 기원을 알아보면, 10세기 초 레콩키스타에 참전한 전사들을 이달굴라Hidalgula라고 했다는 기록이 있습니다. 이들은 기사騎士로서 하급 귀족 계층을 형성하여 마을의 치안 유지나 전투 참여 등의 역할을 수행했고, 마을 대표로서 의회에 참석하기도 했다고 합니다. 이들을 12세기 무렵부터는 이달고라고 부르기 시작했는데, 이런 기록으로 미루어 볼 때 초창기의 이달고는 명예로운 신분이었음을 짐작할 수 있습니다. 이달고의 탑을 영어로 'Tower of the Noblemen'이라고 번역하는 것은 그 때문일 겁니다.

그런데 후대로 내려오면서 그들의 신분에 변화가 생깁니다. 한마디로 이달고라고 뭉뚱그려 말하지만, 그들의 처지는 매우 다양했던 것입니다. 조선 시대에 '양반'이라고 해도 처지가 천차만별이었던 것과 마찬가지입니다. 비록 작위는 갖지 못했지만 경제적으로 유복하고 사람들로부터 존경받는 이달고도 있었고, 이름만 이달고일 뿐 가난하여 평민이나 다를 바 없는 이달고도 있었습니다. 그래도 왕으로부터 임명받고 그 신분이 세습되었으며, 국가로부터 면세 특권을 부여받았기 때문에 이달고는 평민들에게 선망의 대상이었습니다. 비록 가난한 양반일지라도 평민들이 부러워한 것과 비슷하지요.

그러나 나중에는 국가에서 돈을 받고 이달고 신분을 팔기도 했으므로, 많은 폐단이 생겼습니다.

16세기의 이달고(삽화)

품성이 천박한 사람이 돈으로 이달고의 신분을 얻게 되면서 신분 제도의 질서가 무너지게 되었던 것입니다. 그래서 전통적인 귀족 계급에서는 신흥 이달고에 대한 불신이 컸으며, 평민들도 이달고를 백안시白眼視하는 경우가 생긴 것입니다.

이 대목에서 문득 우리의 고전 소설 『양반전』이 떠오릅니다. 온갖 특혜를 누리는 양반의 신분을 동경하여 돈으로 그걸 사려고 하는 부자와 타고난 신분을 유지하지 못할 정도로 가난한 소설 속의 양반을 보면서, '아마도 스페인에서도 비슷한 일이 있었나 보다.' 하는 생각을 하게 됩니다.

이달고 중에서 가장 유명한 사람을 한 사람 꼽자면, 아마도 돈키호테가 아닐까 합니다. 비록 소설 속의 인물이기는 하지만, 돈키호테는 가장 전형적인 이달고였습니다. 소설의 제목 자체가 '재치 있는 이달고 라만차 지방의 돈키호테'였으니까요. 그는 물려받은 유산이 없어 가난하지만, 여전히 귀족이라는 긍지를 가진 몰락한 이달고였습니다.

소설 속에서 희화화戲畵化된 돈키호테를 통해 우리는 이달고에 대한 당시 사람들의 의식을 읽을 수 있습니다. 몰락한 하급 귀족에 대한 조롱이 느껴지기 때문입니다.

마드리드 에스파냐 광장의 돈키호테

3장

나스르 궁전

알람브라의 진정한 아름다움을 느낄 수 있는 핵심 공간

나스르Nasr, Nasrid 왕조 지배자들의 집무실이자 왕실 가족의 생활공간이었던 나스르 궁전은 알람브라 궁전의 핵심적인 공간입니다. 그라나다를 찾는 관광객은 알람브라 궁전을 방문하기 위해서, 그리고 알람브라 궁전을 방문하는 관광객은 나스르 궁전을 보기 위해서라고 해도 그리 틀린 말은 아닐 것입니다.

서유럽의 웅장한 규모를 자랑하는 궁전들(예컨대 베르사유 궁전 등)을 생각하고 나스르 궁전을 본다면, 유명세에 비해 규모가 퍽 작다는 생각을 하게 될 것입니다. 카를로스 5세 궁전을 짓기 위해 나스르 궁전의 일부를 헐어냈다는 점을 고려하더라도 이곳은 규모로 사람을 놀라게 하는 건축물은 분명 아닙니다.

그러나 안으로 들어가서 이슬람 건축의 특징과 장점이 집약된 방들을 보면 벌린 입을 다물 수 없게 됩니다. 나스르 궁전은 규모가 커서 중요한 문화재가 아니라, 작지만 더없이 정교하고 아름답고 특색 있는 건축물이라서 소중한 문화재인 것입니다.

워싱턴 어빙의 『알람브라 이야기』를 보면, 나스르 왕조가 멸망한 후 방치된 알람브라 궁전은 쇠락의 길을 걸으며 떠돌이 집시와 도둑떼의 은신처로 전락했었다고 합니다. 나스르 궁전 또한 마찬가지 신세였지요. 그러나 그의 책이 출간되고 난 뒤 알람브라 궁전이 널리 알려지고 관광객들이 몰려들자 스페인 정부에서는 보수 작업을 시작하였고, 이제는 옛 모습을 그대로 되찾지는 못했지만 그래도 옛 영화의 일부나마 엿볼 수 있을 정도로 회복되었습니다.

나스르 궁전에는 원래 7개의 궁이 있었으나, 현재는 세 개(메수아르 궁, 코마레스 궁, 사자의 궁)만이 남아 있습니다. 그러나 남아 있는 것만으로도 우리는 당시 사람들의 눈부신 건축 기술과 문화 수준을 짐작할 수 있답니다. 유네스코는 이런 점을 고려하여 이곳을 포함한 알람브라 궁전 전체(헤네랄리페와 알바이신 지구 포함)를 1984년에 세계문화유산으로 등재하였지요.

나스르 궁전을 처음 계획하여 짓기 시작한 것은 나스르 왕조의 창업자인 무함마드 1세Muhammad I로 알려졌지만, 그 이후에도 후대 왕들에 의해 증축과 개·보수가 계속되었습니다. 현재 남아 있는 나스르 궁전의 핵심 건물은 대개 14세기 때의 것인데, 코마레스 궁Palacio de Comares을 지은 유수프 1세Yusuf I와 그의 아들로 사자의 궁Palacio de los Leones을 완성한 무함마드 5세Muhammad V의 업적이 제일 크다고 할 수 있습니다.

나스르 궁전 외부는 별다른 치장이 없어 수수해 보이지만, 일단 안으로 들어가 보면 믿을 수 없을 정도로 정교하고 섬세하게 조각된 회벽 장식, 작은 조각 패턴들이 하나의 큰 모양을 이루는 채색 타일, 치밀한 계산을 바탕으로 아름답게 조각된 목재 천장 장식 등이 보는 이의 눈을 사로잡습니다. 또한 궁전 구석구석에 설치된 연못과 분수는 그들의 수준 높은 치수治水 기술을 알 수 있게 해주지요.

나스르 궁전은 메수아르 궁전으로 입장하여 파르탈 궁전이 있는 쪽으로 나오게 됩니다. 입구와 출구는 각 하나씩이며, 표를 살 때 지정한 입장 시간을 엄격하게 적용할 정도로 관리가 철저하게 이루어지므로 정해진 동선에 따라 이동하게 됩니다.

일단 들어간 다음에는 메수아르 궁을 지나 아라야네스 중정과 대사의 방이 있는 코마레스 궁을 거쳐 사자의 궁으로 가게 됩니다. 그다음에 린다하라 중정을 거쳐 밖으로 나오면 파르탈 궁전이 보이는 것입니다. 이제 각각의 장소들에 대한 자세한 설명을 이어나가도록 하겠습니다.

알람브라 궁전에서 볼 수 있는 건축 양식의 특징

알람브라의 백미라 할 수 있는 나스르 궁을 구석구석 살펴보기 전에 이 궁전 전체를 통틀어 공통적으로 나타나고 있는, 궁전 안의 여러 방과 정원 등을 지나면서 계속해서 보게 될 이슬람식 건축 양식과 관련 용어에 대해 먼저 알아보겠습니다.

알람브라는 외관의 수수함과는 달리 섬세하고 화려하게 치장된 내부 장식 때문에 관람자들이 감탄을 금치 못하는데, 그러한 내부 장식은 네 가지 종류로 압축해 정리할 수 있습니다. 정밀하게 조각한 천장의 목재 장식, 종유석 모양의 장식 기법인 모카라베, 화려하면서 섬세한 아라베스크 무늬의 회벽 세공(Stucco), 화려한 패턴의 채색 타일 장식이 바로 그것입니다.

✚ 천장의 목재 장식

이슬람 양식의 건물에서 볼 수 있는 목재 장식의 두드러진 점은 정밀함입니다. 주로 천장을 나무를 사용하여 장식했는데, 천체를 상징적으로 표현하거나 규칙적이며 기하학적인 문양을 새겼습니다. 경우에 따라서는 화려함과 장엄함을 더하기 위해 그 위에 황금을 덧입히기도 했지요. 나스르 궁전 곳곳에서 그러한 예를 찾아볼 수 있으며, 세비야의 알카사르에서도 비슷한 유형의 나무 세공 장식을 볼 수 있습니다.

| 나스르 궁전 코마레스 탑의 천장 | 세비야 알카사르 대사의 방의 천장 |

✚ 모카라베(Mocárabe)

모카라베란 이란에서 기원한 독창적인 건물 장식법으로, 아랍–이슬람 건축물에서 흔히 발견되는 인테리어의 예입니다. 벽과 천장이 연결되는 모퉁이에 사용되거나, 입방형(정육면체)의 구조물을 아치형으로 바꿔주는 연결 부위를 장식하는 데 자주 사용되지요. 모카라베 장식은 창문이나 출입문, 미흐랍Mihrāb(벽감), 돔 천장에서도 그 모습을 찾아볼 수 있으니, 이슬람식 건축물을 볼 때는 눈여겨보시기 바랍니다.

무카르나스 양식이라고도 하는 이 장식법은 전체적인 모양을 묘사할 때 종유석과 같이 생겼다고 하기도 하고, 벌집 모양이라고 하기도 하는데, 나스르 궁전의 구석구석에서 쉽게 찾아볼 수 있습니다.

나스르 궁전의 모카라베 양식　　　　　　　　세비야 알카사르 돈 페드로 궁전의 모카라베 양식

✛ 회벽 세공(Stucco)과 아라베스크(Arabesque)

회벽 세공이란, 스투코라고 불리는 건축용 마감 재료(석회에 대리석 가루, 점토 가루 등을 섞은 것. 물을 섞어 반죽한 후 굳히면 단단해지기 때문에 건축 자재로 많이 사용)를 이용해 벽면을 장식한 것을 말합니다.

알람브라 궁전에서 회벽 세공은 주로 벽면이나 아치 윗부분을 장식하는 데 쓰였으며, 벽면에 석고를 바른 다음 그 위에 밑그림을 그리고, 밑그림을 따라 음각한 후 음각된 부분을 채색하는 방식을 사용했습니다. 지금은 오랜 세월이 지나 색이 바랜 벽만 그대로 드러나 있지만, 건축 당시의 모습은 매우 화려했을 것으로 추정됩니다.

아라베스크는 회벽 세공의 세밀한 무늬 자체를 이르는 말입니다. 나스르 궁전은 건물 전체가 아라베스크 무늬로 뒤덮여 있다고 해도 지나친 말이 아닙니다. 처음에는 그 정교한 조각을 보며 감탄에 감탄을 거듭하다가 나중에는 지쳐서 대충 보아 넘기게 되지요. 필자가 나스르 궁전을 관람할 때 어떤 한국인들이 이런 말을 주고받더군요.

"저 방은 어때? 뭐 특별한 거 있어?"

"아이구. 다 똑같아. 다리 아픈데 그냥 가자."

그리곤 총총히 그 자리를 떠나더군요. 그런데 그건 참 안타까운 일이었어요. 하필 그곳이 나스르 궁전에서도 특히 더 아름다운 방들로 이루어진 사자의 궁이었으니까요.

하여간 나스르 궁전의 천장과 벽을 온통 뒤덮고 있는 화려한 무늬인 아라베스크는 과연 무엇일까요? 아라베스크란 말은 '아라비아풍風'이라는 뜻으로, 이슬람 사원의 벽면 장식이나 공예품 장식에서 볼 수 있는 문자나 식물, 혹은 기하학적인 모티프가 조화롭게 어울린 무늬를 말합니다. 우상 숭배를 금지하는 이슬람교의 교리에 따라 인물이나 동물의 형상을 그리지 못하다 보니, 추상적인 무늬를 통해 아름답게 장식하려고 시도하게 되어 나타난 이슬람 고유의 디자인 양식인 것입니다.

회벽 세공으로 마감된 아라야네스 중정의 벽면(왼쪽)과 왕의 방 벽면(오른쪽)

✚ 채색 타일 아줄레호(Ajulejo)

아줄레호는 이슬람식 문양이 새겨진 건축용 타일을 가리킵니다. 이슬람 문명은 실크로드를 통해 전해진 중국의 청화백자를 동경하여 모방하고자 많은 노력을 기울였지만 좋은 흙과 풍부한 땔감을 구할 수 없는 지리적 한계 때문에 청화백자의 생산에는 실패했습니다. 그러나 그 과정에서 타일 생산에 관한 기술을 축적할 수 있었고, 그들은 생산된 타일을 건축 자재로 폭넓게 사용했습니다.

이슬람 건축에서는 특히 푸른색 안료를 사용한 타일을 많이 사용했는데, 이는 푸른색이 수목이 우거지고 물이 풍부한 낙원을 연상시키기 때문이며, 사치를 금하는 이슬람교의 교리에 따라 건축에 황금 등의 귀금속을 사용하기 어려웠기 때문으로 보입니다. 터키 이스탄불의 술탄 아흐메드 모스크Sultan Ahmed Mosque, 이란 이스파한의 이맘 모스크Imam Mosque, 이집트 카이로의 악순쿠르 모스크Mosque of Aqsunkur 등은 푸른색 타일을 주로 사용하여 '블루 모스크Blue Mosque'란 별칭을 얻은 대표적인 이슬람 사원들입니다. 현대에도 여전히 푸른색 타일은 모스크 건축에 즐겨 사용되는 건축 자재이지요.

푸른색 타일을 많이 사용한 이슬람 사원(두바이). 화초를 주제로 한 타일을 사용하여 낙원의 이미지를 구현해냈다.

하지만 나스르 궁전에서 볼 수 있는 타일들은 푸른색의 단일한 디자인이 아닌, 다양한 색채와 기하학적 문양을 보이고 있습니다. 앞으로 방문하게 될 방마다 사용된 타일의 모양을 살펴보는 것도 알람브라 궁전을 관람하는 또 하나의 방법이 될 것입니다.

알람브라 궁전의 다양한 채색 타일

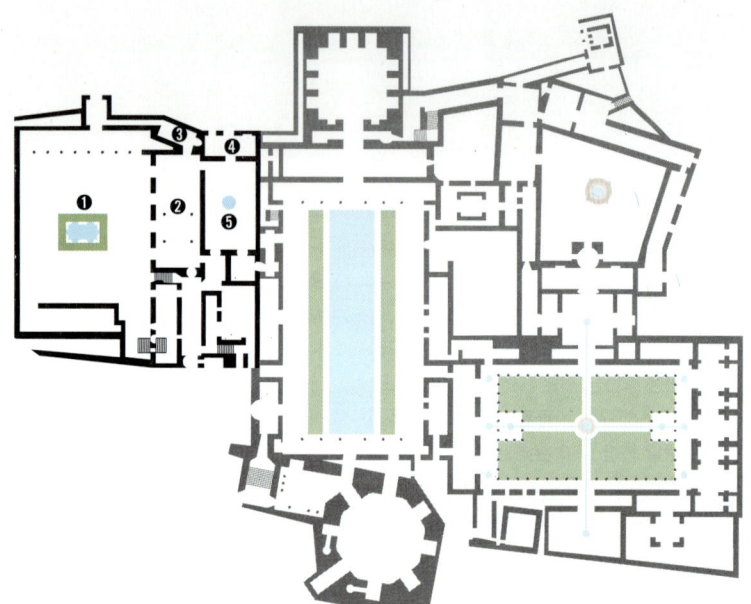

❶ 마추카 중정(Patio de Machuca)
❷ 메수아르의 방(Sala del Mexuar)
❸ 기도실(Sala de Oracion)
❹ 황금의 방
❺ 황금의 중정(Patio del Cuarto Dorado)

메수아르(Mexuar) 궁

　나스르 궁전으로 입장하다 보면 왼쪽에 작은 파티오가 보이는데, 이곳은 마추카 중정Patio de Machuca입니다. 사진으로 볼 때 나무들에 둘러싸인 곳이 마추카 중정이며, 그 앞의 2층 건물이 메수아르 궁이지요.

　'파티오Patio'는 스페인을 여행하다 보면 자주 듣게 되는 단어로, 대개 건물의 중앙에 있는 네모난 형태의 안뜰을 말합니다. 파티오의 중앙에는 분수(혹은 연못이나 샘)가 있고, 그 주변에 화초나 과일나무 등이 자라고 있지요. 이러한 파티오는 특히 안달루시아 지방 건축 양식의 중요한 특징이 되는데, 오랜 세월 동안 이 지방을 지배한 이슬람교의 영향으로 보입니다. 건물 안에 낙원을 상징하는 샘과 나무를 배치하는 것이 이슬람 건축 양식의 유행이었기 때문입니다.

마추카 중정

마추카 중정은 나스르 궁전에 들어가서 보게 될 다른 파티오들에 비하면 소박한 편입니다. 그럼에도 여기에서 설명하는 까닭은, 이 뜰에 이름을 빌려준 사람이 중요하기 때문입니다. 그는 스페인의 화가이자 건축가인 페드로 마추카Pedro Machuca(1490~1550)로, 앞에서 보았던 '그라나다의 문'과 '카를로스 5세의 기둥'을 제작한 사람이고, 무엇보다도 중요한 것은 '카를로스 5세 궁전'을 설계한 사람이라는 점입니다.

톨레도에서 태어나 이탈리아에서 공부한 그는 화가로서는 라파엘로 산치오Raffaello Sanzio, 미켈란젤로 부오나로티Michelangelo Buonarroti 등의 영향을 받았고, 건축가로서는 도나토 브라만테Donato Bramante의 영향을 받았다고 합니다. 이때가 이탈리아 르네상스의 황금기였으므로, 자연스럽게 그는 스페인에 르네상스 미술과 건축을 도입한 셈이 됩니다.

그의 대표작이라고 할 수 있는 카를로스 5세 궁전은 비록 미완성의 상태로 남았고, 건축 의도와 위치 때문에 후대인들로부터 혹평을 받는 건축물이기는 하지만, 그 정도로 웅장하면서도 독특한 구조의 건물을 설계한 건축가로서의 그의 역량은 인정해 주어야 합니다. 아마도 그래서 나스르 궁전 입구의 파티오에 그의 이름을 붙인 게 아닐까 생각합니다.

페드로 마추카, '십자가에서 내려지는 그리스도'
(마드리드 프라도 미술관 소장)

마드리드의 프라도 미술관에는 그의 대표작이라고 할 수 있는 '십자가에서 내려지는 그리스도 Descendimiento'가 있으니, 기회가 된다면 찾아서 감상해 보시기 바랍니다.

메수아르의 방 ①

Sala del Mexuar
The Mexuar Hall

  나스르 궁전에 입장하여 제일 먼저 만나게 되는 공간은 메수아르 궁, 혹은 메수아르의 방Sala del Mexuar입니다. 이스마일 1세Ismail I(1314−1325) 때 처음 만들어진 이곳은 원래는 2층으로 된 방이었으며, 왕이 신하들을 만나 국정을 의논하는 곳이었습니다. 코마레스 궁과 사자의 궁이 건설된 후에는 그 역할을 넘겨주고, 주로 왕이 백성들을 만나 그들의 이야기를 듣거나 정의의 문Puerta de la Justicia에서 간단하게 판결하기 어려운 문제들을 재판하는 곳으로 썼다고 합니다.

메수아르의 방 내부

이 방은 처음 만들어질 때의 모습에서 많이 변형되었는데, 무함마드 5세 때 방의 구조를 변경한 공사가 있었고, 이슬람 왕조가 무너진 뒤에는 기독교도들에 의해 예배당으로 사용되기도 했습니다. 게다가 1590년에는 근처에 있던 화약 창고의 폭발로 큰 피해를 보았다고 합니다. 1917년에야 겨우 복구가 완료되었다니, 그동안 이곳이 얼마나 무관심 속에 방치되어 있었는지를 짐작할 수 있습니다.

메수아르의 방에 들어서면 가장 먼저 눈에 띄는 것이 중앙을 가로지르는 나무로 된 난간입니다. 앞서 언급하였듯이 이 방은 기독교도들에 의해 예배당Chapel으로 사용되었는데, 이 난간은 예배를 드릴 때 성가대가 노래하던 공간이었던 것입니다.

메수아르 방의 2층 난간과 목재 천장

방 곳곳에 보이는 대리석 기둥은 천장을 받치고 있는데, 메수아르의 방이 처음 지어진 1320년 당시에는 이 방의 지붕이 채색 유리로 덮여 있었다고 합니다. 16세기 들어 모습이 변형되면서 유리 천장은 사라지고 지금과 같은 목재 천장이 되었습니다.

　기둥의 주두柱頭/Capital 부분도 자세히 보아주십시오. 화려하게 채색되었던 흔적이 남아 있습니다. 지금은 오랜 세월 탓에 거의 색이 바랬지만, 이토록 정교한 회벽 세공에 화려한 색채까지 더해졌다면 얼마나 아름다웠을지 상상할 수 있습니다.

천장을 받치고 있는 기둥과 주두 부분

이제 이 방을 꾸미고 있는 실내 장식을 자세히 살펴보겠습니다. 메수아르 궁전의 실내 장식은 이후에 보게 될 코마레스 궁전이나 사자의 궁전에 비하면 소박한 편이지만, 맨 처음 만나는 곳이기 때문에 관람객들의 찬탄을 받습니다.

천장과 벽면은 앞서 소개한 장식 양식이 그대로 재연되고 있는데, 천장은 목재를 사용해 정교하게 조각하였고, 벽면은 회벽 세공Stucco을 이용해 아름답게 조각하였으며, 하단부는 아줄레호Azulejo라고 불리는 이슬람식 타일로 장식했습니다.

섬세하게 장식된 벽면을 자세히 들여다봅시다. 벽의 가장 상단은 무카르나스로 장식되어 있고, 그 아래 벽면의 중앙은 섬세한 회벽 세공으로 장식되어 있습니다. 기하학적 무늬, 식물 무늬, 그리고 아름답게 변형된 아랍어(캘리그래피)가 복잡하게 얽혀 있으면서 일정한 패턴이 반복되는 아라베스크 문양을 표현하고 있는데, 그 정교함은 감탄을 자아냅니다.

이 벽의 아라베스크 문양을 형성하고 있는 요소 중 특히 캘리그래피는 '알라만이 승리자다(No victor but Allah)'라는 뜻으로, 이 문구는 나

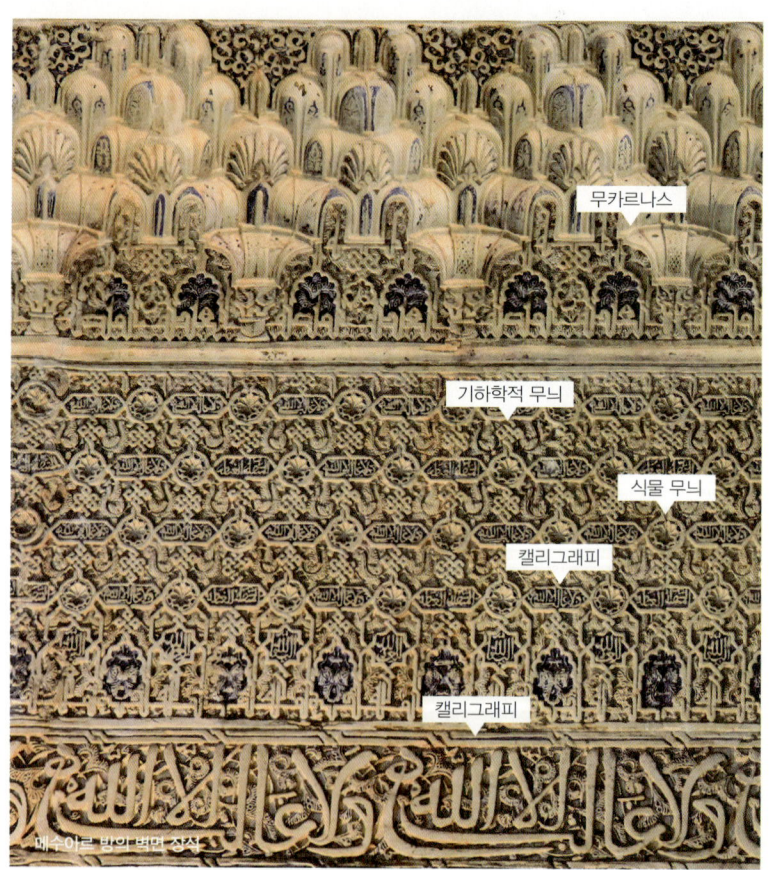

무카르나스

기하학적 무늬

식물 무늬

캘리그래피

캘리그래피

메수아르 방의 벽면 장식

스르 왕조의 상징 구호와도 같으며, 알람브라 궁전을 관람하는 동안 계속 만나게 되는 문양이니 눈에 잘 익혀두도록 하세요.

벽면의 회벽 세공을 확대한 모습. '알라만이 승리자다'라는 뜻의 문장이 쓰여 있다.

이제 회벽 세공 아래 채색 타일 부분을 자세히 들여다봅시다. 채색 타일 위로 띠처럼 둘린 캘리그래피가 보이는데, 앞서 살펴본 글자의 모양과는 조금 다릅니다. 이곳에 새겨진 글자는 'The kingdom of god, the greatness of God, the glory of God'라는 뜻이라고 합니다.

채색 타일은 다양한 형태의 도형들을 섞어 넣은 모습인데, 모양은 물론 색상 배합이 수려하여 쉽게 눈을 뗄 수가 없네요.

메수아르 궁전 벽면 하단의 타일 장식

| 나스르 왕조 문장 | 멘도사 가문의 문장 | 합스부르크 왕가 문장 | '알라만이 승리자다'
필기체 캘리그래피 | 헤라클레스의 기둥 |

그런데 이곳 채색 타일을 들여다보다 재미있는 사실을 발견했습니다.

타일 패턴 가운데 다각형 도형의 정중앙에 있는 그림이나 상징물이 제 각기 다르다는 것입니다. 각각 나스르 왕조의 문장, 레콘키스타 이후 그 라나다를 통치했던 텐디야 백작 이니고 데 멘도사Íñigo López de Mendozay Quiñones, Count of Tendilla 가문의 문장, 합스부르크 왕가의 문장, '알라만이 승리자다'라는 뜻의 Cursive체(필기체) 캘리그래피, 헤라클레스의 기둥입 니다. 나스르 궁전은 16세기 기독교 왕국 시절 모리스코Morisco(레콘키스 타 이후에 스페인에 남아 기독교로 개종한 이슬람교도)들에 의해 보수되었는 데, 이때 기독교 왕국과 관련된 요소들을 기술적으로 삽입하였다고 합 니다. 기존의 나스르 왕조의 문장을 앞서 예시한 것들로 바꾸어 넣은 것이지요.

그런데 헤라클레스의 기둥Pillars of Hercules이란 무엇이고, 왜 그곳에 그 려 넣었을까요? 헤라클레스의 기둥은 메수아르 방의 또 다른 곳에서도 발견할 수 있습니다. 입구 쪽과 출구 쪽 벽에 사진과 같은 커다란 타일 장식이 붙어 있는 것을 알 수 있는데, 이것도 헤라클레스의 기둥입니다.

헤라클레스의 기둥은 이름에서 알 수 있다시피 그리스 신화에 등장 하는 헤라클레스에서 비롯된 것입니다. 헤라클레스의 기둥이란 것이 무 엇인지를 알아봅시다.

헤라클레스의 기둥의 위치(출구 쪽)　　　　　헤라클레스의 기둥 타일 장식(입구 쪽)

　헤라클레스는 제우스의 아들로, 그 이름에는 '헤라의 영광'이라는 뜻이 담겨 있습니다. 이런 멋진 이름을 지어준 이는 아버지인 제우스였는데, 남편의 혼외자식이라면 치를 떠는 헤라의 해코지로부터 아들을 보호하고 싶어서였지요. '헤라의 영광을 빛내줄 아이'라고 이름을 지으면 헤라가 덜 미워하지 않을까 기대했던 것입니다. 그러나 제우스의 이런 꼼수는 별 효과를 거두지 못했을 뿐만 아니라, 헤라의 화만 더 돋우는 결과를 가져오고 말았습니다. 헤라는 어린 헤라클레스를 어찌나 미워했던지 그 아이를 죽이려고 요람 속으로 커다란 뱀 두 마리를 보냈습니다. 물론 천하장사로 태어난 헤라클레스는 헤라가 보낸 뱀을 간단히 목 졸라 죽이지요. 그러니 헤라의 분노가 하늘을 찌를 듯했을 것은 충분히 짐작할 수 있습니다.

　헤라가 헤라클레스를 그토록 미워했던 이유는, 제우스가 바람을 피워 낳은 아들이기 때문이었습니다. 제우스가 테베Thebes의 영웅 암피트리온Amphitryon의 아내 알크메네Alcmene와의 사이에서 낳은 아들이 바로 헤라클레스였습니다. 제우스가 바람피워 낳은 자식이 한둘이 아니건만 헤라클레스를 특히 더 미워한 까닭은, 헤라클레스가 헤라의 자식들보다 더 뛰어난 능력을 갖고 태어났기 때문이었어요. 여자로서

헤라가 보낸 뱀을 죽이는 어린 헤라클레스
(바티칸 박물관 소장)

의 투기에다 어머니로서의 질투심이 더해져 헤라클레스에게 상상을 초월하는 박해를 가하게 된 것입니다.

제우스는 본래 헤라클레스를 미케네Mycenae의 왕으로 삼을 생각이었습니다. 그래서 알크메네의 산달이 다가오자 신들을 모아놓고 "곧 태어날 페르세우스Perseus의 자손이 미케네의 왕이 될 것이다."라고 선언했지요. 암피트리온이 페르세우스의 손자인 것을 염두에 두고 한 말이었습니다. 제우스의 속셈을 눈치챈 헤라는 제우스를 골탕먹이기 위해 산달이 된 알크메네에게 해산解産의 여신 에일레이티아아Eileithyia를 보내지 않았습니다. 해산의 여신이 오지 않으니 알크메네는 출산을 할 수 없었지요. 그 대신 헤라는 에일레이티아아를 또 다른 페르세우스 가문인 스테넬로스Sthenelos(페르세우스와 안드로메다 사이에서 태어난 아들) 집안에 보내 7개월밖에 안 된 에우리스테우스Eurysteus가 먼저 태어나게 했습니다. 이로써 미케네의 왕위는 칠삭둥이인 에우리스테우스의 차지가 되고, 헤라클레스는 그 밑에서 갖은 수모와 고통을 당하는 운명을 타고납니다.

그래도 장성한 헤라클레스는 테베의 공주 메가라Megara와 결혼하여 자식을 낳고 행복하게 산 적이 있습니다. 헤라가 방해하기 전까지는요.

헤라는 헤라클레스가 행복하게 사는 꼴이 보기 싫었습니다. 그래서 헤라클레스를 미치게 만드는데, 이때 그는 아내와 자식들을 맹수로 착각한 나머지 목 졸라 죽이고 맙니다. 제정신으로 돌아온 뒤 그 사실을 알게 된 헤라클레스는 처자식을 죽인 죄를 씻기 위해 에우리스테우스가 부과하는 열두 가지의 과제를 수행하게 됩니다. 그것은 처음부터 헤라의 계략이었던 것이지요.

헤라클레스가 수행하게 되는 열두 가지의 과제는 하나하나가 다 인간으로서는 도저히 완수할 수 없는 것들이었으나 자신의 죄를 씻기 위해 그는 묵묵히 수행합니다.

헤라클레스의 기둥과 관련 있는 것은 그 가운데 열 번째 과제인 '게리온의 소 떼를 도둑질해오기'입니다.

게리온Geryon은 머리가 셋, 몸이 셋, 팔·다리가 여섯 개인 괴물입니다. 그는 이베리아 반도 끝에 살았는데, 그에게는 붉은 갈색 털을 가진 아름다운 소 떼가 있었습니다. 용맹스러운 거인 목동과 사나운 개가 지키는 이 소 떼를 훔쳐오는 것이 헤라클레스에게 부과된 과제였지요.

게리온이 있는 곳으로 가기 위해서는 유럽 대륙과 아프리카 대륙에 걸쳐 있는 아틀라스 산맥Atlas Mountains을 넘어가야 했는데, 헤라클레스는 그것을 귀찮게 생각하여 아예 산줄기를 잘라버립니다. 이때 비로소 대서양과 지중해 사이에 바닷길이 열리게 되었다는 것이 그리스 신화의 설명입니다. 헤라클레스는 끊어진 아틀라스 산맥의 남쪽 끝(북아프리카 쪽)과 북쪽 끝(현재의 영국령 지브롤터)에 기둥을 세웠다고 하는데, 그것이 바로 헤라클레스의 기둥입니다.

기둥을 세우는 헤라클레스   지브롤터의 헤라클레스의 기둥

헤라클레스의 기둥은 스페인의 국기에도 등장합니다. 스페인 국기 속의 문장을 자세히 살펴봅시다. 좌우 양쪽에 기둥 형태가 보이는데, 이것이 바로 헤라클레스의 기둥입니다. 국기 속의 기둥은 두 개이고, 메수아르 궁전 벽에 붙어있는 것은 하나인 것이 다를 뿐, 기둥의 형태나 기둥을 감고 있는 리본에 쓰인 글자는 똑같다는 것을 알 수 있습니다.

그러면 신화 속 헤라클레스의 기둥이 국기에도 등장할 정도로 스페인 사람들에게 중요한 까닭은 무엇일까요?

옛사람들에게 헤라클레스의 기둥이 있다고 여겨지는 곳은 유럽 대륙의 가장 서쪽이었습니다. 그 너머는 미지의 세계이며 위험한 세계였지요. 그래서 지브롤터의 바위에 'Nec plus ultra(Non plus ultra, 더 나아갈 수 없음)'이라는 글을 새겨 놓고, 사람들에게 멀리 나가지 않도록 경고했다고 합니다. 바다 밖은 낭떠러지라고 믿던 시절의 이야기지요.

그러나 콜럼버스의 신대륙 발견으로 그러한 금기는 깨지고 맙니다. 헤라클레스의 기둥 너머에는 스페인을 부유하게 만들어줄 엘도라도El Dorado(황금의 땅)가 있다고 생각하게 된 것입니다. 특히 카를로스 5세는

스페인 국기

헤라클레스의 기둥이 있는 스페인 국기 속의 문장

자신의 좌우명을 '플루스 울트라Plus ultra(더 멀리 나아가다)'로 정하고, 자신의 문장紋章('그라나다의 문' 편 참조)에 그 표현을 새겨 넣을 정도로 새로운 세계로 진출하는 것을 장려했습니다(라틴어에는 U가 없어서 V로 표기). 그러한 진취적인 정신이 한때 스페인을 세계 제국으로 만든 것이지요.

카를로스 5세의 문장에 들어간 헤라클레스의 기둥은 그대로 스페인의 문장에도 사용됩니다. 한 개인의 좌우명이 국가 정신으로 발전한 것이지요. 그라나다를, 아니 스페인을 여행하는 중에 헤라클레스의 기둥을 종종 보게 되는 데에는 이런 까닭이 있는 것입니다.

그런데 이슬람 왕조의 궁궐이었던 메수아르 궁전 벽에 난데없이 헤라클레스의 기둥이 등장하는 것은 무슨 까닭일까요? 그것은 기독교도들이 승리자로서 이슬람 왕조의 유적을 고의로 훼손한 것이라고 보아야겠지요. 앞서 정의의 문에서 보았던 성모자상과 같은 의미이며, 코르도바의 메스키타 안에다 가톨릭 성당을 들여앉힌 것도 규모의 차이는 있지만 의도는 같은 것입니다. 그래서 패배자는 언제나 서러운 것입니다.

여기서 한 가지 더, 헤라클레스의 기둥이 현재도 전 세계의 경제를 좌지우지한다고 말하면 믿으시겠습니까? 그런데 그건 사실입니다. 왜냐하면 세계 경제는 미국의 달러화에 의해 좌우되는데, 달러화의 표시인 $이 헤라클레스의 기둥에서 왔기 때문입니다.

미국이 독립할 당시인 18세기에 스페인은 페소화를 썼는데, 그때 스페인 은화에 헤라클레스의 기둥이 새겨져 있었습니다. 독립하면서 미국은 자국의 화폐를 새로 주조하는 대신 한동안 스페인의 페소화를 그대로 유통했는데, 페소화에 '리본이 둘린 기둥(즉, 헤라클레스의 기둥)'이 있는 것을 보고 변형하여 $를 고안했다고 합니다. 그러니 지금까지 미국 화폐의 단위로만 알고 있던 $에 헤라클레스의 기둥이 숨어 있는 것입니다.

헤라클레스의 기둥이 새겨진 스페인 페소 은화

헤라클레스의 기둥이 엉뚱한 곳에까지 영향을 미친 재미있는 얘기에 소개했습니다.

알람브라의 다양한 채색 타일 보기

알람브라 궁전에는 방마다 다양한 문양의 타일들이 사용되었습니다. 이슬람 건축에서 타일을 폭넓게 사용한 까닭은 여러 가지가 있겠지만, 우상 숭배를 금지하는 그들의 교리상 인물이나 동물의 구체적 형상이 담긴 그림과 조각으로 건물을 장식할 수 없는 것이 가장 큰 이유입니다. 중요한 건물일수록 보다 더 아름답게, 보다 더 정성들여 꾸미고 싶은 것이 인지상정일 텐데, 신이나 인간, 동물을 표현할 수 없으니 새로운 장식 기법을 고안해 내야 했을 것입니다. 게다가 사치를 금하는 교리에 따라 금과 은 등의 귀한 재료를 건물 장식에 쓸 수도 없으니, 아름답게 보이면서도 사치스럽지 않은 건축 자재를 찾아야만 했겠지요.

그런 상황에서 다양한 색상과 문양을 가졌으면서 비용이 저렴하고 내구성도 갖춘 타일은 훌륭한 대안이 되었습니다. 타일의 사용으로 인해 이슬람 건축물은 기독교 건축물 못지않게 화려하고 아름다워진 것입니다.

그럼 알람브라 궁전에 사용된 타일 문양을 두 가지 유형으로 나누어 감상하고, 타일이 건물 장식에 어떤 효과를 주었는지 알아봅시다.

먼저, 기하학적 문양이 규칙적으로 반복되는 예입니다. 이런 문양은 구체적인 형상을 가진 것이 아니므로, 이슬람 건축 장식에서 즐겨 사용되었습니다.

기하학적 문양의 타일들

동물을 표현하는 것은 금기시되었지만 화초나 식물 줄기 등은 허용되었기에 마음껏 활용할 수 있었습니다. 그래서 사실적으로 꽃송이를 묘사한 것은 아니지만 전반적인 느낌이 꽃송이와 비슷한 문양도 다양하게 나타납니다.

화초 문양의 타일

그러면 이러한 타일은 알람브라 궁전에서 어떻게 사용되었을까요? 타일은 내구성이 뛰어나기 때문에 사람들의 손길이 닿을 수 있는 벽의 아래쪽에 주로 사용하여 건물을 보호했습니다. 그리고 다양한 색깔과 문양을 가진 타일을 활용함으로써, 건물의 표정이 훨씬 화사해졌습니다.

알람브라 궁전에서의 타일 사용의 예

아줄레주(Azulejo)와 아줄레호(Ajulejo)

포르투갈에는 아줄레주Azulejo라고 하는 타일 장식이 있습니다. 타일에 그림을 그려 장식하는 것인데, 리스본에 아줄레주 박물관Museu Nacional do Azulejo이 있을 정도로 포르투갈의 특색 있는 예술 장르입니다.

포르투갈의 아줄레주는 마누엘 1세Manuel I가 그라나다의 알람브라 궁전을 방문했을 때 이슬람 양식의 타일을 보고 매료되어 도입한 것이라고 합니다. 그는 귀국한 뒤 자신의 왕궁을 아줄레주로 장식하기 시작했고, 그 이후로 전국적인 유행이 되었다는 것입니다.

포르투갈 아줄레주는 청색 안료를 주로 사용하고, 구체적인 사건이나 인물을 표현하는 점이 특징입니다.

포르투갈의 아줄레주(리스본 아줄레주 박물관)

그럼, 포르투갈의 아줄레주와 알람브라 궁전의 아줄레호는 어떤 차이가 있을까요. 둘은 사실상 같은 것입니다. 그러나 타일 위에 표현되는 내용은 같지 않답니다.

포르투갈의 아줄레주가 사람이나 동물을 사실적으로 묘사한 것과는 달리, 나스르 궁전의 타일 문양은 대개 기하학적인 것입니다. 이는 포르투갈이 기독교를 숭상하여 성서 속의 인물이나 사건 등을 주로 다루는 데 비해, 나스르 왕조는 사람이나 동물의 형상을 그리지 못하게 하는 이슬림교의 교리를 충실히 따랐기 때문입니다.

이슬람식 타일에 주로 사용되는 검정색, 녹색, 노란색, 파란색은 지구의 4원색을 상징한다고 하니, 그들은 타일 하나에도 우주의 원리를 담고자 한 것이라고 볼 수 있습니다. 타일에 사용한 녹색은 구리, 파란색은 코발트, 주황색은 철과 마그네슘을 이용해서 만들었는데, 주황색은 시간이 지남에 따라 차차 변색되어 최종적으로는 빨간색에 가까워진다고 하는군요.

이슬람식 아줄레호를 나스르 궁전보다 더 폭넓게 사용한 것은 세비야의 알카사르Sevilla Alcazar입니다. 리스본에 아줄레주 박물관이 있다면 세비야의 알카사르에도 아줄레호 박물관이 있고, 건물 벽에도 다양하고 풍부한 아줄레호가 사용되었으니 기회가 된다면 꼭 확인해 보시기 바랍니다.

나스르 궁전의 기하학적 문양의 아줄레호   세비야 알카사르의 아줄레호

그런데 이슬람교도들이 축출된 후 스페인의 아줄레호에도 변화가 생깁니다. 기독교도들이 아줄레호를 통해 성서의 내용이나 스페인의 역사를 표현하고자 했기 때문입니다. 가장 대표적인 경우가 바로 세비야의 에스파냐 광장에서 볼 수 있는 의자들입니다. 거기에는 스페인의 각 도시를 상징하는 의자들이 있는데, 그 도시의 역사를 나타내는 그림들이 그려진 타일로 장식된 것을 볼 수 있습니다. 이때는 이미 기독교가 스페인을 지배하던 시대였던 것이지요.

세비야의 에스파냐 광장에서 볼 수 있는 아줄레호. 발렌시아(좌)와 톨레도(우)

세비야 알카사르의 아줄레호 박물관에서는 성서의 내용을 표현한 다음과 같은 아줄레호도 볼 수 있으니 나스르 궁전에서 볼 수 있는 이슬람 문양의 타일과 비교해 보는 것도 좋겠습니다.

세비야 알카사르의 아줄레호 박물관에
소장된 기독교 관련 아줄레호

기도실 ②

Sala de Oracion
oratory

　이제, 메수아르의 방을 나가기 전에 북쪽에 있는 작은 방을 잠깐 들러 봅시다. 그곳은 기도실Sala de Oracion입니다.

　알바이신 지구가 내려다보이는 이곳은 규모가 작은 방이라 모르고 지나치기 쉬운데, 벽면의 아름답고 정교한 세공과 아치형 창문 너머로 보이는 알바이신 지구의 풍경 때문에 마음을 빼앗기게 되는 곳입니다.

기도실 벽면의 아름다운 장식　　　　　창문 너머로 보이는 알바이신 지구

비록 규모는 작지만 지극한 정성을 다해 꾸몄다는 것을 알 수 있는 이 기도실을 하필 북쪽으로 배치한 까닭은, 북쪽이 메카Mecca가 있는 방향이기 때문이랍니다. 이슬람 건축물의 예배실은 메카를 향하게 되어 있거든요.

이곳이 기도실인 만큼 아치형 창문 너머의 알바이신 풍경만을 감상하고 떠날 수는 없습니다. 입구 오른쪽에 보이는 미흐랍Mihrab을 확인하고 가야지요.

미흐랍이란 이슬람교에서 메카의 방향을 향해 만든 벽감壁龕(벽면을 우묵하게 만든 공간)으로, 모든 예배실에 반드시 설치하는 중요 시설입니다. 미흐랍이 처음 이슬람 사원에 도입된 것은 8세기 무렵의 일로, 교회 건물의 애프스apse, apsis에서 유래된 것이 아닐까 추측합니다. 둥근 형태도

메수아르 방 기도실의 미흐랍

그렇거니와 미흐랍이 있는 부분이 예배실의 정중앙이기 때문입니다.

서양 건축에서는 인물상 등의 장식물을 설치하기 위해 벽감을 만드는 경우가 대부분인데, 이슬람 사원은 우상 숭배를 금지하는 그들의 교리에 따라 그곳에 구체적 형상을 갖춘 물건을 두지는 않습니다. 미흐랍의 유일한 목적은 메카의 방향을 알려주는 것이기 때문에 안은 비워두지만, 그래도 예배실에서 가장 중요하고 신성한 공간이므로 주변 장식에는 많은 정성을 들인답니다.

코르도바의 메스키타Mezquita에서 볼 수 있는 미흐랍은 그들의 정성만큼이나 정교한 문양으로 가득합니다. 그리고 터키 이스탄불에 있는 성 소피아 사원은 본래 기독교도들이 세운 건물을 이슬람교도들이 접수하여 한동안 이슬람 사원으로 사용했는데, 지금도 그때 사용한 화려하고

코르도바 메스키타의 미흐랍   이스탄불 성 소피아 사원의 미흐랍

메수아르의 방 기도실 미흐랍(부분)

아름다운 미흐랍이 남아 있는 것을 볼 수 있습니다. 이는 이슬람교도들
이 예배 시설에서 미흐랍을 얼마나 중요하게 여겼는지를 짐작할 수 있게
하는 사례들입니다.

메수아르 궁전 기도실의 미흐랍 또한 말발굽 아치 주위를 섬세한 회
벽 세공으로 마감했고, 우묵하게 들어간 벽면 장식은 코란의 명문을 아
라베스크 문양으로 표현한 것입니다.

알바이신(Albaicín)과 산 니콜라스 전망대(Mirador San Nicolás)

알람브라 궁전에서 바라보면 알바이신은 흰색 집들이 오밀조밀 모여 있는 정갈하고 조용한 주택가로 보입니다. 그러나 알고 보면 이곳은 그라나다의 역사가 시작된, 유서 깊은 역사 도시의 심장부에 해당합니다. 사람들은 이곳의 진면목을 보기 위해, 그리고 맞은편의 알람브라 궁전을 한눈에 담기 위해 구불구불 이어진 알바이신의 골목길을 걷는답니다.

8세기에 이곳으로 온 무어인들은 1492년 그라나다가 기독교도들에게 함락될 때까지 이 언덕에 자리 잡고 살았습니다. 이슬람교도들이 처음으로 요새를 쌓고 살았던 곳이라서 그렇겠지만, 현재도 아랍 특유의 분위기가 물씬 풍기는 곳이기도 합니다. 알람브라 궁전을 짓기 전 원래의 그라나다 왕궁이 있던 곳도 바로 알바이신 지구입니다.

알바이신 주민들은 옛날부터 자신들의 문화에 대한 자부심이 높아, 그라나다가 함락될 때 끝까지 저항하여 흰 벽과 돌길이 붉은 피로 물들었다고 전해집니다. 보압딜 왕이 가톨릭 국왕 부부에게 항복할 때 제시한 조건 중에는 이슬람교도들의 생명과 재산, 종교를 보호해 준다는 내용이 있었지만, 정복한 뒤에 약속은 헌신짝처럼 버려졌고 무자비한 약탈과 살육이 자행되었습니다. 그럼에도 불구하고 그라나다를 떠날 수 없었던 이슬람교도들은 알바이신에 모여 살았고, 그들 중 대부분은 억지로 개종해야 했습니다.

알바이신은 중세 시대부터 장인들과 예술가들이 모여 살았고, 특히 이슬람 장인들의 활동 무대였기 때문에 지금도 아랍 색채가 강한 공예 작품을 생산하는 작업실이 많습니다. 알바이신을 대표할 만한 공예를 들자면 단연 타라세아Taracea라고 할 수 있지요.

타라세아는 색깔이 다른 여러 종류의 나무를 이용해 정교한 상감 기법으로 아름답게 장식하는

하얀 집들이 인상적인 알바이신 지구   타라세아

목공예를 말합니다. 알바이신의 장인들은 이슬람 분위기가 풍기는 아라베스크 문양을 활용해 작게는 컵받침부터 크게는 가구에 이르기까지 다양한 제품을 생산해 낸답니다.

또한 악기 제작도 주목할 만한데, '알람브라 궁전의 추억'이란 불후의 기타 연주곡을 탄생시킨 도시답게 특히 기타 제작이 유명하지요.

알바이신은 정감 넘치는 좁은 골목길과 함께 그라나다 전체를 내려다볼 수 있는 전망대가 있어 사람들의 발길이 끊이지 않는데, 특히 산 니콜라스 전망대Mirador San Nicolás와 산 크리스토발 전망대Mirador de San Cristobal가 유명합니다.

그중에서 산 니콜라스 전망대는 알람브라 궁전을 한눈에 볼 수 있는 최적지로 소문나 있어 사람들에게 더욱 인기가 좋은 곳입니다. 이곳에서는 알람브라뿐 아니라 그라나다 시내가 한눈에 내려다보이며, 특히 그라나다의 석양이 일품이라고들 합니다.

재미있는 것은 산 니콜라스 교회와 전망대를 가장 잘 볼 수 있는 곳 또한 알람브라 궁전이라는 사실입니다. 알카사바의 탑 위에서 보든지, 나스르 궁전의 아치형 창문 너머로 보든지, 알람브라 궁전에서 보는 알바이신 지구는 아름다운 풍광을 자랑합니다. 전망대 또한 손에 잡힐 듯 가까이 보인답니다.

알람브라 궁전에서 바라본 알바이신 지구와 산 니콜라스 전망대

산 니콜라스 교회

산 니콜라스 전망대

산 니콜라스 전망대와 그곳에서 바라본 알람브라 궁전

황금의 방과 황금의 중정 ③

Patio del Cuarto Dorado
Courtyard of the Golden Room

황금의 방

메수아르 방에서 중정으로
이어지는 출구

정교한 조각이 아름다운 황금의 방 입구

황금의 방

메수아르 궁의 기도실을 본 뒤 오른쪽으로 난 작은 아치문을 나서면 오른쪽으로 아담한 규모의 중정이 보이고, 왼쪽으로는 황금의 방이 있습니다.

황금의 방은 왕의 집무실이었는데, 천장의 목재 장식에 황금을 사용했기 때문에 그런 이름이 붙었다고 합니다. 벽은 나스르 궁전의 다른 방들과 마찬가지로 아라베스크 문양의 회벽 세공이 아름답고, 목재 천장은 조각이 정밀하면서 화려하기 때문에 설령 황금을 사용하지 않았다고 해도 그 가치가 높은 공간이랍니다.

이제 황금의 방에서 나와 황금의 방과 자연스럽게 이어지는 중정(안뜰)을 자세히 보도록 하죠. 이 중정은 왕(술탄)을 알현하기 위해 찾아온 손님들이 대기하던 곳이라고 합니다.

황금의 중정

황금의 방 중정 분수

아라야네스 중정의 분수   사자의 궁의 분수   헤네랄리페 별궁의 분수

　중정의 바닥은 다소 밋밋해 보이는 대리석으로 되어 있지만, 석재 타일을 규칙 없이 배치하여 단조로움을 피하였으며 오히려 정갈한 느낌을 줍니다.

　뜰 한가운데에는 분수가 있습니다. 우리가 흔히 유럽의 분수를 생각하면 그리스 신화 속의 주인공이 우뚝 선 가운데, 물이 콸콸 흘러내리는 형태를 연상하게 됩니다. 로마의 트레비 분수는 그런 양식이 극단적으로 표현된 예라고 할 수 있으며, 그렇지 않다 해도 유럽의 광장이나 공원에 있는 분수들은 대체로 비슷한 분위기를 냅니다.

하지만 이 분수는, 분수라기보다는 물을 담아 놓은 수반水盤에 가깝습니다. 물이 찰랑찰랑 넘칠 정도로 담겨 있을 뿐, 그 밖에는 이렇다 할 장식이 없어 매우 정적靜的으로 보이지요. 그런데 이와 비슷한 형태의 분수를 나스르 궁전의 몇 군데서 더 발견할 수 있습니다. 아라야네스 중정과 사자의 궁이 바로 그곳인데, 모두 비슷한 모양이라는 것을 알 수 있습니다. 또한 헤네랄리페 궁전에서도 볼 수 있지요.

나스르 궁전 안의 분수들이 모두 비슷한 모양이기는 한데, 다시 자세히 구별하면서 보면 약간씩 다른 점도 보이는군요. 먼저 황금의 방 중정의 분수는 Fluted style입니다. '둥근 물체에 세로로 홈이 새겨진'이란 뜻의 단어인 fluted를 생각하며 분수의 형태를 살펴보세요. 딱 맞는 이름이지요?

아라야네스 중정과 사자의 궁에 설치된 분수는 Scupper style입니다. scupper는 '배수구, 배수관'이란 뜻을 갖는 단어인데, 물이 흘러나갈 수 있는 배수구가 있기 때문에 이런 이름이 붙었습니다. 배수구는 하나일 수도 있고, 두 개일 수도 있지요.

무함마드의 낙원 방문

그런가 하면 헤네랄리페 별궁에 있는 분수처럼 Bare style인 것도 있습니다. bare는 '가장 기본적인 것만 갖춘'이란 의미로, 이런 분수는 형태가 매우 단순하여 특별히 설명할 것이 없는 게 보통입니다.

이렇게 저마다 특징이 있기는 하지만 어쨌든 나스르 궁전의 분수들은 대체로 그 생김새가 조촐하면서도 소박한 것으로 보아 보는 즐거움을 주기 위한 용도는 아닌 것 같습니다. 그렇다면 건물 안에 이런 형태의 분수를 만들어 놓은 이유는 무엇일까요?

현재의 사우디아라비아 땅에서 탄생한 이슬람교는 태생적으로 사막과 무더운 날씨를 배경으로 삼을 수밖에 없었습니다. 그러다 보니 이슬람교도들은 풍부한 물이 있고 꽃과 나무가 우거진 곳을 낙원이라고 생각하게 되었습니다. '무함마드(모하메드)의 낙원 방문Mohammed visiting Paradise'이라는 제목의 이 그림에는 낙원에 대한 그들의 그런 생각이 잘 표현되어 있습니다.

물이 풍부한 곳에 집을 지을 수 있다면 더없이 좋겠지만, 사정이 그렇지 못하다면 집 안에 물을 끌어들여 인공적으로라도 낙원의 이미지를 구현하려고 한 그들의 노력이 바로 분수인 것입니다.

시원스럽게 물이 품어져 나오는 거대한 분수에 비한다면 볼품이 없지만, 넘치지 않을 정도의 물이 조용히 흐르게 만든 그들의 의도를 생각하면, 얼마나 물을 귀하게 여겼는지를 짐작할 수 있습니다. 그들에게 있어 물은 생명의 근원이요, 종교적 신성함의 상징이었습니다. 한 방울의 물도 허투루 쓰지 않고 알뜰하게 관리하려고 했던 당시 사람들의 노력이 나스르 궁전의 조촐한 분수에서 느껴집니다.

또 하나, 건물 안에 설치된 이런 분수는 실내 온도를 낮춰주는 기능도 한답니다. 사막의 무더운 기후를 이겨내야만 했던 이슬람교도들에게 서늘한 실내 공간이란 또 다른 낙원이었지요. 이처럼 나스르 궁전의 수반형 분수水盤形 噴水는 적은 양의 물로써 종교적 상징과 과학적 실리를 동시에 추구했으니, 형태가 단순하고 규모가 빈약하다고 하여 무시하면 안 될 것입니다.

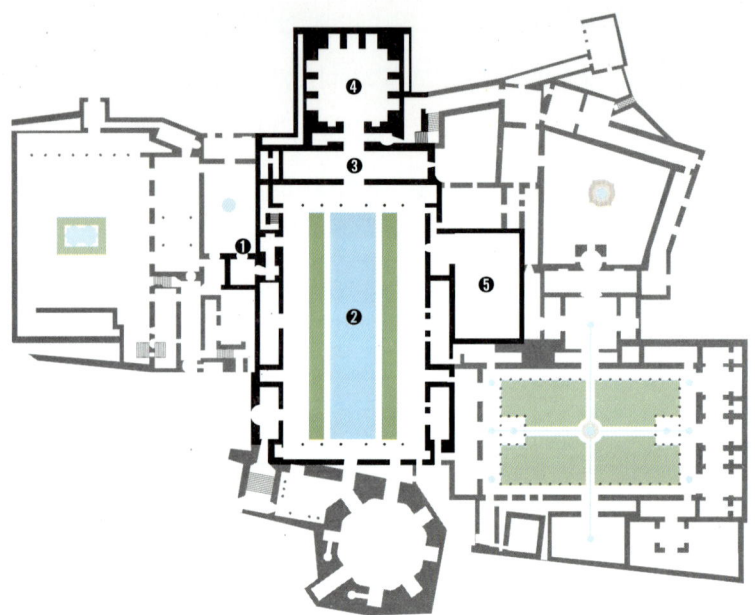

❶ 코마레스 파사드(The Façade of Comares)
❷ 아라야네스 중정(Patio de los Arrayanes)
❸ 작은 배의 방(Sala de la Barca)
❹ 코마레스 탑/대사의 방(Sala de Embajadores)
❺ 왕의 목욕탕(Baños Reales)

코마레스 궁

Palacio de Comares

코마레스 궁은 규모로 보나, 보존 상태로 보나, 장식의 탁월함으로 보나, 본래의 용도로 보나, 어느 모로 보든지 나스르 궁전에서는 매우 중요한 곳이지요.

코마레스 궁은 이스마일 1세Ismail 1에 의해 주춧돌이 놓였고, 유수프 1세Yusuf 1가 이어받아 공사를 계속했으며, 무함마드 5세Muhammad V 때 비로소 완성된 건물입니다. 왕의 공식 집무실이었으며, 사법권과 행정권이 행사되던 정치 1번지였으므로 나스르 궁전의 핵심 공간이라고 할 수 있습니다.

코마레스 궁은 황금의 방 맞은편에 보이는 멋진 타일 장식의 문을 통해 들어갑니다. 그러면 알람브라 궁전의 대표적 포토존 중 하나인 아라야네스 중정을 만나게 되지요. 아라야네스 중정은 규모도 크거니와, 중정의 직사각형 연못에 비치는 주변 건물의 아름다운 반영反影이 보는 이의 마음을 사로잡는 곳이랍니다.

이 중정의 북쪽에 서 있는 당당한 자태의 건물이 바로 '대사의 방'이 들어선 코마레스 탑이며, 탑 안으로 들어가기 위해서는 '작은 배의 방'이라는 복도 같은 방을 거치게 되지요.

여기서는 먼저 아라야네스 중정과 코마레스 탑을 살펴보고, 사자의 궁으로 넘어가기 전에 왕의 목욕탕에 대해서도 잠깐 알아볼 것입니다. 왕의 목욕탕은 현재 관람객들에게 공개되는 공간은 아니지만, 자료를 참고하여 이슬람식 목욕탕의 구조와 역할에 대해 알아보겠습니다.

코마레스 파사드

그럼 코마레스 궁으로 들어가는 관문이 되는 코마레스 파사드The Façade of Comares부터 자세히 살펴볼까요?

왼쪽의 사진을 보며 위쪽부터 순서대로 훑어 내려가 봅시다. 지붕 바로 아래로는 무카르나스 양식Muqarnas style의 띠 장식이 보이고, 그 아래 쌍둥이처럼 자리 잡고 있는 창문 주위로는 창문을 테두리처럼 둘러싸고 있는 캘리그래피를 발견할 수 있습니다.

이것은 무함마드 5세의 알헤시라스Algeciras 정복을 기념하는 명문銘文이라고 합니다. 14세기 후반 카스티야 왕국이 내분에 휩싸여 있을 때 무함마드 5세가 과달키비르 강변의 알헤시라스를 정복한 사건을 기념하는 내용이 새겨져 있는 것입니다.

알헤시라스는 북아프리카의 무어인들이 이베리아 반도로 건너왔을 때 차지한 땅이었는데, 1344년에 카스티야 왕국의 알폰소 11세Alfonso XI가 정복했고, 그것을 다시 1368년에 나스르 왕조의 무함마드 5세가 빼앗은 것입니다. 그러니 무함마드 5세로서는 건물 벽에 그 사실을 기록해 두고 영원히 기억하게 하고 싶었을 것입니다. 참고로, 전공戰功을 기리는 문장을 새긴 것은 승전 후 2년 뒤인 1370년입니다.

그 아래 양쪽으로 난 출입문 주위는 아름다운 타일로 장식되어 있고, 그 바깥쪽에는 코란의 유명한 구절을 인용하여 기록한 섬세한 회벽 세공 명문이 있습니다. 양쪽 문 사이에는 왕좌가 있었다고 하며, 왼쪽 문으로 들어가야 왕이 있는 공간인 코마레스 궁으로 갈 수 있습니다.

아라야네스 중정 ①

Patio de los Arrayanes
Court of Myrtles

코마레스 파사드의 왼쪽 문으로 들어가서 좌회전을 하면 나스르 궁의 중앙 정원인 아라야네스 중정으로 이어지는 비좁고 어두운 길을 만나게 됩니다. 특히 아라야네스 중정으로 나가기 바로 전에 벽감이 하나 있는데 그곳에는 항상 술탄을 경호하는 자가 지키고 있어 술탄의 공간에 허락받지 못한 자가 들어오는 것을 막았다고 합니다.

술탄을 지키는 경호원들이 있던 벽감.
오른쪽 아치로 나가면 아라야네스 중정이 나온다.

벽감 오른쪽으로 난 아치문을 나서면 나스르 궁전을 대표하는 이미지로 자주 등장하는 장면이 눈에 들어옵니다. 바로 아라야네스 중정입니다.

앞에서 여러 차례 나온 말인데, '파티오'란 건물들로 둘러싸인 안뜰을 말합니다. 이슬람 영향을 받은 스페인 —특히 안달루시아 지방—에서 흔히 볼 수 있는 형태로, 우리나라 전통 가옥의 안마당과 형태는 유사하지만 파티오에는 연못이나 분수가 있다는 점이 특징입니다. 물을 중시하는 이슬람교도들의 의식을 엿볼 수 있는 공간인 것이지요.

아라야네스 중정

알람브라 궁전에서 볼 수 있는 중정은 일정한 유형을 갖추고 있는데, 이곳 아라야네스 중정이 그 표본이 된다고 할 수 있습니다. 빛과 공기의 통로가 되는 사각형의 뜰 한가운데에 직사각형의 연못이 있고, 양쪽 끝으로는 기둥을 받치는 아치가 있으며 사방에 방이 배치된 구조입니다. 이런 구조는 앞으로 보게 될 헤네랄리페의 아세키아 중정에서도 찾아볼 수 있습니다.

또한 앞서 보았던 황금의 방 중정과 앞으로 보게 될 사자의 궁 중정도 기본적으로는 이런 유형인데, 연못 대신 수반형 분수(황금의 방 중정)나 사자의 분수(사자의 중정)가 설치되어 있는 것이 다를 뿐입니다. 이들 연못과 분수는 단순한 장식용이 아니라, 주변 방으로 흘러들어 가 온도와 습도를 조절하는 역할도 했다니 놀라운 지혜입니다.

코마레스궁 아라야네스 중정

알람브라 궁전의 중정 기본 구조

헤네랄리페의 아세키아 중정

사자의 궁 중정

황금의 방 중정

이제 연못 주변의 풍경을 감상해 봅시다. 먼저 연못 주변에 심어진 나무가 눈에 띕니다. 사실 아라야네스Arrayanes(아랍어로 '향기롭다'는 뜻이자, '천국의 꽃나무' 란 의미)라는 이름은 직사각형(남북 35m, 동서 7m)의 연못 양쪽으로 아라야네스 나무가 심어져 있기 때문에 생긴 것입니다. 아라야네스는 영어로 Myrtles라고 하며, 우리말로는 도금양(은매화)이라

도금양(은매화)

고 번역합니다. 키가 작은 관목으로, '천국의 꽃'이란 찬사가 아깝지 않을 만큼 아름다운 꽃을 피우며, 향기 또한 그윽하지요.

북쪽으로는 일곱 개의 아치 너머로 커다란 탑이 우뚝 솟아 있습니다. 바로 코마레스 탑으로, 그 안에 대사의 방이 있습니다. 그곳은 이슬람 왕조의 국정이 이루어지던 핵심 공간이었습니다. 특히 코마레스 탑이 연못에 비치는 모습은 나스르 궁전을 대표하는 이미지가 될 만큼 장관입니다. 왜냐하면 잔잔한 연못에 반영된 코마레스 탑의 모습은 특히 매력적이기 때문입니다. 인도의 타지마할Tāj Mahal이 이곳에서 영감을 얻었다고 전해질 만큼, 훌륭한 경치를 자랑합니다.

말이 나온 김에 완벽한 대칭 구도를 추구한 건물인 그 둘을 한번 비교해 봅시다. 물론 규모나 예술적 완성도는 타지마할 쪽이 월등하지만, 건물 앞에 연못을 두어 거기에 건물 모습이 비치도록 한 의도는 비슷합니다. 둘 다 이슬람교도들에 의해 지어진 건물이라는 점도 공통점이지

코마레스 탑　　　　　　타지마할　　　　　　　　코마레스 탑 맞은편의 건물

요. 자신들의 거처 근처에 낙원을 만들고자 했던 염원이 반영된 건축물
들인 것입니다.

　코마레스 탑의 맞은편인 남쪽에 있는 건물은 술탄의 사적私的 공간인
데, 뒤에 보이는 카를로스 5세 궁전 때문에 대칭 구조가 훼손되어 보는
이의 마음을 안타깝게 합니다. 의도적으로 나스르 궁전의 아름다움을
방해하고자 그 자리에 들어선 것 같아 카를로스 5세 궁전이 미움을 받
는 이유 중의 하나지요.

　남북으로 서 있는 건물들의 외관이 온통 정교한 아라베스크 문양으
로 치장된 것에 비하면 동쪽과 서쪽의 방(연못의 긴 방향 양쪽)들은 외관
만 놓고 볼 때 검박儉朴한 편입니다. 술탄의 부인들이 사용하던 건물이
라고 하는데, 술탄이 사용하던 건물과 차별을 두기 위함이었을까요? 이
건물들은 2층으로 되어 있는데, 여름에는 아래층을 사용하고 겨울에는

카를로스 5세 궁전

연못의 긴 방향 양쪽으로 있는 왕실 가족의 생활공간

위층을 사용했다고 하는군요.

여기서 한 가지 더 언급할 것이 있다면 그것은 '직각 모양의 아치Alfiz' 입니다. 여기에서 말하는 직각 모양의 아치란, 둥근 모양의 아치 위에 네모난 형태의 틀이 결합된 문을 말합니다. 물론 직각 모양의 아치는 아라야네스 중정에서만 발견되는 것은 아닙니다. 다음에 보게 될 사자의 궁전에는 더 많은 직각 모양 아치가 있습니다. 중정을 둘러싸고 있는 아치들이 거의 모두 여기에 해당한다고 할 수 있지요.

직각 모양의 아치

코마레스 탑에 있는 방으로 이동하기 전에 아라야네스 중정을 둘러싸고 있는 벽면의 장식을 좀 더 가까이에서 살펴보기로 합시다. 오른쪽 사진은 코마레스 탑 쪽 벽면과 그 맞은편 건물 벽면에 새겨진 아라베스크 문양을 보여줍니다.

앞에서 설명했다시피 우상 숭배를 금지하는 이슬람교의 교리 때문에 이슬람 건축에서는 기하학적 무늬(아라베스크)를 활용하여 장식하는 전통이 있는데, 알람브라에서 발견되는 아라베스크 문양은 식물의 줄기와 이파리, 꽃, 그리고 기하학적 무늬와 아랍문자(캘리그래피)로 이루어져 있으며, 대칭과 반복이라는 규칙 아래 아름답게 장식되었습니다.

코마레스 탑 쪽 벽면에서 볼 수 있는 아라베스크 문양 또한 이러한 특징이 잘 드러나 있으며, 이곳에서 구현되는 문양을 이루는 요소를 추출해 보면 다음과 같습니다.

참고로, 이 아라베스크 문양 아래쪽에는 앞서 메수아르 궁에서 확인한 바 있었던 나스르 왕조의 슬로건이 좀 더 정확한 형태로 드러나 있으니 이 또한 확인하고 넘어가길 바랍니다.

알람브라 궁전은 그 세밀한 내부 장식이 백미이므로, 멀리서 대충 보고 지나가기보다는 장식 하나하나를 섬세하게 따져보는 것이 중요하다는 의미에서 언급하였습니다.

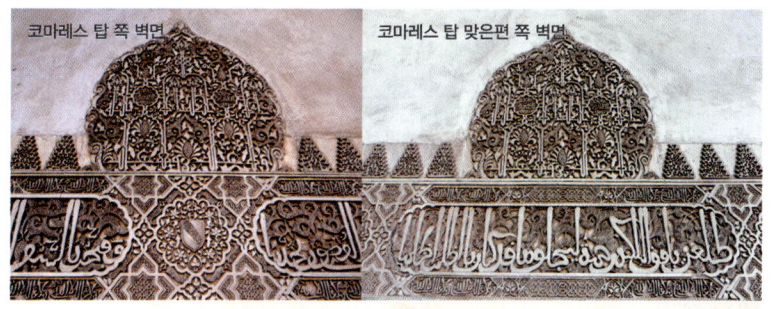

코마레스 탑 쪽 벽면　　　코마레스 탑 맞은편 쪽 벽면

아라베스크 문양을 확대한 모습

나스르 왕조 슬로건

벽감   벽감 안의 패턴과 패턴이 만들어지는 과정

　코마레스 탑 안으로 들어서기 전에 마지막으로 살펴볼 곳은 아치로 인해 형성된 길(아치웨이) 양쪽 끝 벽감(벽의 움푹 들어간 곳)에 있는 타일 장식입니다. 알록달록하면서도 앙증맞은 이 타일 장식은 보는 사람을 즐겁게 합니다.

　이런 반복되는 패턴의 타일 장식은 이런 방식으로 작업하였을 것으로 여겨집니다. 타일에 각기 다른 색을 입힌 후(❶) 타일을 뒤집어 뒷면에 패턴을 그려 넣습니다.(❷) 그리고 그려 넣은 모양대로 잘라낸 다음(❸) 그 조각을 벽에 붙여 장식하는 것(❹)입니다.

알람브라 궁전의 캘리그래피

아라베스크 장식 요소의 하나로 활용되는 문자 장식 기법에 대해 알아볼까 합니다. 미술에서는 이를 캘리그래피Calligraphy라고 하는데, 이는 '아름답게 쓰다'란 뜻으로 동양의 서예書藝도 일종의 캘리그래피라고 할 수 있습니다.

원래는 붓이나 펜을 이용해서 종이나 천에 글씨를 쓰는 것을 말하고, 비석 등에 글자를 파서 새기는 에피그래피Epigraphy와는 구분되었지만, 현재는 아름답게 새겨진 비문 등도 캘리그래피에 포함되는 것으로 봅니다.

동양의 한자 문화권에서는 글씨를 다양한 서체로 쓰는 방법이 발달되었습니다. 예로부터 전서, 예서, 해서, 행서, 초서 등으로 변화를 주어 쓰는 것이 학문과 예술의 한 영역으로 인정되었으며, 더 나아가 인격 수양의 방편으로 여겨지기도 했습니다.

그런데 이슬람 국가들에서도 이런 경향이 있었고, 특히 코란을 아름답게 장식하는 기법으로 활용되었습니다. 글씨 쓰기를 예술의 경지로 끌어올린 것은 한자 문화권과 이슬람 문화권뿐이라는 주장이 그래서 나오는 것이지요.

중국의 서예에 다양한 글자체가 있는 것처럼, 아랍의 서예에도 독특한 서체가 있습니다. 글자의 모양이 굵고 반듯하며 획의 각과 수직선에 주안점을 두는 쿠파Kufah 서체와, 부드러운 흘림체의 나스키Naskhi 서체가 바로 그것입니다.

쿠파 서체와 나스키 서체

쿠파 서체는 이라크의 남부 도시 쿠파의 지명에서 유래한 서체로 7세기 말부터 사용되었으며, 모스크의 장식과 쿠란의 필사본, 그리고 공식 문서에 주로 사용되었고 바위나 나무, 동전에 글씨를 새길 때도 쓰였습니다.

이에 비해 나스키 서체는 쿠파 서체보다 부드러운 형태라서 글쓰기에 더 용이하므로 일상적인 생활에 많이 쓰이며 신문이나 책 등에 폭넓게 사용됩니다.

장식적인 요소를 강조하고 싶을 경우, 나스키 서체는 장식 효과를 높이기 위해서 한 글자 위에 또 다른 글자를 겹쳐 쓰는 형태를 취하고 쿠파 서체는 식물이 우거진 모양이나 꽃잎이 결합된 형태로 그려서 마치 미로 같은 도형처럼 보이게 합니다.

나스르 궁전에서 볼 수 있는 캘리그래피는 직선적이고 기하학적인 형태(쿠파 서체), 동글동글 부드러운 형태(나스키 서체), 그리고 두 가지가 결합된 형태(쿠파 서체+나스키 서체)의 세 가지 유형으로 나눌 수 있습니다.

알람브라에 장식된 캘리그래피는 주로 쿠란의 구절, 각 방의 특징을 노래한 시구, 알라와 왕에 대한 칭송, 격언 등으로 이루어져 있으며, 벽이나 창과 문의 문설주, 아치 벽면을 주로 장식하고 있습니다. 나스르 궁전에서는 예술의 경지로 승화된 글자 장식을 눈여겨보는 것도 필요할 것입니다.

직선적이고 기하학적인 형태(왼쪽), 동글동글 부드러운 형태(중앙), 두 가지가 결합된 형태(오른쪽)

작은 배의 방 ②

Sala de la Barca
Boat room

아라야네스 중정과 면하고 있는 방 중에서 자세히 살펴볼 곳은 아라야네스 중정 연못에 멋진 그림자가 비치는 코마레스 탑 안에 있는 대사의 방입니다. 그런데 대사의 방으로 들어가려면 작은 방 하나를 거치게 됩니다.

작은 배의 방

이 방의 이름은 'Sala de la barca'인데, sala는 방이나 응접실을, barca는 소형 선박·나룻배·보트 등을 뜻하니 '작은 배의 방Boat room'으로 해석됩니다.

이 방이 'Barca'라는 이름을 얻게 된 것은 천장의 모양이 작은 배의 밑바닥을 닮았기 때문이 아닐까 하는데, 이 방의 벽에 반복해서 'Al-Baraka(아랍식 인사말, 축복이라는 뜻)'라고 쓰여 있어서 발음이 비슷한 스페인어 'barca'라는 말로 고착된 것으로 해석하기도 합니다.

이곳은 아라야네스 중정에서 대사의 방으로 가기 위해 거치는 일종의 복도 같은 곳이라 특별한 용도가 있어 보이지 않지만, 사실 왕의 여름 침실이었다고 합니다. 우리의 상식으로는 일종의 거쳐 가는 방, 혹은 대기실이나 곁방 정도로 보이는 곳이 침실이었다니 조금은 의아한 일이기는 합니다. 이 방의 양쪽 끝 벽감에는 문이 있는데, 오른쪽 끝에 있는 벽감에 위치한 출구로는 기도실(미흐랍)로 이동할 수 있고, 왼쪽 끝 벽감에 있는 출구를 통해서는 위층으로 올라갈 수 있었다고 하며, 술탄은 겨울에는 2층을 침실로 사용하였다고 합니다.

여기서 잠시 알람브라의 냉·난방법에 대해 알아보겠습니다.

여름에는 주로 지상층(1층)에서 활동합니다. 더운 공기는 위로 올라가 2층의 창문을 통해 빠져나가게 되고, 정원의 연못은 온도를 낮추면서 건조한 그라나다의 기후에 습도를 공급해주기 때문에 1층이 쾌적한 것입니다. 게다가 방 내부의 아래쪽에 배치한 타일 장식과 대리석 바닥은 시원함을 더해주죠.

알람브라의 여름

반면 겨울에는 2층에서 생활합니다. 2층 창의 유리문과 미늘 덧문을 닫아 시에라네바다에서 불어오는 찬바람을 막고, 입구에 달린 큰 나무문을 닫아 열의 손

알람브라의 겨울

실을 방지하면 2층이 따뜻했기 때문입니다. 굴뚝을 사용하지 않았기 때문에 난방 기구는 화로가 유일했습니다.

자, 그럼 배 모양으로 만들었다는 작은 배의 방 천장을 올려다볼까요? 사실 지금의 배 모양 천장은 1890년 화재로 소실된 것을 복원해놓은 것이라고 합니다. 어찌 됐든 이렇게 아름답게 원형의 모습을 살려낸 솜씨 또한 대단하다 할 수 있겠습니다. 화재에서 건져낸 몇 조각의 원본은 알람브라 박물관에 보관되어 있다고 하니, 카를로스 5세 궁전 1층에 있는 박물관에 들렀을 때 원본 조각을 직접 확인해 보는 것도 좋겠습니다.

그런데 왜 하필 천장을 배 모양으로 만들었을까요? 물론 건물을 짓다 보니 공간의 형태가 공교롭게도 배의 밑바닥을 닮았을 수도 있습니다. 그러나 배라는 물건이 물을 건너는 도구이며, 이슬람교도들이 물이 있는 곳을 낙원으로 생각했다는 점을 고려한다면, 이것은 우연의 일치만은 아닐 것입니다.

건조한 사막 지대에서 살아야 했던 이슬람교도들은 늘 물과 초목을

작은 배의 방 천장

그리워했습니다. 그들이 푸른색을 고귀한 색으로 여긴 것도 그것이 물을 의미하기 때문이었지요.

아마도 나스르 궁전 안에 작은 배의 방을 만든 사람들은 배로 건너야 할 만큼 많은 물이 있으면서 온갖 꽃이 만발한 낙원을 상상했고, 그것을 천장에 상징적 형태로 구현해 놓은 것은 아닐까요? 배를 연상시키는 모양의 천장에 아름다운 꽃송이를 가득 새겨놓은 것을 보고 있자면 문득 그런 생각이 듭니다.

비록 나스르 궁전 다른 방들의 벽과 천장에 한없이 정교한 장식들이 너무 많아 그것들을 다 보기에도 벅찰 정도이지만, 이곳 역시 수많은 나무 조각을 짜 맞춰 천장에 꽃밭을 아로새겨놓았다고 생각하면 이 또한 예사 노력을 기울인 것이 아닐 터이므로 무심히 지나치기엔 아까운 공간입니다. 실제로 매우 정교하고 아름다운 문양인 것을 사진으로도 충분히 확인할 수 있습니다. 나스르 궁전을 돌아볼 때 이곳도 놓치지 마시라고 설명 드리는 것입니다.

작은 배의 방뿐만 아니라 나스르 궁전에는 목재 천장으로 되어 있는 곳이 몇 군데 더 있는데, 이슬람 건축에서의 목재 천장은 어떤 특징이 있는지 여기서 잠깐 알아볼까요?

먼저, 천장의 형태가 평면이냐 경사면이냐를 기준으로 그 특징을 나눌 수 있습니다. 예를 들어 메수아르 궁전은 평면 천장이고, 황금의 방은 경사면 천장입니다. 그런가 하면, 천장의 골조 구조(들보와 서까래 등)가 가려졌느냐 드러났느냐를 가지고 구분하기도 합니다. 골조 구조를 가려주고 장식된 상태를 보여주는 방식은 나스르 궁전에서 주로 볼 수 있고, 골조 구조를 노출하는 방식의 예는 뒤에서 설명하게 될 '산타 아나 교회(422쪽)'에서 볼 수 있지요.

평면 구조인 메수아르 궁전의 천장　　　　　　　　경사면 구조인 황금의 방 천장

　　그라나다에서 볼 수 있는 이러한 천장 유형은 아랍 문화의 영향으로 보이며, 나중에 기독교 건축에도 영향을 미쳐 무데하르 양식의 중요한 특징이 됩니다.

　　'무데하르mudejar'는 아랍어의 무닷잔mudajjan. 뒤에 처져서 남은 사람이 스페인어로 와전된 것인데, 레콘키스타 이후에 기독교도의 지배를 받으면서 스페인 땅에 살던 이슬람교도들을 말합니다. 대부분의 이슬람교도들은 추방당하거나 탈출했지만, 마땅히 이주할 곳이 없던 이슬람교도들은 차별과 박해를 당하면서도 떠날 수 없었던 것입니다. 그들은 어쩔 수 없이 기독교도들에게 인두세人頭稅를 바치면서 공동체를 이루고 살아 '공납貢納을 바치는 자'라는 의미의 무데하르로 불렸던 것입니다.

　　이들은 교회 건물을 지을 때 동원되어 노동력을 제공했는데, 자신들이 가지고 있던 건축 기술을 동원하여 아름답게 장식했습니다. 여기에서 스페인만의 독특한 건축 양식인 '무데하르 건축'이 탄생하게 된 것입니다. 건축에 있어서의 무데하르 양식을 쉽게 설명하자면, 기독교 건축 특유의 고딕 양식, 르네상스 양식에 이슬람 건축 양식이 혼합된 것을 말합니다.

대사의 방 ③

Salón de Embajadores
Hall of the Ambassadors/Throne room

나스르 궁전에서 가장 넓은 대사의 방은 코마레스 탑 안에 있습니다. 외부에서 볼 때는 코마레스 탑이 되고, 안으로 들어가면 대사의 방이 되는 것이지요.

대사의 방은 작은 배의 방을 지나 들어갑니다. 이때 입구 역할을 하는 아치 문 양쪽을 살펴봅시다. 그곳에는 벽면을 파서 만든 움푹한 공간(벽감)이 있는데, 아마도 물이 담긴 주전자(호리병)를 놓아두던 장소였을 것으로 생각됩니다.

작은 배의 방으로 들어가는 입구 쪽의 벽감

이곳이 주전자를 놓아두던 곳이었다는 것은 주변에 새겨진 물에 관한 캘리그래피 시구를 통해 짐작할 수 있답니다. 왕을 만나기 위해 먼 길을 달려온 대사(특사)들이 갈증을 해소할 수 있도록 물을 준비해둔 것으로 보이며, 물을 대접하는 것은 전통적인 이슬람식 환영 방식이기도 합니다.

대사의 방

    대사의 방은 각국에서 파견된 외교사절단을 영접하던 곳이어서 그런 이름이 붙은 것입니다. 유수프 1세가 외국 사절에게 왕국의 존엄과 자신의 위엄을 과시하고자 특별히 화려하게 장식했기 때문에 나스르 궁전에서 가장 호화스러운 공간이 바로 대사의 방입니다.

    한 변이 11m인 정사각형 방은 벽에서 천장까지 얼마만큼의 노력과 비용이 들었을지 상상조차 할 수 없을 정도로 섬세하고 정밀한 아라베스크Arabesque 양식의 조각으로 가득 차 있습니다. 나스르 궁전의 모든 방이 다 섬세하고 아름답게 장식되어 있지만, 대사의 방은 특히 더 크고 화려합니다. 유수프 1세의 의도대로 대사들이 왕을 기다리는 동안 방의 장식을 감상하다 보면 저절로 경외심이 들었을 법합니다.

대사의 방 벽면 상단 장식   중앙에 있는 창문 사이 벽면 장식

  대사의 방 벽은 온통 아라베스크 무늬와 함께 아랍 문자로 장식해놓
았는데, 빽빽하게 벽을 채운 것은 알라신을 찬양하고 당시 이슬람 왕들
의 업적을 칭송하는 내용이라고 합니다. 사실 아랍 문자로 신을 찬양하
는 글귀를 새겨놓은 것은 대사의 방뿐만이 아닙니다. 아름답게 디자인
된 문장들이 나스르 궁전 구석구석에 새겨져 있는데, 우리에게 낯선 문
자라 그 뜻을 해석할 수 없는 것이 아쉬울 뿐이지요.

  이 방에 들어서면 먼저 정면으로 세 아치 창문이 눈에 띄며, 아마도
그 시절 이 방을 방문한 사람에게도 그곳이 가장 먼저 보였을 것입니다.
가운데 창문 앞이 왕좌의 위치였기 때문이죠.

  미늘살창문에서 뿜어져 나오는 몽환적인 빛은 이 방을 방문한 사람
들이 술탄의 얼굴을 직접 바라보지 못하게 하면서 술탄에게 신비감과
경외감을 더했을 것입니다. 게다가 왕좌 뒤 벽면(창과 창 사이)의 풍성하
고 정교한 회벽 세공은 오랜 세월의 흔적으로 그 색이 충분히 드러나지
않음에도 불구하고 여전히 아름다워 당시엔 얼마나 화려하고 정교했을
지 짐작할 수 있게 합니다.

출입구에서 정면으로 보이는 세 개의 아치창　　　　　　　　　　펜스로 보호하고 있는 신성한 공간

　　이제 방 중앙의 밧줄로 사람들의 접근을 막고 있는 곳으로 시선을 돌려봅시다. 이곳에는 왜 이런 로프 펜스를 쳐 두었을까요? 그곳을 가만히 들여다보면 주변과는 달리 바닥이 타일로 장식되어 있는 것을 알 수 있습니다.

　　이곳의 타일에는 지금도 희미하게 흔적이 남아 있는데 '알라만이 승리자다No victor but Allah'라고 하는 나스르 왕조의 슬로건이 적힌 방패 모양이 새겨져 있었습니다.

　　이곳에 이런 공간을 만든 이유는 아마도, 방문객들이 술탄에게 함부로 다가가지 못하게 할 목적이었을 것입니다. 알라를 칭송하는 글귀가 담긴 곳을 밟고 지나기는 것은 매우 불경스러운 일이었을 테니까요. 실제로 'Allah'라는 문구가 바닥에 새겨진 거의 유일한 사례이기도 합니다.

대사의 방 천장은 이슬람교에서 말하는 일곱 번째 하늘Seventh Heaven을 형상화한 것이라고 합니다. 쿠란에 따르면 신은 일곱 개(층)의 하늘을 창조했고, 예언자 무함마드는 이 일곱 하늘을 모두 통과하여 승천하였다고 합니다. 그리고 이 일곱 번째 하늘 너머에 신의 영역인 성스러운 권좌가 있는 천국이 있다고 하니, 이렇게 눈부신 모습으로 하늘을 표현한 이유를 알 수 있을 듯합니다.

이 천장은 8,000여 개의 삼나무 조각을 모자이크처럼 짜 맞춰 완성한 것입니다. 온갖 꽃들이 다투어 피어난 듯도 하고, 밤하늘을 온통 별들이 수놓은 듯도 한 이 아름다운 목재 천장은 나스르 궁전의 다른 천장들보다 규모와 예술성 측면에서 탁월합니다. 당시 이슬람 장인들의 목공예 기술에 감탄을 금할 수 없습니다. 그런데 세비야의 알카사르에도 대사의 방이 있으며, 그곳의 천장 역시 일곱 번째 하늘을 형상해 놓았기 때문에 비교하면서 보면 이해가 쉬울 것입니다.

참고로, 이 방에서 1492년 나스르 왕조의 마지막 왕인 보압딜이 가톨릭 국왕 부부 앞에서 항복 문서에 서명하고 북아프리카로 망명길을 떠났다고 합니다.

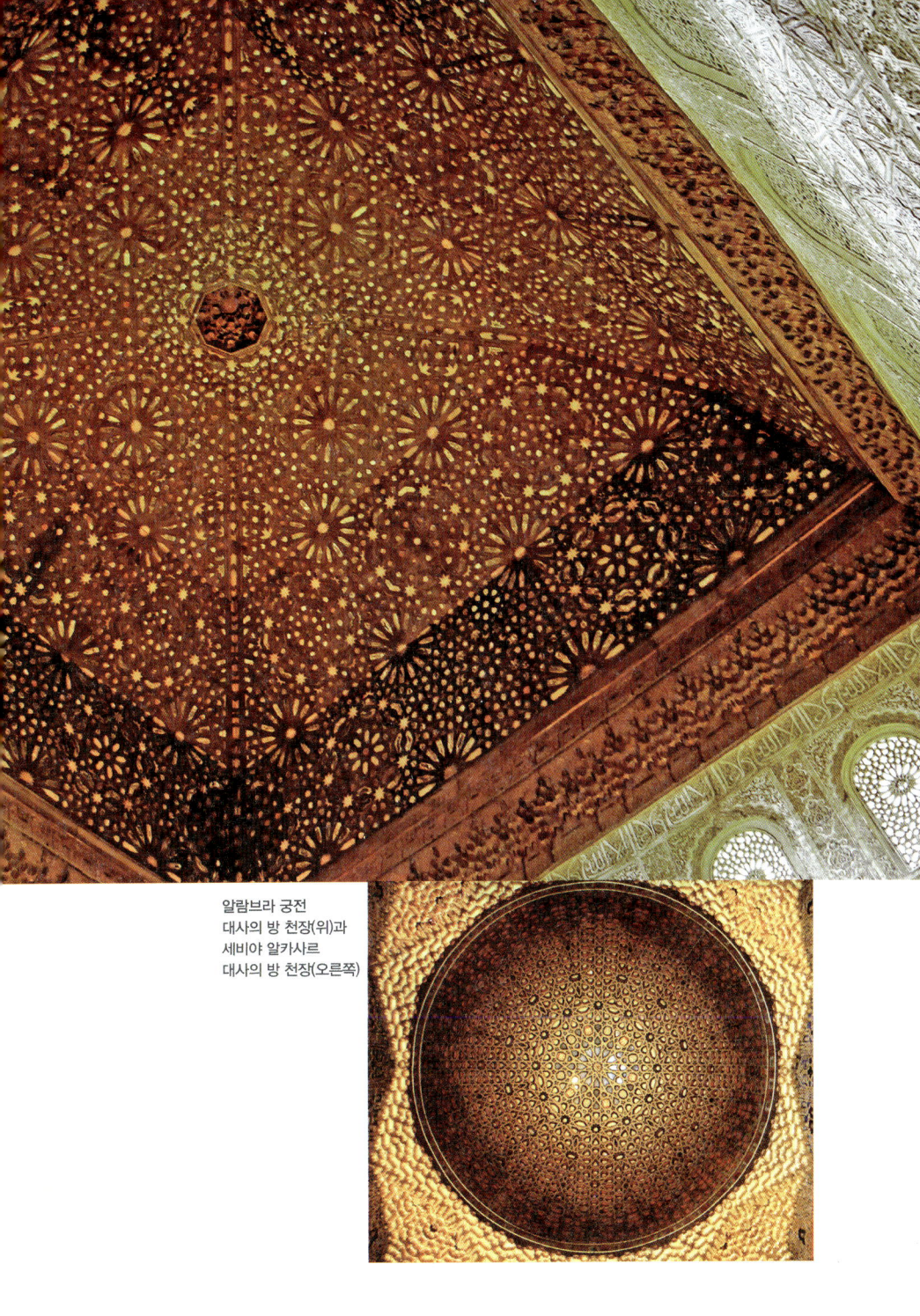

알람브라 궁전
대사의 방 천장(위)과
세비야 알카사르
대사의 방 천장(오른쪽)

코마레스 탑의 지하 감옥 ④

코마레스 탑 지하에는 감옥이 있었다고 합니다. 워싱턴 어빙의 『알람브라 이야기』를 보면 지하 감옥은 대사의 방 아래쪽에 있었으며, 천장이 둥글게 생긴 방 두 개가 좁은 통로를 사이에 두고 있는데, 나스르 왕조의 마지막 임금인 보압딜과 그의 어머니인 아익사 라 오라Aixa la Horra가 그곳에 갇혔었다고 합니다. 왕비와 왕자의 신분이었던 그들은 왜 지하 감옥에 갇혀야만 했던 것일까요? 이 문제를 이해하면 나스르 왕조를 멸망으로 끌고 간 왕실 내분을 알 수 있게 됩니다.

코마레스 탑과 지하 감옥

대사의 방

지하 감옥 위치(추정)

보압딜 왕의 아버지인 아부 알 하산 알리Abu al-Hasan Ali는 전쟁에서 포로로 얻은 기독교도 여인인 소라야Zoraya를 후궁으로 삼는데, 그녀는 아들 둘을 낳았습니다. 왕의 총애를 받는 후궁들이 흔히 그러하듯이 소라야는 자기 아들이 왕위를 계승하기를 바랐습니다. 그래서 다른 후궁들과 왕자들을 모함했는데, 의심이 많은 아부 알 하산 알리는 총애하는 소라야의 말만 믿고 여러 명의 후궁과 왕자들을 죽음으로 몰아넣었다고 합니다. 아익사 왕비와 보압딜 왕자가 지하 감옥에 갇힌 것도 그런 와중에 생긴 일이었지요.

아들의 목숨이 위태롭다고 생각한 아익사는 시녀들의 스카프를 모아 엮어 만든 끈으로 보압딜을 창문 밖으로 탈출시켰고, 가까스로 목숨을 구한 보압딜은 자신을 지지하는 신하들의 도움을 받아 아버지를 축출하고 왕위를 차지하는 것입니다. 이 과정에서 나스르 왕조는 1차로 분열되지요. 왕위에 오른 후 그는 자신을 무함마드 11세Muhammad XI라고 칭합니다. 나스르 왕조의 마지막 왕이 되는 것입니다.

그러나 문제는 그뿐만이 아니었습니다. 보압딜에게는 '용감한 자'라는 별명을 가진 숙부 엘 사갈El Zagal이 있었습니다. 말라가Malaga 지방을 다스리는 영주였던 엘 사갈은 아부 알 하산 알리의 동생으로, 자신의 형을 몰아내고 왕위를 찬탈한 조카 보압딜에게 좋은 감정을 가질 수 없었습니다. 그들은 서로를 극도로 증오하며 대립했는데, 어느 정도였느냐하면 엘 사갈은 자신의 영지를 종교적으로 적敵인 가톨릭 국왕 부부에게 넘기고 북아프리카로 떠날 정도였습니다. 이때 나스르 왕조는 2차로 분열되며, 더는 버티기 힘들 정도로 국력이 쇠약해지는 것입니다.

카스티야−아라곤 연합 왕국은 하나로 통일되어 힘을 모으고 있는데, 그 앞에서 나스르 왕국은 스스로 멸망을 향해 치달려 갔던 것입니다.

나스르 왕조의 멸망 원인을 분석해 보면 여러 가지가 있지만, 왕의 총애를 등에 업은 후궁의 계략에도 일정 부분 책임이 있다고 할 수 있습니다.

그렇다면 자기 아들을 왕위 계승자로 만들고자 했던 소라야의 야심은 당시의 관례로 볼 때 불가능하거나 부도덕한 것이었을까요? 그녀의 야심이 결과적으로 왕조를 멸망의 길로 내몬 것은 사실이지만, 그녀가 불가능한 일에 도전한 것은 아니었습니다.

이슬람 국가에서 술탄은 정식 왕비를 네 명까지 둘 수 있었으므로 왕위 계승자의 숫자도 많아질 수밖에 없었고, 당연히 왕위 계승을 둘러싼 암투가 치열할 수밖에 없었습니다. 게다가 왕의 여인들을 왕비와 후궁으로 나누었지만, 하렘harem(궁중 여인들이 생활하는 공간)에서 실질적인 권력을 행사하는 것은 왕비가 아니라 왕의 모후인 태후였습니다. 아들을 왕으로 만든 단 한 명의 여인을 제외하고는 왕비든 후궁이든 권력 면에서 별 차이가 없었던 것입니다.

술탄이 절대적인 권한을 행사하는 이슬람 왕실에서 왕위 계승자를 결정하는 것은 오직 술탄뿐이었습니다. 그러니 왕의 총애를 받는 여인이라면 무슨 수를 써서라도 자신의 아들을 왕으로 삼고자 노력했을 것입니다. 소라야 또한 예외가 아니었던 것이지요.

그러나 보압딜이 아버지를 몰아내고 왕위를 차지한 것으로 볼 때 소라야와 그녀의 아들들은 비참한 운명을 맞았을 가능성이 높습니다. 어쩌면 코마레스 탑의 지하 감옥에 이번엔 그들이 갇혔을지도 모르고, 또 어쩌면 감옥에 갇히기도 전에 목숨을 잃었을지도 모르지요.

지하 감옥은 비정한 권력 투쟁의 피비린내 나는 현장이었던 것입니다.

왕의 목욕탕 ⑤

Baños Reales

　왕의 목욕탕은 뒤에 소개될 왕의 방·모카라베스 방과 마찬가지로 공사 중이라 방문객의 아쉬움을 삽니다. 당분간은 공사가 지속될 것으로 보이지만, 그래도 전반적인 내용은 알고 있는 게 좋을 것 같아 설명하기로 합니다.

　왕의 목욕탕은 아라야네스 중정에서 사자의 궁전으로 나가다 보면 입구가 보입니다. 사자의 궁에 위치한 두 자매의 방에서 카를로스 5세의 방 쪽으로 가다 보면 창문으로 왕의 목욕탕 지붕이 보이기는 하지만, 입구는 이곳이 맞습니다.

왕의 목욕탕 입구　　　　　　왕의 목욕탕 내부　　　　　사자의 궁 두 자매의 방에서 카를로스 5세의 방 쪽으로 가는 도중 창문으로 엿볼 수 있는 왕의 목욕탕 지붕의 모습

두 자매의 방

왕의 방

사자의 중정
(사자의 궁)

아라야네스 중정
(코마레스 궁)

린다라하 전망대

왕의 목욕탕

린다라하 중정

카를로스 5세의 방

왕의 목욕탕의 위치

    코르도바의 칼라오라 탑 내부에는 이베리아 반도를 다스린 무어인들의 생활상을 알려주는 자료들이 전시된 박물관이 있는데, 5번 방에 알람브라 궁전의 미니어처가 있습니다. 비록 미니어처라고는 하지만 정교하게 재현해 놓아 각 건물의 위치와 비율 등을 짐작할 수 있도록 해줍니다. 그것을 참고하여 왕의 목욕탕 구조를 알아봅시다.

    코마레스 궁과 사자의 궁 사이에 위치한 것으로 보나 입구가 두 궁전 사이에 있는 것으로 보나, 아마도 왕의 목욕탕은 두 궁전에서 모두 이용한 시설로 보입니다.

    그럼, 이슬람교도들에게 있어 목욕은 어떤 형태로 이루어졌으며, 목욕탕은 어떤 형태였을까요? 그것을 짐작할 수 있는 자료가 앞에서 언급한 칼라오라 탑의 박물관에 있습니다. 과거 이슬람 국가의 목욕탕을 모형으로나마 살펴봅시다.

불 때는 곳

가볍게 몸을 씻는 곳

목욕하는 곳

마사지 받는 곳

목욕탕의 구조

불 때는 곳

가볍게 몸을 씻는 곳(악사들이 음악을 연주하기도 함)

목욕 하는 곳

마사지 받는 곳

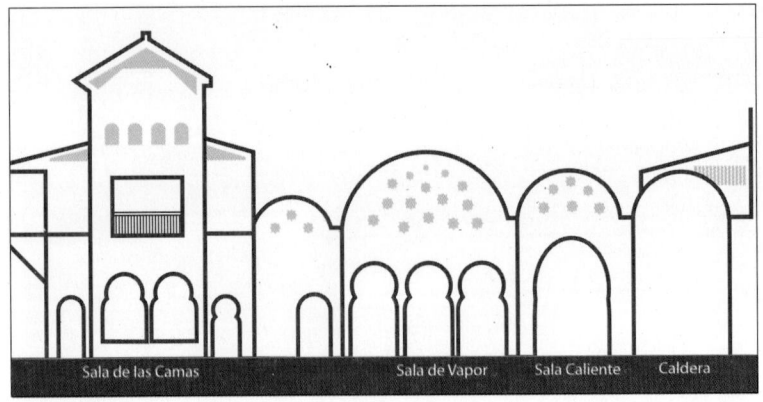

왕의 목욕탕 단면도

나스르 궁전의 왕의 목욕탕도 크게 다르지 않았으리라 짐작됩니다.

목욕탕의 입구에는 Caldera라고 하는 불 때는 곳이 있습니다. 그리고 맨 먼저 배치된 것이 Sala Caliente인데, 이것은 뜨겁게 데워진 방이라는 의미입니다. 왕은 이 방에서 옷을 벗고 가볍게 몸을 씻습니다. 본격적인 목욕을 하기 전에 준비를 하는 것이지요. 그다음 방이 Sala de Vapor로 증기 목욕탕을 말합니다. 실질적인 목욕탕은 바로 이곳이 됩니다. 이 방에서 땀을 흘리며 목욕을 하다 보면 몸속의 독소가 배출되며 상쾌한 상태가 되었을 테지요. 그다음 방은 Sala de las Camas로 침대가 있는 방, 즉 마사지실이라고 보면 됩니다. 왕은 여기에서 미녀들의 마사지를 받으며 심신의 안정을 되찾을 수 있었을 겁니다.

그런데 앞의 모형에서는 목욕하는 곳에 몸을 담글 수 있는 커다란 욕조가 설치되어 있는데, 이것은 일반적인 것이 아닙니다. 이슬람식 목욕탕은 우리가 흔히 생각하는 목욕탕과는 내부 시설 면에서 다른 점이 있는데, 그들은 고여 있는 물은 깨끗하지 않다고 여겨 물을 받아놓고 목욕하지 않기 때문이지요. 흐르는 물에 몸을 씻는 것이 그들의 목욕

방식이랍니다. 왕의 목욕탕도 욕조가 없는 구조로 보입니다.

마지막으로 단면에서 보듯이 왕이 목욕탕 지붕에는 별 모양의 작은 구멍들이 뚫려 있습니다. 이곳은 빛을 받아들이는 조명창이면서 환기창이며 목욕탕의 수증기를 배출하는 역할을 하는 곳으로, 상당히 과학적인 구조임을 알 수 있습니다.

나스르 궁전의 왕의 목욕탕은 단지 몸을 깨끗이 하여 심신의 안정을 되찾기 위한 용도로만 사용된 것일까요? 그렇지는 않습니다. 이슬람교도들에게 목욕은 신체 청결 이상의 중요한 의미가 있었습니다. 바로 종교적 의식이었던 것이지요.

이슬람교도들에게 목욕은 왕이든 평민이든 혹은 남자든 여자든, 신분의 고하를 막론하고 매우 중요한 일이었습니다. 왜냐하면 그들은 하루에 다섯 번씩 알라에게 기도를 드려야 하는데, 기도를 할 때마다 몸과 마음을 정결하게 해야 했기 때문입니다. 지금도 대부분의 모스크에는 샘터가 있어, 기도를 드리기 위해 안으로 들어가기 전에 몸을 씻을 수 있도록 하는 걸 볼 수 있습니다.

그러나 떠도는 이야기에 의하면, 나스르 왕조의 왕은 미녀들과 함께 목욕을 하면서 마사지를 받았는데, 왕이 목욕하는 동안 음악을 연주하는 악사들은 모두 장님이었다고 합니다. 왕과 함께 목욕하는 미녀들의 벗은 몸을 볼 수 없도록 하기 위해서 그랬다는 것입니다. 이런 퇴폐적인 소문이 난 까닭은 알 수 없지만 이슬람교도들에게 목욕탕이 갖는 본래 의미를 생각할 때 약간은 악의적으로 왜곡된 것이 아닐까 생각합니다. 마치 백제의 마지막 왕인 의자왕이 황음무도荒淫無道하였다는 오명을 뒤집어쓴 것과 마찬가지 이유로 말입니다. 역사에서 패자敗者는 억울한 말을 듣기 일쑤이니까요.

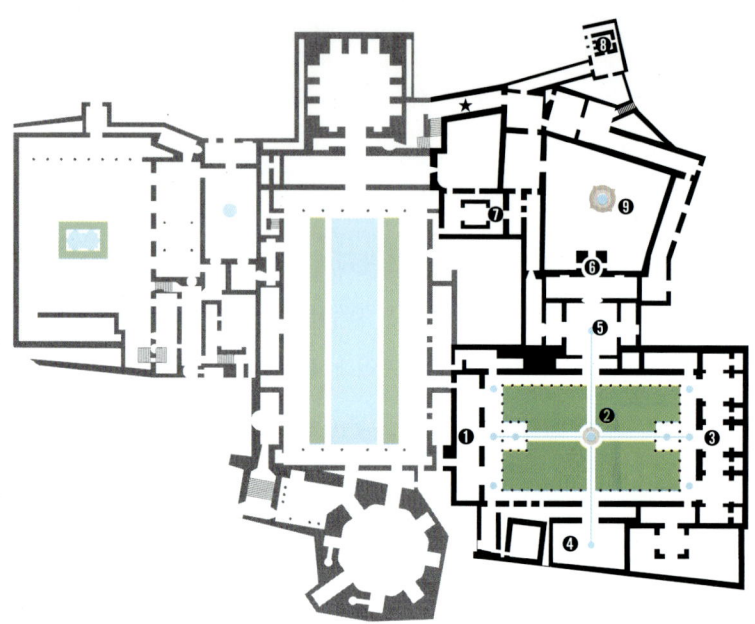

❶ 모카라베스 방(Sala de los Mocárabes)
❷ 사자의 중정(Patio de los Leones)
❸ 왕의 방(Sala de los Reyes)
❹ 아벤세라헤스 방(Sala de los Abencerrajes)
❺ 두 자매의 방(Sala de las Dos Hermanas)

❻ 린다라하 전망대(Mirador de Lindaraja)
❼ 카를로스 5세의 방
❽ 왕비의 규방(★ 왕비의 규방을 볼 수 있는 곳)
❾ 린다라하 중정(Patio de Lindaraja)

사자의 궁

Palacio de los Leones

코마레스 궁전의 동쪽에 있는 사자의 궁은 무함마드 5세의 두 번째 통치 시기인 1362~1391년에 건설되었습니다. 사자의 궁이 완공되면서 왕실 가족들의 생활공간은 코마레스 궁전에서 이곳으로 옮겨왔지요. 그래서 지금도 사자의 궁을 일종의 하렘harem(이슬람 국가에서 부인들이 거처하는 방으로 가까운 친척 이외의 남자들은 출입이 금지된 장소)으로 인식하는 경향이 있지만, 사실 하렘은 중정에서 조금 떨어진 구석 쪽에 위치하고 있습니다.

사자의 궁전은 알람브라 궁전에 남아 있는 세 개의 궁전(메수아르 궁, 코마레스 궁, 사자의 궁) 중에서 가장 예술성이 뛰어나면서 보존 상태가 좋은 건물이기도 합니다.

사자의 궁에서는 아라야네스 중정을 빠져나와 사자의 궁전으로 넘어올 때 거치게 되는 모카라베스 방(중정의 서쪽)을 잠깐 살펴본 후에 사자들의 분수가 있는 중정으로 들어가겠습니다. 그곳이 바로 '사자의 중정'인데, 중앙에 열두 마리의 사자가 떠받치고 있는 분수가 있습니다.

사자의 중정 감상을 끝내면 모카라베 양식의 극치를 감상할 수 있는 왕의 방(중정의 동쪽), 아벤세라헤스의 방(중정의 남쪽), 그리고 마지막으로 두 자매의 방(중정의 북쪽)을 순서대로 방문하여 구석구석 살펴보고, 린다라하 전망대와 린다라하 중정을 둘러보도록 하겠습니다.

코마레스 탑

아라야네스 중정

아벤세라헤스의 방　　모카라베스의 방　　　두 자매의 방

사자의 중정

린다라하 중정

왕의 방

사자의 궁전 미니어처(코르도바 칼라오라 박물관 소장)

　　사자의 궁의 모습을 대강 짐작해 볼 수 있도록 앞에서 언급했던 칼라
오라 박물관의 미니어처 사진을 보여드립니다.

모카라베스 방

Sala de los Mocárabes

Hall of the Mocarabes

모카라베mocárabe(혹은 무카르나스muqarnas)란 용어는 이미 앞에서 설명 드린 대로 멀리서 보면 마치 종유석(석회 동굴에서 볼 수 있는 고드름 모양의 돌)이 잔뜩 매달린 것 같은 느낌을 주는 장식 기법을 말합니다. 이 모카 라베는 주로 천장이나 아치 기둥, 벽면에서 찾아볼 수 있는데, 아치 기 둥이나 벽면에 사용될 때는 규모가 작은 편이고 천장에 쓰일 때는 규모 가 커서 웅장하고 화려하지요.

모카라베스 방

그런데 정작 모카라베스 방에서는 그렇게 화려하고 웅장한 규모의 모카라베를 찾아보기 힘듭니다. 그런데도 왜 이 방의 이름을 굳이 '모카라베스 방'이라고 했을까요?

사실 이곳은 원래 화려한 모카라베가 천장을 뒤덮고 있었다고 합니다. 하지만 1590년 발생한 화약고의 폭발로 천장이 주저앉았고, 그래서 지금 우리가 볼 수 있는 천장의 모습은 그 이후(17세기)에 개축된 바로크 양식의 덮개 모양의 천장인 것입니다. 과거의 아름다웠던 모카라베 장식은 사라지고 이름만 남은 방에 서면, 보는 이의 아쉬움이 더해진답니다.

사실 나스르 궁전에서 모카라베 양식이 특히 장관을 이루는 곳은 사자의 궁전에 있는 왕의 방, 두 자매의 방, 아벤세라헤스의 방인데, 이 방들의 천장 장식은 정말로 보는 이를 압도합니다. 그걸 보고 있자면 이슬람 건축가들의 탁월한 기술과 집념에 감탄하지 않을 수 없습니다. 모카라베 양식의 특징과 형태에 대한 자세한 설명은 왕의 방 천장을 보면서 하도록 하겠습니다.

그런데 모카라베 양식의 천장 형태를 보면 건축가가 동굴 느낌을 주기 위해 일부러 그렇게 장식했다는 생각이 들 정도로 석회 동굴의 분위기가 물씬 풍긴답니다.

그렇다면 왜 하필 중요한 궁전 건축에 동굴 느낌이 나는 장식을 한 걸까요? 이 문제에 대한 해답은 이슬람교의 시조인 예언자 무함마드(마호메트)의 일화에서 단서를 찾아야 합니다.

예언자 무함마드는 메카의 귀족들로부터 박해를 받아 메디나로 피난을 갔는데(622년), 이를 '헤지라hegira, hijrah(성스런 도망)'라고 하여 이슬람교에서는 매우 중요한 사건으로 여깁니다. 이 해를 이슬람교의 원년으로 삼을 정도지요.

그런데 그가 메디나로 급히 달아나던 중에 비둘기와 거미의 도움을 받았다고 합니다. 그가 추격을 피해 어느 동굴 속으로 숨어들어 갔을 때, 동굴 입구에 거미가 거미줄을 치고 비둘기가 알을 낳았다는 것입니다. 추격군은 거미줄과 비둘기 알을 보고는 동굴 안으로 아무도 들어가지 않았다고 판단하여 더는 수색을 하지 않고 그냥 갔다고 합니다. 그 동굴은 메카로부터 30km 떨어진 곳에 있고 현재까지도 성지로 여겨지는데, 그 일화 때문에 동굴은 이슬람교도들에게 중요한 곳이 되었고, 동굴의 상징인 종유석은 이슬람 건축 장식에서 핵심이 되었다고 합니다.

모카라베스 방은 술탄을 위한 연회 공간이었던 것으로 보입니다. 관광객들에게는 공개되지 않는 하렘이 이 방에서 이어지는데, 하렘은 철저히 술탄의 사적인 공간으로 모든 정사에서 벗어나 편히 쉴 수 있는 곳이었습니다.

사자의 중정 ②

Patio de los Leones
Court of the Lions

자, 이제 사자의 중정으로 들어왔습니다. 나스르 궁전에서 가장 유명한 곳이라 사진으로 무수히 보았음에도 불구하고 실제로 마주하면 새삼스럽게 숨이 턱 막힐 정도로 아름다운 공간입니다. 이보다 더 크고 화려한 궁전은 많지만, 이렇게 보석 세공하듯 건물 전체를 치밀하고 정교하게 가다듬은 궁전은 쉽게 만날 수 없습니다. 이곳의 아름다움을 인간의 말로 충분히 묘사할 수 없으니 안타까울 따름입니다.

유명세에 비해서는 아담한 규모(가로 35m, 세로 20m)인 이 중정 한가운데에는 물을 뿜는 12마리의 사자상이 있습니다. 사자의 중정이란 이름은 바로 이 사자 분수 때문에 얻은 것이지요.

무함마드 5세의 명으로 지어진 이 중정은 한가운데에 연못을 대신하는 분수가 있고, 주변을 124개의 대리석 기둥으로 이루어진 회랑이 둘러싸고 있으며, 사방에 방이 배치되어 있습니다. 사람들은 이 정원이 쿠란에서 묘사되는 천국처럼 작은 나무와 꽃들을 심어 놓은 모습이었을 것으로 추정하였지만, 식물에서 나오는 습기가 사자의 분수에 영향을 줄 것을 염려하여 지금과 같은 모습으로 만들었다고 합니다.

사자의 중정

　이곳 사자의 중정의 백미는 뭐니뭐니해도 중앙에 위치한 사자 분수
일 것입니다. 중앙의 수반에는 물이 담겨 있고, 그 물은 사자의 입을
통해 뿜어져 나옵니다. 그리고 거기서 흘러나온 물은 다시 중정을 둘러
싼 네 개의 방에 물을 공급하는 역할을 하는 수로로 흘러갑니다.

원래 설치되었던 사자상은 물에 많이 포함된 석회 탓에 배출구가 막혀 카를로스 5세 궁전의 박물관에 보관 중(복원 중이기 때문인지 아직 박물관에 전시되지는 않음)이며, 현재는 복제된 작품이 같은 자리에서 같은 역할을 하며 관람객을 맞이합니다.

그런데 사자의 중정을 흐르는 네 개의 물줄기를 에덴동산을 흐르는 네 개의 강과 연결시켜 설명하는 경우가 있습니다. 그것도 나름대로 일리가 있다고 여겨지기에 소개하겠습니다.

구약성서(창세기2:10-14)에 의하면 에덴동산에는 네 개의 강이 흐르고 있다고 합니다. 첫 번째 강의 이름은 피손Pishon으로, 이 말은 '쏟아져 나온 물'이란 뜻입니다. 두 번째 강의 이름은 기혼Gihon으로 '넘침'이란 뜻이며, 세 번째 강은 티그리스Tigris로 '빠른 물살'이란 뜻인데 이 강을 페르시아 말로 '화살'이란 의미의 '힛데겔Hiddeke'이라고 하는 것과 관련이 있어 보입니다. 마지막으로 네 번째 강은 유프라테스Euphrates로 이 말은 '단맛'을 의미한다고 합니다. 사람들은 이 강의 물맛이 달고 상쾌해서 이런 이름이 붙었다고 믿는답니다. 이 중 티그리스와 유프라테스는 메소포타미아 문명의 원천이 되는 중요한 강에 이름을 빌려주어 우리 귀에도 익숙합니다.

사자의 중정이 무성한 숲(빽빽한 아치 기둥으로 대신함)과 풍부한 물(사자의 분수)이 있는 낙원의 이미지를 구현하고 있다고 생각하면, 원초적인 낙원인 에덴동산과 연결 지어 생각하는 것도 설득력이 있어 보입니다.

그런데 그렇게 생각하면 한 가지 의문점이 생깁니다. 에덴동산은 기독교적 개념인데, 기독교와 대립 관계인 이슬람교도들이 자신들의 궁전에 그것을 도입한 까닭은 무엇일까요.

우리는 현재 두 종교가 대립적이기 때문에 처음부터 서로 무관한 관계였을 것으로 생각하기 쉽지만, 기원을 살펴보면 그렇지 않습니다. 두 종교는 모두 아브라함을 조상으로 여기기 때문에 아브라함 이전의 이야기는 공통적으로 수용하는 것이지요. 그러므로 창세기에 나오는 에덴동산은 이슬람교에도 해당되는 개념이라고 할 수 있습니다. 따라서 이슬람교도들이 세운 궁전 뜰에 에덴동산의 이미지가 구현되어 있다고 해서 이상하게 생각할 것은 없는 것입니다.

그런데 중앙의 사자의 분수는 경우가 좀 다릅니다. 잘 알려졌다시피, 이슬람교에서는 우상 숭배를 금지하는 교리에 따라 사람이나 동물의 형체를 그리거나 새기지 않습니다. 아라베스크 무늬가 발달한 배경이 바로 그것이란 설명을 앞에서 했습니다. 그런데 이슬람 문화의 정수라고 할 수 있는 알람브라 궁전 안에 사자 형상의 분수대가 놓여 있는 것입니다. 이것은 참으로 이해하기 어려울 정도로 파격적인 일입니다.

궁전 안에 사자 형상을 한 분수대를 설치하고 보존한 까닭을 정확히 알기는 어렵지만, 그 당시 그라나다에 살고 있던 유대인들의 열두 부족장이 나스르 왕조의 술탄에게 우호의 증표로 보낸 선물이라고 설명하는 사람들이 있습니다. 당시 그라나다에는 이슬람교도들과 유대인들이 공존하며 평화롭게 살았는데, 이슬람교도들은 자신들의 교리에는 어긋나지만 두 종족 사이의 평화를 지키려는 의도에서 받아들인 것 같다는 추정입니다. 당시의 이슬람교는 다른 종교를 포용하고 공존하는 방침을 택해서 번영을 이룰 수 있었다고 하므로, 이런 주장은 가능성 있는 가설로 받아들이면 될 것 같습니다.

이 분수는 시간에 따라 다른 사자의 입에서 물이 흘러나와 물시계의 역할을 했다고 하여 당시 과학 기술의 정수로 알려졌습니다. 그러나 그것이 전부는 아닙니다. 수반의 가장자리에 새겨진 이븐 잠락Ibn Zamrak의 시구를 보면 이곳 정원과 분수의 아름다움을 노래하고 있어 더 인상적입니다. 그 내용을 소개하면 대략 이렇습니다.

무함마드 왕께 궁전을 장식할 영감을 허하신 이에게 축복을
이 정원에 놀랍지 않은 것이 있는가?
신께서 그 아름다움에 비할 곳이 없게 만드셨으니
진주로 빚어진 조각은 투명한 빛으로,
그 가장자리는 진주 알들로 다듬어지지 않았는가?
녹은 은이 그 순수한 새벽의 아름다움을 닮은 진주들 사이로 흐른다.
물과 대리석이 하나처럼 보이니, 말해주지 않는다면 어느 것이 흐르고 있는지 알 수가 없구나
그대는 보이는가?
물이 어떻게 수반으로 떨어지고 수통 속으로 재빨리 그 모습을 감추는지
이것은 눈가에 눈물을 머금은, 그러나 버려질까 두려워 그것을 감추는 연인
사실 이것은 사자에게로 비를 쏟아내는 하얀 구름
왕에 대한 경외심은 사자들의 흉포함마저 억누른다
어리석음을 경멸하는 안사르Ansar*의 적자여, 신의 가호가 그대와 함께하기를
그대의 연회는 배가 되고, 적들의 고통도 그러하기를

*Ansar : 메디나의 토착민으로 헤지라 당시 예언자 무함마드와 이슬람교를 지지한 집단

사자의 분수와 분수의 수반에 새겨진 시구

사자의 분수에 대한 감상은 이 정도로 마치고, 중정을 둘러싸고 있는 124개의 기둥으로 이루어진 아치웨이archway와 아치 벽면의 정교하고 아름다운 장식을 살펴봅시다. 사자의 중정이 세상 어디에서도 볼 수 없는 유일무이한 공간이 된 것은 사방 벽 전체를 마치 보석을 세공한 듯, 섬세한 레이스 천을 짜듯 조각해낸 이슬람 장인들의 솜씨 덕분입니다.

사방을 둘러싼 것은 형태상 직각 모양의 아치alfiz인데, 이런 아치는 아라야네스 중정에서 이미 본 바가 있습니다. 이곳의 아치 위 공간은 빛이 투과할 수 있도록 투조透彫(뒷면까지 도려내 무늬를 나타내는 조각 세공 기법) 방식을 택해 아름다움이 극대화되었습니다. 그리고 둥근 아치 중간 중간에 무카르나스 기법이 활용된 뾰족 아치가 서 있어 변화를 주고 있습니다.

마지막으로 모카라베스 방과 왕의 방 입구에는 사각형의 파빌리온이 있는데, 이것을 베두인의 천막 모양과 연결짓는 사람도 있습니다. 사막에서 살던 이슬람교도의 후손들이 사자의 궁전을 지으면서 자신들의 유전자 속에 각인된 사막 생활의 기억을 그렇게 표현했다고 보는 것이지요. 이 부분의 무카르나스 장식은 규모는 작지만 보존 상태가 좋으므로 눈여겨보시기 바랍니다.

'아름답다'는 상투적인 말로는 그 아름다움을 충분히 표현할 수 없는 그곳을 사진을 통해 함께 감상하여 봅시다.

아치웨이의 무카르나스 장식

아치 기둥이 만드는 복도

섬세한 조각이 돋보이는 아치 기둥

왕의 방 앞의 파빌리온

왕의 방 ③

Sala de los Reyes
Hall of the Kings

이제 중정을 둘러싸고 있는 주변 건물 중 동쪽에 있는 왕의 방_{Sala de} los Reyes을 살펴봅시다. 왕의 방은 몇 차례 나스르 궁전을 방문할 때마다

복도식 방

무카르나스 장식 천장

줄곧 공사 중이라 안타까웠습니다.

여기서는 먼저 출입이 가능했던 부분에 대한 설명을 하고, 직접 보지 못한 부분은 자료를 참고하여 설명하도록 하겠습니다.

왕의 방은 앞에서 설명한 파빌리온을 통해 들어갑니다. 그러면 복도 식 방을 만나게 되지요. 아래 왼쪽 사진에서 미늘살창문이 보이는 부분 은 무카르나스 장식이 아름다운 사각형의 천장이 있는 개방형 방입니 다. 왕의 방에서 가장 포토제닉한 공간이니, 사진으로 이곳의 무카르나 스 장식을 감상하여 봅시다.

무카르나스 장식 천장

얼핏 보아서는 천장이 높기 때문에 무카르나스 양식의 특징이 분명하게 느껴지지 않을 수도 있습니다. 좀 확대해서 보면 무수히 많은 작은 벽감들이 겹겹이 쌓인 형태임을 알 수 있을 것입니다.

앞에서도 여러 차례 모카라베 양식mocárabe style, 혹은 무카르나스 양식muqarnas style이라는 말이 나왔습니다. 이것이 작은 벽감들을 중첩하여 장식하는 기법을 말하며, 특히 천장의 경우는 종유석이 가득한 동굴을 연상시킨다는 설명도 했습니다.

그럼, 모카라베 양식은 단 한 가지 형태만 있는 것일까요? 혹시 벽감의 중첩이라는 기본 틀을 지키면서도 다양한 패턴을 시도하지는 않았을까요? 여기에서는 그 문제를 한번 생각해 봅시다.

모카라베 양식을 '이슬람 건축에서 볼 수 있는 독특한 유형의 3차원 장식'이라고 정의합니다. 이러한 장식은 평면적인 건축 요소(벽이나 천장)에 입체감을 주어 공간의 표정을 다채롭고 풍부하게 만들어주지요. 이란에서 발생한 모카라베 양식은 이베리아 반도를 점령한 무어인들을 따라 유럽 대륙에 전해졌고, 이후로 유럽의 다른 지역에까지 퍼졌습니다.

무카르나스 장식 천장을 확대한 모습

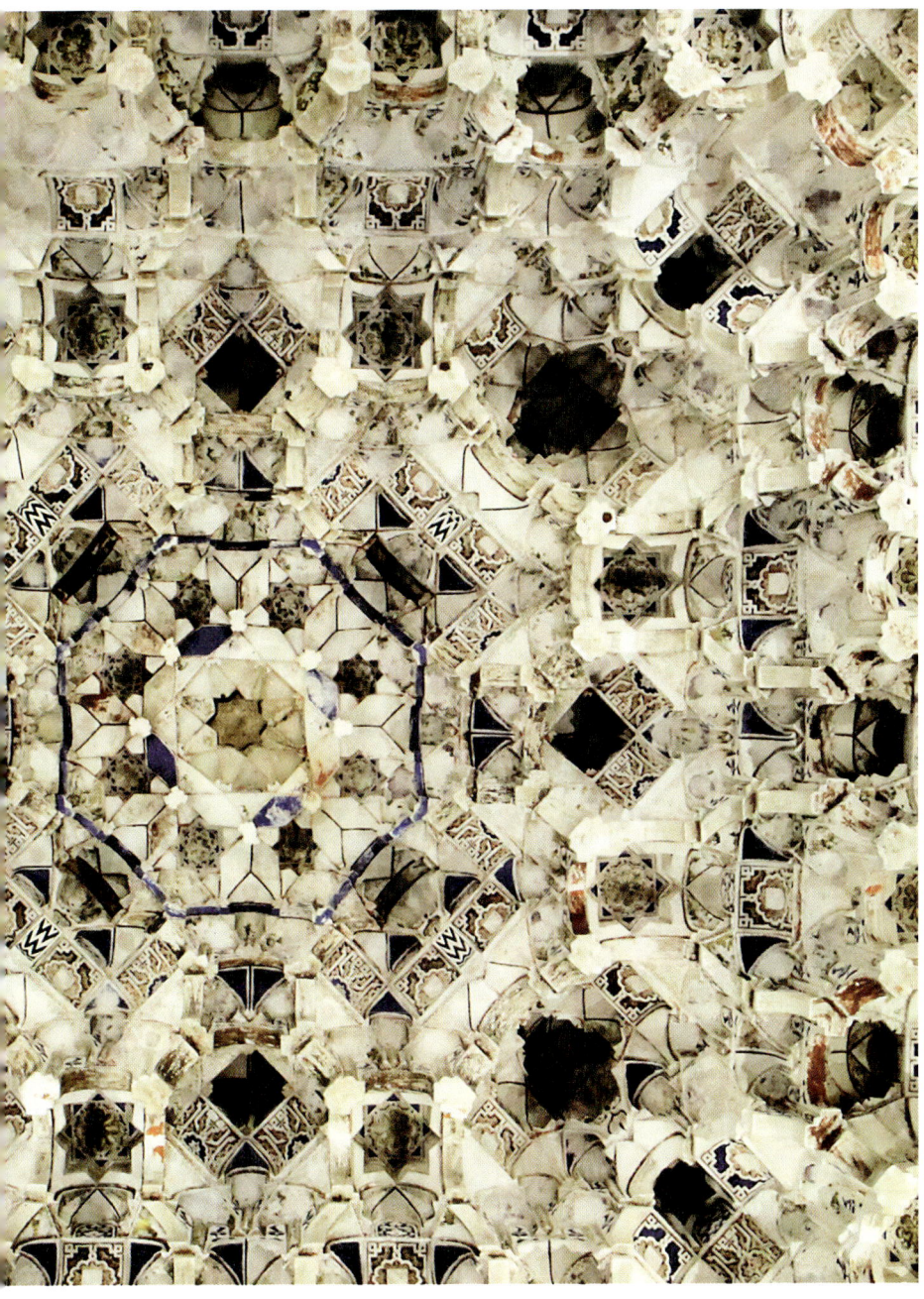

그런데 모카라베 양식은 천장을 어떤 방식으로 꾸몄는가에 따라 크게 세 가지 유형으로 나눌 수 있습니다.

먼저, 사각형 형태의 양식The style of square Muqarnas입니다. 가장 넓은 지역에서 나타나는 유형으로, 중동과 유럽에서 공통적으로 찾아볼 수 있습니다. 사각형 건물에 돔dome 모양의 천장을 만들고, 그 내부를 모카라베로 마감하는 것인데 동굴 천장과 같은 분위기를 냅니다. 주로 사용되는 재료는 돌과 나무이며, 종유석이 가득한 석회 동굴에 비유할 때는 대개 이 양식을 도입한 천장을 보고 그렇게 말하는 것이지요. 왕의 방, 두 자매의 방, 아벤세라헤스의 방 천장이 이에 해당되며, 이런 방식은 나스르 왕조 때 절정을 이루었다는 평가를 받습니다.

그런가 하면 폴 테이블 양식The style of pole table Muqarnas도 있습니다. 이것은 15세기 티무르 왕조Timurid dynasty 때 나타나 몽골 제국의 진출과 함께 중동 지역에 전해진 것으로, 주로 중앙아시아와 중동 지역에서 활용

폴 테이블 양식의 모카라베

되었습니다. 입방형의 구조물을 아치형으로 바꿔주면서 연결 부위를 장식할 때 주로 사용되며, 이슬람 사원의 벽면에서 흔히 볼 수 있지요. 모카라베의 생김새를 벌집 모양이라고 표현할 때는 이 양식의 생김새에서 연상하여 그렇게 말하는 겁니다. 주로 사용되는 재료는 석고 점토stucco, 모자이크용 금속 조각, 장식 타일, 돌 등입니다.

마지막으로 그 밖의 양식Other styles of Muqarnas으로 분류되는 것이 있는데, 터키, 시리아, 이집트 등에서 제한적으로 나타나는 유형입니다. 돌을 주재료로 쓰다 보니 건축에 쓸 만한 좋은 돌이 생산되는 지역에서 시도되었기 때문입니다. 이 양식의 형태상 특징은 기하학적 규칙성에 구애받지 않고 건축가의 독창성을 발휘하여 새로운 패턴을 시도할 수 있다는 것이지요. 가우디의 작품인 사그라다 파밀리아의 탄생의 파사드에서 볼 수 있는 배경 조각이 이 유형으로 분류됩니다.

사그라다 파밀리아의 탄생의 파사드

왕의 방이라고 불리는 이 방은 본디 연회실로 사용되었는데 레콘키스타 이후에는 기독교 왕조에 의해 예배실로 사용되기도 했고, 한때는 법정으로 쓰이면서 '정의의 방Hall of justice'이라는 이름도 갖게 되었습니다. 그런데 연회 공간이던 이 방이 왜 왕의 방으로 불리는 것일까요?

지금은 공사 중이라 관람할 수 없는, 무카르나스 천장이 있는 복도식 방보다 더 안쪽으로 들어가 있는 세 개의 방은 타원형의 나무 천장에 가죽이 덮여 있는 모양을 하고 있습니다. 그리고 이 타원형의 공간에 희귀한 그림이 그려져 있는데, 그중 무어 왕국의 열 명의 왕들을 묘사한 그림이 있어 그런 이름을 갖게 된 것입니다.

지붕 형태를 고려할 때, 그림이 그려진 곳은 사각형 지붕을 둘러싸고 있는 낮은 지붕이 있는 곳으로 보입니다. 나스르 궁전 미니어처를 참고하여 위치를 짐작해 보세요.

무카르나스 천장 방

왕의 그림이 그려진 방

미니어처를 통해 추정해 본 방의 구조

현재 복원 작업 중이므로 왕의 방 앞에 붙여둔 공사 안내 표지판을 확대하여 그 모습을 확인해 보겠습니다.

세 그림 중 중앙에 있는 것이 무어 왕국의 왕들을 그린 그림 'The Kings'이고, 양쪽 방에 그려진 다른 그림들은 형태가 뚜렷하지는 않으나 안내 표지판에는 'The Spring of Youth', 'The Lady Playing Chess'라고 각각 이름을 붙여 놓았다.

이 그림들이 희귀하다고 하는 것은 그림 수준이 빼어나기 때문이 아니며, 역사가 오래된 작품이어서도 아닙니다. 1396~1408년에 그려진 이 그림이 아름답고 오래된 것은 사실이지만, 단지 그 이유 때문에 주목하는 것은 아닙니다. 그럼, 무엇이 이 그림을 희귀한 존재로 만들었을까요?

바로 사람의 형상을 그리지 못하도록 엄격하게 규정한 이슬람 교리에 어긋나는 매우 드문 예이기 때문입니다. 이슬람교와 관련된 건물에 이런 그림이 남아 있다는 것은 불가사의한 일입니다.

사자의 중정에 있는 사자 분수대가 특수한 경우인 것처럼, 이 방의 천장 그림도 매우 특수한 경우입니다. 이 그림을 그린 화가가 이슬람교도인지 기독교도인지 알려지지 않았으며, 이런 그림을 나스르 궁전 안에 그린 이유 역시 알려지지 않았습니다. 다만, 이슬람 왕조의 왕들을 그린 것으로 보아 이 그림을 그린 기술자들은 무슬림이며, 그림 양식으로 보아 당시 이탈리아 예술 양식에 해박한 지식을 갖고 있던 이들이 아니었을까 생각해 보는 것입니다.

복원 공사가 하루빨리 마무리되어 실물을 볼 수 있게 되기를 바랄 뿐입니다.

아벤세라헤스의 방 💬4

Sala de los Abencerrajes
Hall of the Abencerrages

사자의 중정 남쪽에 있는 방의 이름은 '아벤세라헤스의 방'입니다. 이런 이름이 붙게 된 계기가 된 사건에 대한 역사적 기술은 대개 일치합니다. 즉, 술탄이 아벤세라헤스 가문의 젊은이 36명을 이 방에서 참살했기 때문에 그런 이름이 붙었다는 것입니다. 당시의 참상이 어찌나 끔찍했던지, 온 궁전 안에 피비린내가 낭자하고 사자의 분수 입에서까지 피가 흘러나왔다는 설명도 비슷합니다.

알람브라 궁전 파라도르 데 그라나다 근처에는 젊은이들이 몰살당하며 멸문의 화를 입은 아벤세라헤스 가문의 집터가 남아 있습니다.

아벤세라헤스 가문의 집터와 그 표지판

그런데 술탄이 왜 당시의 유력한 가문이었던 아벤세라헤스 가문의 젊은이들을 몰살시켰는지에 대한 설명은 제각각 다릅니다.

우선, 그 가문의 젊은이가 왕의 후궁과 사랑을 나누었기 때문에 그랬다는 설이 있습니다. 이 설은 헤네랄리페 궁전의 '술타나의 정원'에서 다시 이야기하겠지만, 그곳에 있는 700년 된 사이프러스나무가 후궁의 불륜을 목격한 죄로 벌을 받아 고사되었다는 이야기가 보태져 제법 그럴싸하게 들립니다. 그러나 설령 후궁과 젊은이가 몰래 사랑을 나누었고,

아벤세라헤스의 방

또 술탄의 위세가 하늘을 찌를 만큼 막강했다 해도, 한 사람의 잘못을 문제 삼아 가문 전체를 도륙^{屠戮}하는 것이 과연 가능했을까 하는 의문이 생깁니다. 후궁과 사랑을 나눈 젊은이가 있었다면 당연히 처벌받았을 테지만, 아벤세라헤스 가문의 젊은이들이 몰살당한 이유는 다른 데 있을 것입니다.

그래서 나오는 설이, 아벤세라헤스 가문이 역모에 연루되어 몰살당한 것이라고 보는 것입니다. 원래 역모는 어느 나라에서든 가장 가혹한 처벌을 받는 죄였지요. 우

리나라의 경우도 역모에 연루되면 삼족三族(친족·외족·처족)을 멸하는 것이 관례였으니까요.

뒤의 '감금의 탑(271쪽)' 편에서 다시 말하겠지만, 당시의 술탄 아부 알 하산 알리Abu al-Hasan Ali(보압딜 왕의 아버지)는 포로로 잡아온 가독교도 여인인 이사벨 데 솔리스Isabel de Solís의 미색에 반해 회유 끝에 후궁으로 삼았다고 합니다. 그 뒤 그 여인에 대한 총애가 깊어지자 신하들이 왕비 파와 후궁 파로 나뉘어 권력 다툼을 시작했다는 것입니다. 그 와중에 일어난 사건이 바로 아벤세라헤스 가문 젊은이들의 몰살이라는 것이지요. 그에 대해 좀 더 자세히 알아봅시다.

나스르 왕조 당시에는 두 개의 유력한 가문이 있었는데, 아벤세라헤스 가문과 헤네테스 가문이 그것이었습니다. 아벤세라헤스 가문은 왕비인 아익사 라 오라Aixa la Horra와 그녀의 아들인 보압딜을 지지하였고, 헤네테스 가문은 후궁인 이사벨 데 솔리스Isabel de Solís와 그녀 소생의 왕자를 지지하였습니다.

후궁에게로 왕의 총애가 기울고 왕비는 알바이신에 있는 별궁인 다르 알 오라Dar al Horra로 축출되는 상황이 되자, 위기감을 느낀 보압딜은 아벤세라헤스 가문과 손을 잡고 모반을 준비합니다. 그러나 그 사실은 술탄의 귀에 들어갔고, 술탄은 연회를 빙자하여 아벤세라헤스 가문의 젊은이들을 궁전으로 부른 뒤 모조리 죽였던 것입니다. 일단 헤네테스 가문이 권력 투쟁에서 승리한 것입니다.

이렇게 되니 보압딜로서는 왕위는 고사하고 자신의 목숨조차 부지할 수 없는 상황이 되어버렸지요. 결국 그는 자신의 모든 역량을 아버지를 축출하는 데 쏟은 끝에 목표를 달성하고 왕위에 오릅니다. 그러니 이번에는 헤네테스 가문이 몰살당하는 운명을 맞았겠지요.

보압딜은 소원대로 왕위에 올랐지만, 아벤세라헤스 가문의 젊은이들은 진작에 몰살당했고, 정적政敵인 헤네테스 가문의 사람들 역시 죽음을 면치 못했을 테니 그에게는 국정을 의논할 신하가 없었습니다. 그러니 국력이 쇠약해지지 않았다면 그게 오히려 이상한 일이지요.

이때는 이사벨 1세와 페르난도 2세의 결혼으로 스페인 대부분 지역이 가톨릭 국가로 통일된 상황이었습니다. 가톨릭 국왕 부부는 그라나다 왕국을 정복하여 이슬람교도들을 이베리아 반도에서 쫓아내는 것을 필생의 숙원으로 삼았는데, 그들의 코앞에서 나스르 왕조는 스스로 무너져 내리고 있었던 것입니다.

이러한 전설과 무관하게 아벤세라헤스의 방도 현란한 모카라베 장식이 보는 이의 눈을 사로잡는 곳입니다. 눈을 들어 천장을 보면 8개의 꼭짓점을 가진 별 모양으로 천장이 형성되어 있는데, 이것은 밖에서 볼 때도 알 수 있는 독특한 지붕 형태입니다. 그리고 면마다 두 개의 창문이 배치되어 있어 이 창문을 통해 들어오는 빛이 환상적인 조명 효과를 냈을 것으로 보입니다. 사각의 벽과 8각의 별 모양 사이를 잇는 공간은 어김없이 화려한 무카르나스 양식으로 장식을 하였네요.

바닥에는 12면체의 분수가 놓여 있는데, 지금은 물이 흐르지 않지만 여기에 물이 찰랑찰랑 넘칠 때 천장으로부터 빛이 쏟아져 들어오면 방 안은 마치 오아시스에 햇살이 부서지는 것 같은 느낌을 주었을 것입니다.

아벤세라헤스의 방 천장 모카라베

시간에 따라 햇빛이 들어오는 장아 바뀌면서 환상
적인 조명 효과를 내는 모습

12면체 분수

두 자매의 방 ⑤

Sala de las Dos Hermanas
Hall of the two Sisters

 사자의 중정에서 볼 때 북쪽에 있는 방이 '두 자매의 방'입니다. 이런 이름이 붙은 까닭에 대해서는 서로 다른 이야기가 전해지는데, 하나는 왕의 총애를 받던 두 후궁이 자매처럼 사이좋게 지냈기 때문이라는 것이며, 다른 하나는 이 방 가운데 바닥에 놓인 커다란 대리석 두 장을 의인화擬人化하여 그렇게 부른다는 것입니다.

 이 글에서는 그중 첫 번째 주장을 신뢰하면서 이야기를 풀어나가겠습니다.

 술탄의 궁전에서 여인들이 생활하던 공간을 하렘harem이라고 합니다. 그곳은 외간남자들의 출입이 철저히 금지되는 공간이지요. 그럼, 술탄의 여인들은 어떻게 살았을까요.

 우리나라 왕조의 경우는 왕비와 후궁 사이에 엄격한 위상의 차이가 있었습니다. 그들은 사는 공간이 달랐으며, 죽은 뒤에 묻히는 무덤의 규모나 명칭도 달랐지요. 심지어 왕비가 낳았느냐 후궁이 낳았느냐에 따라 아들과 딸의 호칭이 달라졌으며(아들의 경우는 대군과 군, 딸의 경우는 공주와 옹주), 당연히 왕위 계승의 우선순위도 차별이 엄연했습니다.

 그러나 이슬람 왕조에서는 왕비와 후궁의 차이가 미미했다고 합니다. 중요한 것은 누가 왕의 모후母后가 되느냐 하는 것이었습니다. 하렘의 권력을 왕의 모후가 쥐고 있었기 때문입니다. 그러니 자신의 소생을 차기

두 자매의 방 내부

次期 왕으로 만들기 위한 암투가 궁중 여인들 사이에 치열했으며, 때로는 목숨을 걸어야 할 정도로 위험한 경쟁이 되곤 했다는 것입니다.

그런 속사정으로 미루어볼 때, 자매처럼 사이좋게 지냈다는 두 후궁의 이야기는 신빙성에 의심이 갈 정도입니다. 어쩌면 그녀들은 아들을 낳지 못해, 진작부터 궁중 암투의 무대에서 밀려난 사람들이었을지도 모릅니다. 미래에 대한 희망을 가질 수 없는 상황에서 동병상련同病相憐이 아픔을 나누며 서로 의지했을지도 모르지요.

술탄의 입장에서는 필사적으로 다투는 궁중 여인들의 틈바구니에서 아무런 욕심도 내지 않고 오순도순 지내는 두 여인이 너무나 고마워 그들에게 가장 좋은 방을 내준 다음, 두 자매의 방이라고 이름까지 붙여주었을지 모르는 일입니다.

두 자매의 방 또한 아벤세라헤스의 방만큼이나 아름다운 천장을 자랑합니다. 바로 모카라베(무카르나스) 양식의 천장이지요. 이곳의 모카라베 장식은 사각의 방 벽을 자연스럽게 8각의 지붕과 이어주는 역할을 합니다.

두 자매의 방과 아벤세라헤스 방의 천장이 비슷하게 생겨서 헷갈린다는 사람도 있습니다만, 자세히 보면 그 둘은 모양이 분명히 다릅니다. 두 자매의 방은 팔각형의 도형 안에 모카라베가 석회동굴처럼 겹쳐 올라가며 둥글게 형성되었고, 아벤세라헤스 방의 천장은 팔각형의 별 모양이 뚜렷한 가운데 모카라베가 올라간 형태입니다. 창문의 배치도 서로 다른데 두 자매의 방은 꼭짓점을 잇는 평평한 선 위에 두 개의 창문이 나란히 나 있고, 아벤세라헤스 방은 별 모양의 끝 점을 잇는 꺾인 선에 창이 하나씩 배치되어 있습니다.

두 자매의 방 천장

사진을 보면서 둘의 차이점을 살펴보면 쉽게 이해할 수 있을 것입니다.

창문 이야기가 나온 김에 나스르 궁전에서 볼 수 있는 통풍과 채광 방식에 대해 알아봅시다.

이슬람교도였던 나스르 왕조 사람들의 생활 방식은 아무래도 그들 종교의 발상지인 중동의 생활양식으로부터 많은 영향을 받을 수밖에 없었습니다. 건물의 통풍과 채광 또한 마찬가지였지요.

무더운 사막지대에서 살던 이슬람교도들에게 서늘한 실내 공간의 확보는 매우 중요한 문제였습니다. 무더운 지역의 경우 대개는 바람이 잘 통하도록 창문을 많이 내는 개방적인 가옥 구조를 선택하는데, 중동 사막 지역의 경우는 그것이 곤란했습니다. 모래바람이 불어 실내로 모래

아벤세라헤스의 방 천장

가 들어오는 문제도 있거니와 워낙 바깥 온도가 높다 보니 통풍의 의미가 없었던 것입니다. 게다가 일교차가 심해 밤에는 기온이 뚝 떨어지기도 하니 개방적인 구조는 적절하지 않았지요, 그래서 선택한 방법이 벽을 아주 두껍게 하고, 창문을 최소한으로 내는 것이었습니다. 바깥의 열기가 안으로 들어올 수 없도록 차단하는 방식이지요.

이러한 건축 양식의 특징이 나스르 궁전에서도 발견됩니다. 메수아르 궁전, 코마레스 궁전, 사자의 궁전 등의 방을 살펴보세요. 작은 크기의 창문들이 천장 가까운 곳에 나 있는 것을 볼 수 있을 것입니다. 이 창문들은 시원한 바람을 방 안으로 들이는 역할보다는 더워진 방 안 공기를 밖으로 빼내는 역할을 했을 것입니다. 더운 공기는 위로 올라가게 되어 있으니까요.

나스르 궁전에서 볼 수 있는 창문의 크기와 위치를 통해 그들이 바람을 어떻게 다스렸는지를 짐작할 수 있다면, 빛을 다스린 방법도 짐작할 수 있답니다.

나스르 궁전에서 볼 수 있는 창문을 Jalousie(젤루지)라고 합니다. 우리말로는 미늘살창문이라고 번역하는데, 일종의 블라인드를 가리킵니다.

밖에서 본 미늘살창문

안에서 본 미늘살창문

대사의 방의 중첩된 아치   사자의 중정의 아치웨이

블라인드는 바람을 통하게 하면서 빛은 최소한으로 들어오게 하지요. 이 말은 나스르 궁전의 창문 디자인이 빛을 걸러줄 목적도 갖고 있었다는 의미입니다. 물론 외부로부터의 시선을 막아줘 왕실 가족의 프라이버시를 지켜주는 역할도 했겠지만요.

강한 햇빛이 방안으로 직접 들어오는 것을 막기 위해 미늘살창문을 사용했다면, 아치웨이archway(아치로 이루어진 길) 또한 같은 기능을 했습니다. 마치 우리나라의 전통 가옥에서 처마가 한여름의 강한 햇빛이 실내로 들어오는 것을 막아준 것과 같은 이치이지요. 사진을 보면 아치웨이가 얼마나 효과적으로 햇빛을 막아주는지 이해할 수 있을 것입니다. 이렇게 첩첩산중인 아치의 벽을 뚫고 햇빛이 실내로 들어온다는 것은 불가능한 일이니까요.

꽃송이를 연상시키는 벽면 장식   아치문 안쪽 문양   린다라하 전망대의 색유리 장식

　　두 자매의 방은 사자의 궁전에서 가장 아름답다는 평을 듣는 만큼 그 벽면 장식도 무척 섬세하고 아름답습니다. 무카르나스 양식의 천장이나 벽면을 장식한 아라베스크 문양의 타일은 다른 방에서도 볼 수 있으니 특별하다고 할 수 없지만, 꽃송이를 연상시키는 벽면 장식은 특이하면서도 아름답습니다. 또한 아치문의 곡선을 따라 안쪽에 새겨진 문양은 다른 데서 볼 수 있는 것보다 더욱 정교하고 세련된 것이어서 보는 내내 감탄사를 아낄 수 없답니다.

　　두 자매의 방을 나오기 전에 살펴볼 곳이 하나 더 있습니다. 두 자매의 방 북쪽으로 난, 창 너머로 아담한 정원이 보이는 공간이 바로 그곳입니다.

　　이곳은 지금은 카를로스 5세의 방과 왕비의 규방을 연결하는 회랑이 들어서는 바람에 시야가 가려졌지만, 원래는 중정과 더불어 알바이신 지역을 조망할 수 있는 훌륭한 전망대 역할을 했을 것으로 보이는 린다라하 전망대Mirador de Lindaraja입니다.

왼쪽 사진 속의 넓은 공간이 두 자매의 방이고, 뒤편의 별실 같은 부분이 린다라하 전망대이다. 오른쪽 사진은 낮은 창으로 정원의 풍경이 보이는 전망대의 모습

    이곳은 나스르 궁전에서 매우 포토제닉한 공간 중 하나입니다. 린다라하 중정이 내려다보이는 낮은 창문(창문의 높이가 낮은 것으로 보아 이곳의 원래 여할이 전망대였다는 것을 알 수 있죠) 주위로 아름다운 아라베스크 무늬와 모카라베 장식이 매우 정교하게 새겨져 있고, 벽면 하단에는 채색 타일 아줄레호가 온전하게 보존되어 있어 보는 이의 감탄을 자아냅니다. 이곳은 전형적인 알람브라 궁전의 장식 양식이 기품을 발휘하고 있습니다.

    또 고개를 들어 천장을 보면, 나무로 짜인 격자 위에 기하학적 문양의 색유리 장식이 보이는데, 나스르 궁전에서는 다소 이색적인 장면입니다.

아름다운 장식의 두 자매의 방

린다라하 전망대

카를로스 5세의 방 ⑥

Apartments of Charles V

　두 자매의 방을 다 둘러본 다음, 방 왼쪽으로 나 있는 통로를 따라 걸어가면 왼쪽 창문 너머로 왕의 목욕탕 지붕이 보이고, 그곳에서 조금만 더 가면 '카를로스 5세의 방Apartments of Charles V'이라고 불리는 곳이 나옵니다. 카를로스 5세가 그라나다로 신혼여행을 왔을 때, 이교도의 방에서 묵는 걸 꺼려 급히 만든 신혼방이라고 합니다. 그래서 그런지 나스르 궁전의 다른 방들과는 다르게 현란한 이슬람식 장식이 배제된 담백한 공간입니다.

카를로스 5세의 방(작은 사진은 워싱턴 어빙이 집필한 곳임을 알려주는 표지판)

그러나 이곳은 카를로스 5세 때문이 아니라, 워싱턴 어빙Washington Irving이 『알람브라 이야기(Tales of the Alhambra)』를 쓴 곳이라고 하여 유명해졌습니다. 그래서 사람들은 이 방을 '워싱턴 어빙의 방'이라고 부르곤 합니다.

무어인이라고도 불리는 스페인 이슬람교도들이 알람브라 궁전을 지었다면, 미국인인 워싱턴 어빙은 그곳을 세상에 널리 알려 새로운 생명을 불어넣은 인물입니다. 그는 문화·외교 대사로서 스페인에 파견되었을 때 그라나다를 방문하게 되었고, 거기에서 머무는 동안 수집한 그라나다 왕국(그의 표현에 의하면 '무어인의 왕조')의 전설과 민담 등을 정리하여 1832년에 『알람브라 이야기』란 책으로 발간했는데, 그가 이 작품을 발표하기 전에는 알람브라가 폐허 속에 버려져 집시와 도둑들의 소굴이 되었다고 합니다.

'그라나다에서 앞을 못 보는 것보다 더 가혹한 벌은 없다.'는 말이 나올 정도로 아름다운 궁전이었지만, 기독교도들에겐 이교도의 원혼이 서린 뜨악한 곳이었을 것입니다. 더구나 옛날엔 관광 산업이라는 것이 존재하지 않을 때이니, 스페인 남부의 작은 도시인 그라나다를 찾는 사람들이 있었을 리 만무합니다.

그런데 워싱턴 어빙이 알람브라 궁전에서 머물면서 알람브라 궁전과 이슬람 왕조에 얽힌 설화들을 수집하여 펴낸 책이 사람들의 관심을 끌면서 알람브라 궁전은 재조명되기 시작했고, 관광객들이 모여들자 스페인 정부가 재정비를 시작한 것입니다. 그러니 그라나다와 알람브라 궁전에 끼친 그의 공功은 매우 크다고 할 수밖에 없습니다. 필자도 이 책을 쓰면서 『알람브라 이야기』를 참고하였습니다.

워싱턴 어빙의 동상   워싱턴 어빙

　　워싱턴 어빙Washington Irving(1783~1859)은 수필가이자 전기 작가이며
소설가입니다. 뉴욕에서 태어나고 자란 그는 뉴욕이 뉴 암스테르담이
라고 불리던 시절(즉, 아직 네덜란드의 식민지이던 시절)의 생활상을 묘사한
『뉴욕의 역사(A History of New York)』(1809)를 발표하며 작가로서의 생
활을 시작했습니다. 그에게 명성을 안겨준 작품은 런던에 머무는 동안
수집한 자료를 바탕으로 쓴 『스케치 북(The Sketch Book)』(1819~1820)인데,
이 책에 실린 단편 작품 중에서 특히 세계적인 사랑을 받은 것은 '립 반
윙클Rip Van Winkle'과 '슬리피 할로의 전설The Legend of Sleepy Hollow'입니다.
　　폐허 속에 잊힐 뻔했던 알람브라 궁전을 되살려낸 그의 공로를 기리
기 위해서인 듯, 그라나다 문을 지나 알카사바로 올라가는 길에 그의
동상이 서 있으니 기회가 된다면 확인해 보시기 바랍니다.

왕비의 규방 ⑦

Tocador de la Reina
Queen's Dressing Room

나스르 궁은 왕(술탄)의 집무 공간이기도 했지만, 왕실 가족의 생활공
간이기도 했습니다. 그래서인지 '왕비의 규방'이라는 이름이 붙은 곳이 있
습니다. 폐쇄적인 구조의 나스르 궁전 전각 중에서 가장 개방적인 구조
를 가진 곳으로, 카를로스 5세의 방을 나와 린다라하 중정으로 가다 보
면 볼 수 있지요.

스페인어로 Tocador는 '화장대, 화장하는 곳'이고, reina는 '왕비, 여왕'
입니다. 그러니 이곳은 왕비가 화장을
하거나 옷을 갈아입는 곳, 즉 왕비의
사생활이 이루어지는 공간이었을 겁니
다. 우리말로는 여인들의 거주 공간을
뜻하는 '규방閨房'으로 번역하는 것이 어
떨까 생각합니다.

자료를 찾다 보니, 왕비의 규방을 그
린 미술 작품이 있었습니다. 프란츠 폰
렌바흐Franz von Lenbach(1836-1904)란 독
일 화가가 그린 작품입니다. 이 그림으
로 위치를 짐작할 수 있습니다.

Franz von Lenbach, '알람브라의 왕비의 규방'

왕비의 규방

왕비의 규방을 볼 수 있는 곳

왕비의 규방의 위치

왕비의 규방(부분)

    비록 가까이 다가가 볼 수 있는 곳은 아니지만, 우아하고 날렵한 아치와 화사한 벽화가 돋보이는 공간임을 알 수 있습니다. 궁중 여인들의 기품 있고 화려한 삶에 어울리는 곳임이 분명합니다.

    그런데 이 위치가 알바이신 지구를 내려다보는 데 딱 알맞은 곳이란 사실을 떠올리면, 왕비는 이곳에서 몸치장을 하다가 문득 알바이신 지구에 사는 평민들의 자유스러운 생활을 동경하지는 않았을까 하는 생각이 들기도 합니다. 술탄의 여인들은 부귀영화를 누리는 대신 새장 속의 새처럼 자유롭지 못한 생활을 했다고 하니 말입니다.

    나스르 왕조가 멸망하고 난 뒤에도 이곳은 잠시 동안이지만 왕비의 규방으로 쓰인 적이 있습니다. 스페인 부르봉 왕조의 첫 번째 왕 펠리페 5세의 왕비 엘리자베타와 그녀의 시녀들이 머무는 공간이 된 것입니다. 애초에 여인들의 생활공간으로 만든 곳이다 보니, 엘리자베타가 머물기에 가장 적당한 곳으로 낙점을 받았던 것으로 보입니다. 사진에서 보이는 유럽풍의 벽화는 이때 그려진 것이 아닐까 짐작됩니다.

    그러나 그들이 알람브라 궁전을 떠난 다음에는 다시 폐허로 변해 유령이 떠돌아다닌다는 소문이 났고, 그래서 더욱 사람들의 발길이 끊기게 된 곳이기도 했습니다.

린다라하 중정 ⑧

Patio de Lindaraja

    린다라하 중정은 두 자매의 방 북쪽으로 난 창문을 통해 보이던, 푸른색이 돋보이는 아담한 정원입니다. 나스르 궁전 안에서 가장 이색적인 공간이라고 할 수 있지요.

    이곳은 지금까지 보아왔던 나스르 궁전의 중정들과는 전혀 다른 모습입니다. 아라베스크 무늬로 뒤덮인 벽도 없고, 대리석으로 사치스럽게 마감한 바닥도 없습니다. 기하학적으로 설계한 공간에 인공적으로 가다듬은 나무들이 있고, 중앙에는 물이 떨어지는 커다란 분수가 있는 이 정원은 이슬람식이라기보다는 기독교식이지요. 서유럽에서 흔히 볼 수 있는 형태거든요.

린다라하 중정

나스르 궁전을 건설할 당시부터 이국적인 느낌을 주기 위해 일부러 이런 방식을 택했는지, 아니면 알람브라 궁전이 기독교도들의 손으로 넘어간 뒤 변형된 것인지는 알 수 없습니다. 그러나 『알람브라 이야기』를 보면 린다라하 중정에 아랍어로 된 비석이 서 있고, 거기에는 이런 글귀가 새겨져 있었다고 합니다.

'이 얼마나 아름다운 정원인가! 땅 위의 꽃들이 하늘의 별들과 겨루는 곳! 수정 같은 물이 가득 찬 저 설화석고 수반은 세상 무엇에 비할 수 있을까? 구름 한 점 없는 하늘 가운데 빛나는 꽉 찬 보름달 말고는 아무것도 비할 수가 없네.'

꽃과 나무가 흐드러지고 맑은 물이 하염없이 흐르는 곳을 낙원으로 생각했던 이슬람교도들에게 린다라하 중정은 그들이 상상하는 낙원에 가장 가까운 모습이었을 것입니다. 그래서 세상 무엇과도 비교할 수 없는 아름다운 정원이라고 예찬했던 것일 테지요.

서유럽을 여행하다 보면 린다라하 중정보다 훨씬 크고 잘 가꾸어진 정원들을 많이 보게 될 테지만, 이슬람교도들의 궁전 한구석을 차지하고 있는 이 특색 있는 정원의 가치를 폄하할 필요는 없을 것입니다.

4장

카를로스 5세 궁전

미완성으로 끝난 신성로마제국 황제의 야망

이 건물은 곁에서 볼 때는 정사각형인데, 안으로 들어가면 원형인 특이한 구조입니다. 아마도 카를로스 5세는 건물 내부에 사각형의 파티오를 두는 이슬람 건축 양식과 대비되는 건물을 짓고 싶었던 것 같습니다.

이 궁전은 카를로스 5세가 건설을 명했지만 그의 생전에 공사가 마무리되지는 못했습니다. 규모가 큰 건물의 경우 수십 년, 혹은 수백 년에 걸쳐 공사가 계속되는 일이 흔하므로 이상할 것은 없지만, 문제는 이 건물을 짓기 시작한 이후로 스페인은 차츰 몰락의 길을 걷게 된 것입니다. 군사적으로, 경제적으로 점점 쇠퇴하다 보니 이 건물의 완공에 신경 쓸 여력이 없었던 것입니다.

카를로스 5세 궁전의 건축이 지연된 까닭을 다른 데서 찾는 사람도 있기는 합니다. 즉, 몇 가지 특권을 부여받는 대가로 매년 건축비 80만 두카트를 내기로 했던 모리스코morisco(그라나다 정복 후 강요에 의해 기독교로 개종한 무어인)들의 반란 때문에 돈이 들어오지 않아 건축이 중단되었다는 것이지요.

그런데 생각해 보면 참 이상한 일이지요. 콜럼버스의 신대륙 발견으로 주체할 수 없을 정도의 금은보화가 스페인으로 쏟아져 들어왔고, 세계 구석구석에 식민지를 건설하여 해가 지지 않는 제국을 건설하기 시작한 것이 가톨릭 국왕 부부 때의 일이 아닙니까. 게다가 카를로스 5세는 할아버지, 할머니, 외할아버지, 외할머니로부터 물려받은 영토가 이세상의 절반이라고 해도 될 만큼 거대한 제국의 황제였습니다. 그런데 어째서 궁전 하나를 완공할 여력이 없을 정도가 된 것일까요.

문제는 카를로스 5세의 아들인 펠리페 2세에게 있었습니다. 그는 가톨릭 국왕 부부의 증손자답게, 가톨릭 신앙이 뼛속 깊이 새겨진 사람이었습니다. 그는 스페인을 잘 다스리는 일보다 비가톨릭 국가를 가톨릭 국가로 만드는 일에 더 큰 사명감을 느끼고 있었지요. 그래서 영국 성공회로 국교를 바꾼 영국을 다시 가톨릭 국가로 되돌리기 위해 엘리자베스 1세에게 청혼합니다. 결혼하면 남편의 뜻에 따라 다시 가톨릭으로 돌아올 것이라고 믿었기 때문이었지요. 그러나 엘리자베스 1세는 싸늘하게 거절합니다. 영국이 가톨릭을 버린 계기가 된 사건이 그녀의 부모(아버지 헨리 8세와 어머니인 앤 불린)의 결혼이었으니, 엘리자베스 1세로서는 가톨릭으로 돌아갈 이유가 없었던 것이지요.

펠리페 2세는 결혼 작전으로 자신의 뜻을 관철하는 것이 불가능해지자 전쟁을 생각합니다. 물론 영국과 스페인의 전쟁에는 종교적인 문제만 있었던 것은 아닙니다. 영국의 해적들이 스페인의 상선을 약탈하는 것도 중요한 이유가 되었지요.

펠리페 2세가 영국을 공격할 때 스페인에는 '무적함대(아르마다)'를 거느린 최강 해군이 있었습니다. 오스만 제국과 맞붙은 레판토 해전에서 완승을 거두며 세계적인 명성을 얻은 바로 그 함대였지요.

전쟁의 승패는 거의 뻔해 보였습니다. 영국의 빈약한 해적선들로 스페인의 무적함대를 상대할 수는 없을 거라고 누구나 생각했습니다. 그러나 뜻밖에도 이 전쟁에서 스페인은 영국에 패배합니다.

이 전쟁의 여파는 매우 컸습니다. 자신감을 얻은 영국은 세계로 진출하며 '제 2의 해가 지지 않는 제국'을 건설하기 시작합니다. 그 대신 스페인은 크게 위축되면서 서서히 주도권 경쟁에서 밀려나게 되지요. 펠리페 2세 때 그런 일이 있었던 것입니다.

그러니 카를로스 5세가 건설하기 시작한 그라나다의 궁전에 신경 쓸 여력이 있었겠습니까? 결국 카를로스 5세 궁전은 시작만 거창하게 했지, 한 번도 완공된 적이 없는 불행한 건물로 남아 있는 것입니다.

카를로스 5세 궁전의 ① 건축 양식

카를로스 5세 궁전은 내부에 우람한 기둥들이 들어선 콜로네이드 colonnade(일정한 간격을 두고 늘어선 기둥들) 건축의 한 유형을 보여줍니다. 그래서 사람들은 외부보다는 내부의 기둥 양식에 많은 관심을 둡니다. 1층은 도리아식Doric Style이고, 2층은 이오니아식Ionic Order이라는 설명을 제일 먼저 하지요. 그런데 아주 유심히 살펴보지 않으면 그 둘의 차이점을 모르고 넘어가기 쉽습니다.

사실 이 건물의 1층과 2층이 서로 다른 의도를 가지고 설계되었다는 것은 내부에서보다는 외부에서 보았을 때 확연히 구별됩니다. 그럼에도

카를로스 5세 궁전의 내부

카를로스 5세 궁전의   내부 1층 도리아식 기둥   내부 2층 이오니아식 기둥   외부 코린트식 기둥
외부 모습

불구하고 외부에 대한 설명이 거의 없는 것은 딱히 건축학 용어로 설명할 수 있는 양식이 아니라서인지 모릅니다. 그러나 건물 외부는 한눈에 보기에도 1층은 우람하고 남성적인 느낌을 주며, 2층은 섬세하고 여성적인 느낌을 준다는 걸 알 수 있습니다. 이러한 점이 내부 기둥 양식이 갖는 특징과 서로 통한다는 걸 이해할 필요가 있습니다.

잘 알려진 대로, 카를로스 5세 궁전의 내부를 이루는 기둥은 1층과 2층이 서로 다른 양식입니다. 1층은 도리아식이고, 2층은 이오니아식이지요. 기둥 양식에는 이것 말고도 코린트식Corinthian Order이라고 하는 게 더 있는데, 카를로스 5세 궁전의 경우는 건물 외부에서 그것을 찾아볼 수 있습니다. 이 코린트식 기둥은 실제로 기둥의 역할을 한다기보다는, 기둥의 형식을 갖추고 있다고 표현하는 것이 옳을 것입니다. 산타 마리아 교회에서 내려오다 보면(즉, 정면을 중심으로 위치를 파악할 때 오른쪽 측면) 벽면 중앙에 있습니다.

| 도리아식 기둥 | 파르테논 신전의 도리아식 기둥 | 이오니아식 기둥 |

　어떤가요, 차이점을 구별할 수 있나요? 이들의 차이점을 알려면 기둥의 상단부를 유심히 봐야 합니다.

　도리아식은 건축선이 단순하고 간결하여 장중한 느낌을 주므로 남성적이라고 합니다. 기둥의 상단부는 수반水盤(물을 담는 접시)과 비슷한 형태로 별다른 장식을 하지 않습니다. 아테네의 파르테논 신전 기둥이 대표적인 도리아식이지요.

　이오니아식 기둥은 도리아식과는 달리 부드럽고 유연한 선을 사용하여 여성적인 분위기를 줍니다. 기둥 상단부를 섬세하게 장식하여 우아한 느낌을 주지요. 파르테논 신전 앞에 서 있는 에렉테이온 신전에서 이오니아식 기둥을 볼 수 있습니다.

　코린트식 기둥은 도리아식과 이오니아식의 뒤를 이어 나온 양식으로, 기둥 상단부를 화려하게 장식하는 것이 특징입니다. 이는 아칸서스acanthus 잎을 응용한 것이라고 하는데, 아칸서스란 엉겅퀴와 비슷한 식물로 잎의 모양이 톱니처럼 생겼습니다. 전해지는 이야기에 따르면, 기원전 5세기 무렵에 아테네의 조각가 칼리마쿠스Callimachus가 아칸서스 잎이 묘지에 둔 바구니를 덮고 있는 것을 보고 영감을 얻어 건축에 응

에렉테이온 신전의 이오니아 식 기둥 코린트식 기둥

부르봉 궁의 코린트식 기둥

용했다고 합니다. 파리 부르봉 궁(국회의사당)에서 코린트식 기둥의 예를 찾아볼 수 있습니다.

카를로스 5세의 궁전을 보면서 고대 건축에 있어서의 기둥 양식이 어떤 차이를 보이는지 알아보는 것도 좋을 것 같아 설명했습니다.

카를로스 5세 궁전에 새겨진 ②
헤라클레스 관련 부조들

카를로스 5세 궁전에는 헤라클레스와 관련된 부조가 다양하게 나타납니다. 이것은 카를로스 5세가 헤라클레스의 모험담에 나오는 '헤라클레스의 기둥'을 자신의 문장에 넣을 정도로 헤라클레스를 좋아한 까닭이 아닐까 합니다. 아마도 인간의 피를 물려받았으면서도 거의 신에 가까운 능력을 보여준 헤라클레스를 카를로스 5세는 본받고 싶었을지 모릅니다.

알카사바 쪽에서 바라본 카를로스 5세 궁전 입구, 즉 중앙 출입문 양쪽 하단부에 헤라클레스의 기둥이 부조되어 있습니다. 이곳에서 1층의 도리아식 기둥과 2층의 이오니아식 기둥을 함께 감상하면 안에 들어가서 이해하는 데 도움이 될 것 같습니다.

헤라클레스의 기둥을 가까이에서 자세히 보면 이렇습니다. 헤라클레스의 기둥을 여신들이 들고 있는데, 종려나무 가지를 다른 손에 들고 있는 것으로 보아 이들은 승리의 여신 니케로 보입니다. 니케와 그녀의 상징물에 대한 이야기는 뒤에서 다

헤라클레스의 기둥

네메아의 사자　　　　　　　　아켈로스와의 경합

헤라클레스의 기둥　　　　　헤라클레스의 기둥

카를로스 5세 궁전 입구

시 하도록 하겠습니다.

　카를로스 5세 궁전의 헤라클레스 관련 부조는 그것뿐만이 아닙니다. 더 중요한 것들이 있습니다. 바로 정면 파사드 2층의 둥근 원 안에 새겨진 부조들이 그것입니다. 앞에서 보았을 때 왼쪽은 몽둥이로 사자를 때려잡는 헤라클레스이고, 오른쪽은 사자 가죽을 뒤집어쓴 채 황소를 붙잡는 헤라클레스입니다. 이들 부조와 관련되는 헤라클레스의 모험담은 매우 흥미진진하므로 설명하고 넘어가도록 하겠습니다.

네메아의 사자   바티칸 박물관의 헤라클레스

먼저 헤라클레스가 사자를 때려잡는 사건에 관한 것입니다.

헤라클레스가 보통의 인간이라면 도저히 수행할 수 없는 열두 가지 과제를 해결해야만 했던 까닭은 '메수아르 궁전' 편에서 설명했습니다. 여기서는 그의 첫 번째 과제였던 네메아의 사자 퇴치에 관해 알아보겠습니다.

네메아Nemea의 골짜기에는 사나운 사자가 살고 있었는데, 사람들을 무수히 해쳤습니다. 전하는 바에 따르면 네메아의 사자는 달의 여신 셀레네Selene의 보호를 받기 때문에 어떤 무기로도 그 가죽을 뚫을 수 없었다고 합니다. 그런데 이 사자를 죽이라는 과제가 헤라클레스에게 주어진 것입니다.

헤라클레스가 활을 쏘기도 하고 칼로 찌르기도 했지만 네메아의 사자는 불사신처럼 끄떡없었습니다. 결국 천하장사였던 헤라클레스는 무기 대신 자신의 힘으로 사자를 제압합니다. 올리브나무로 만든 몽둥이로 때린 후 목 졸라 죽인 것입니다.

루브르 박물관의 헤라클레스   아켈로스와의 경합

그는 사자를 죽인 다음 가죽을 벗겨내 망토처럼 걸치고 다닙니다. 사자를 때려죽인 몽둥이와 사자 가죽 망토는 이후로 헤라클레스의 상징이 됩니다.

오른쪽의 부조는 사자 가죽을 뒤집어 쓴 헤라클레스가 소를 제압하는 모습으로 보입니다. 아마도 이것은 헤라클레스가 부인 데이아네이라를 얻기 위해 강의 신 아켈로스Achelos와 경합을 벌일 때의 일로 보입니다. 워낙 높은 곳에 있어 눈으로 확인하기는 어렵지만, 사진을 잘 보면 한 손에 소의 뿔을 뽑아들고 있습니다. 아켈로스가 황소로 변했을 때 헤라클레스는 그의 뿔을 뽑았고, 그것이 나중에 풍요의 뿔이 되었다고 하는데 그에 관한 이야기는 그라나다 예술 박물관의 '다로 강 알레고리(246쪽)' 편에서 다시 하게 되므로 여기에서는 생략합니다.

궁전 파사드에 다양한 헤라클레스 관련 부조를 새겨 넣은 것은 카를로스 5세가 헤라클레스의 용맹함에 얼마나 심취했었는지를 알 수 있는 증거라고 생각되어 설명했습니다.

카를로스 5세의 또 다른 문장, 부르고뉴의 십자가 3

이번에는 궁전 2층 외벽을 살펴보겠습니다. 이곳에서도 헤라클레스의 기둥을 발견할 수 있는데, 그 옆에는 카를로스 5세를 상징하는 또 다른 문장이 있습니다. 여기서는 그것에 대해 알아보겠습니다.

새로운 카를로스 5세 문장에는 몇 가지 이미지가 함께 들어있습니다. 하나하나 따져볼까요. 맨 위에 있는 것은 카를로스 5세의 왕관Crown of Charles V입니다. 왕관 밑에 있는 것은 '그라나다의 석류Pomegranate of Granada'이지요. 화면의 중앙을 대각선으로 가로지르는 막대기는 '부르고

궁전의 2층 외벽   카를로스 5세의 문장

뉴의 십자가Cross of Burgundy, Cruz de Borgoña'이며, 십자가 중앙에 놓여 있는 것은 '합스부르크 왕조의 파이어스틸Habsburg firesteels'입니다.

그런데 이것들이 대체 무엇일까요? 왕관(왕의 상징)과 석류(그라나다의 상징)는 그렇다 치더라도 나머지 X자 모양의 십자가와 그 중간에 걸려있는 것은 무엇을 의미하는 걸까요?

이에 대해 이해하려면 이 상징 문양과 모양이 흡사한 '링크와 왕관이 있는 붉은색 부르고뉴 십자가' 문장을 먼저 떠올려야 합니다. 사진으로 보는 바와 같이 두 문장이 상당히 유사하지요.

이 문장에서 왕관을 제외한 나머지 이미지는 '황금 양모 기사단Orden del Toisón de Oro'의 상징입니다. 그렇다면 황금 양모 기

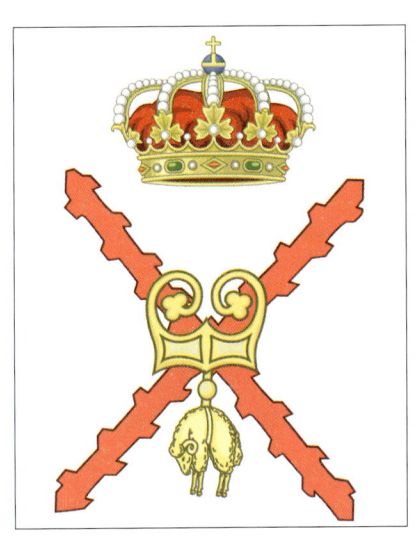

링크와 왕관이 있는 붉은색 부르고뉴 십자가

사단이 무엇이기에 카를로스 5세의 상징이 된 걸까요?

황금 양모 기사단은 1430년에 부르고뉴의 공작 필리프 3세와 포르투갈의 공주 이사벨라의 결혼을 축하하기 위해 설립된 기사단으로, 로마 가톨릭교를 수호하고 기사도의 전통적 관례를 지키기 위한 목적으로 세워졌습니다. 처음에는 필리프 3세가 단장을 맡고, 그 아래에 23명의 귀족 가문 자제들이 기사단의 단원이 되었습니다.

그러다 1477년에 부르고뉴의 마리(카를로스 5세의 할머니)가 합스부르크 왕조의 오스트리아 대공 막시밀리안(훗날의 신성로마제국 황제인 막시밀리안 1세로, 카를로스 5세의 할아버지)과 결혼하면서 부르고뉴 공작 자리는 합스부르크 가문의 차지가 되었고, 황금 양모 기사단의 단장 자리도 합스부르크 가문으로 넘어갑니다.

카를로스 5세는 할아버지로부터 합스부르크 왕조의 왕위를 물려받으면서 당연히 황금 양모 기사단의 단장 자리도 함께 물려받고, 이것이 황금 양모 기사단의 상징이 카를로스 5세의 문장에 들어간 까닭입니다.

황금 양모 기사단의 상징이 왜 카를로스 5세의 상징이 되었는지 알고 나니 이제는 기사단 이름에 쓰인 '황금 양모'가 의미하는 것이 무엇인지 궁금해집니다.

사실 기사단의 이름에 '황금 양모'란 말을 넣은 것 때문에 처음엔 반발이 있었다고 합니다. 유일신을 믿는 로마 가톨릭을 수호하겠다며 만든 기사단의 이름에 그리스 신화에 나오는 황금 양모를 넣었으니까요. 그리스 신화야말로 다신교의 대표적인 예가 아닙니까.

그리스 신화 속의 황금 양모는 이아손Iason과 관련이 있습니다.

보이오티아의 왕 아타마스Athamas와 왕비 네펠레Néphêle 사이에는 프릭소스Phrixus와 헬레Helle라는 아들과 딸이 있었습니다. 아타마스는 후에 이노Ino라는 여자를 후처로 맞아들이는데, 이노는 전처 네펠레의 자식을 미워하여 죽이려고 하였지요. 네펠레가 메르쿠리우스Mercurius(그리스 신화의 헤르메스) 신에게 아이들을 살려달라고 간절히 기도하자, 메르쿠리우스는 날개 달린 황금빛 양을 보내줍니다. 네펠레는 프릭소스와 헬레를 이 황금 양의 등에 태워 먼 나라 콜키스Colchis로 보내는데, 도중에

헬레는 바다에 빠져죽고 프릭소스만 무사히 콜키스 땅에 도착했다고 합니다. 이때 헬레가 빠져 죽은 바다를 '헬레스폰토스', 즉 '헬레의 바다'라고 합니다.

콜키스에 도착한 프릭소스는 이 황금 양을 잡아서 신에게 제사지내고, 황금 양모는 콜키스의 왕 아이에테스Aeetes에게 선물로 줍니다. 아이에테스는 이 황금 양모를 전쟁의 신 아레스Ares의 숲에 있는 떡갈나무에 걸어놓고, 결코 잠드는 일이 없는 용으로 하여금 지키게 했지요.

이 황금 양모가 그리스 신화에 다시 등장하는 것은 이아손Iason의 모험 때문입니다.

이아손의 아버지는 테살리아의 도시국가인 이올코스Iolcos의 왕이었던 아이손Aeson이었는데, 그는 이복동생인 펠리아스Pelias에게 왕위를 빼앗기고 쫓겨났습니다. 이아손의 어머니는 아들이 해를 입을까 두려워한 나머지 궁궐에서 빼돌린 다음, 켄타우로스Kentauros 족의 현자賢者인 케이론Chiron에게 보내어 이아손의 교육을 부탁했습니다. 이아손이 현명하고 용감한 청년으로 자란 것은 그 때문이었지요.

성인이 되어 자초지종을 알게 된 이아손은 아버지의 원수를 갚고 왕위를 되찾기 위하여 펠리아스에게로 가던 도중, 누추한 노파로 변장한 헤라Hera 여신을 만납니다. 헤라는 예전에 펠리아스가 헤라 신전으로 도망쳐 온 계모 시데로Sidero를 죽인 일이 있어 그에게 적개심을 갖고 있었습니다.

강을 건너려던 이아손은 헤라의 부탁으로 그녀를 업고 강을 건너다가 그만 한쪽 샌들을 잃어버리고 맙니다. 그것은 헤라의 계략 때문이었지요. 펠리아스에게는 '한쪽 샌들을 신은 남자에게 왕위를 빼앗기고 죽임을 당하게 된다.'는 신탁이 내려져 있었던 것입니다.

그런 사실을 알 리 없는 이아손은 한쪽 샌들만 신은 채 펠리아스의 궁궐로 갑니다. 그때 이올코스의 아이들은 의미도 모르면서 "한쪽 샌들을 신은 사람이 새로운 왕이 된다네."라는 노래를 부르며 몰려다녔지요.

한쪽 샌들 차림으로 나타난 이아손을 본 펠리아스는 두려움을 느낍니다. 그러나 이아손에게 왕위를 물려줄 생각은 없었지요. 그래서 그를 죽일 생각으로, "콜키스로 가서 황금 양모를 가져오면 왕위를 물려주겠다."고 합니다. 그것이 불가능한 일임을 알기에 시킨 것이지요.

그런데 이아손은 순순히 응낙하고, 아르고Argo호란 배를 만든 다음 함께 갈 영웅들을 모집합니다. 배 만드는 걸 도운 것은 아테나 여신이고, 영웅들을 모집하는 일을 도운 것은 헤라 여신이었습니다.

이아손과 함께 아르고호를 타고 콜키스로 간 영웅들은 헤라클레스, 오르페우스, 테세우스, 카스토르, 폴리데우케스 등 50명이었다고 합니다.

콜키스에 도착한 이아손 일행이 황금 양모를 달라고 하자, 콜키스의 왕인 아이에테스는 그에게 입에서 불을 내뿜는 황소로 밭을 갈고, 거기에 용의 어금니를 뽑아 뿌리면 주겠다고 합니다. 인간의 힘으로는 할 수 없는 과제를 낸 것이지요. 그런데 아이에테스의 딸이며 마녀인 메데이아Medeia가 이아손에게 반한 나머지, 아버지를 배신하고 이아손을 도왔으므로 무사히 황금 양모를 구할 수 있었지요.

여러 가지 우여곡절을 겪은 끝에 황금 양모를 가지고 이올코스로 돌아온 이아손은 펠리아스를 죽이고 아버지의 원수를 갚는다는 것이 그리스 신화 속의 황금 양모 이야기입니다.

황금 양모 기사단을 조직한 사람들은 아마도 인간의 힘으로는 이룰 수 없는 일을 여러 영웅들이 힘을 합쳐 이루어낸 것처럼, 자신들도 용감하고 잘 단합하여 아무리 힘든 일이라도 해결해내자는 다짐을 그 이름

황금 양모를 들고 있는 이아손(피렌체 바르젤로 미술관 소장)

에 담았을 테지요. 황금 양모 기사단의 상징에 들어간 황금 양모는 그러한 내용을 함축한 것입니다.

기왕 황금 양모 기사단의 상징물에 대한 이야기를 시작했으니 황금 양모 외에 X자형 십자가와 중간에 걸려 있는 물체에 대해서도 궁금증을 풀고 갑시다.

이 X자 모양의 십자가는 '부르고뉴의 십자가'라고 하는데, 사실 X자형 십자가는 성 안드레아St. Andrea와 관련이 있습니다.

성 안드레아는 예수의 열두 제자 중 한 사람으로, 베드로의 동생입니다. 형과 함께 갈릴리 호수에서 물고기를 잡는 어부였는데, 처음엔 세례자 요한John the Baptist의 제자였다고 합니다. 훗날 예수가 세례자 요한으로부터 세례를 받을 때 스승의 곁을 지키던 안드레아는 예수를 처음 만났고, 스승을 통해 예수가 진정한 메시아임을 알게 된 후 제자가 됩니다.

예수의 부활을 목격한 후 여러 지역을 돌아다니며 기독교를 전파하다가 체포되어 십자가형을 선고받은 것은 형 베드로와 비슷합니다. 그런

상트페테르부르크 카잔 성당의 성 안드레아   로마 산 조반니 인 라테라노 성당의 성 안드레아

데 베드로가 "감히 스승과 같은 자세로 죽을 수 없다."며 십자가에 거꾸로 매달리는 처형 방법을 선택한 것과 비슷한 이유로, 안드레아는 X형 십자가를 요구했다고 합니다. (혹은 X가 예수를 상징하기 때문이라는 설명도 있습니다. 크리스마스를 X-mas라고도 하는데, 이때의 X가 바로 Christ(즉, 예수)를 나타내는 것과 같은 이치이지요.)

다른 그림이나 조각에서도 X형 십자가를 들고 있는 이가 있다면 그를 성 안드레아라고 생각하면 되겠습니다.

부르고뉴의 십자가는 결국 성 안드레아의 신앙심을 본받고자 하는 마음을 담은 것이라고 할 수 있습니다. 황금 양모 기사단이 처음부터 추구한 것이 가톨릭 신앙을 수호하는 것이었으니, 그들의 상징에 성 안드레아의 십자가를 넣은 것은 충분한 이유가 있는 셈입니다.

그런데 부르고뉴의 십자가는 스페인 해군의 상징으로 쓰였고, 지금도 스페인의 영향을 받은 나라에서 종종 볼 수 있답니다. 그렇다면 성 안드레아의 십자가는 왜 스페인 해군의 상징이 되었을까 하는 것이 궁금해집니다. 아마도 어부 출신인 성 안드레아가 뱃사람들의 수호성인인 것과 관련이 있지 않을까 생각합니다.

푸에르토리코의 산 크리스토발 항에 나부끼는 '부르고뉴의 십자가' 깃발

마지막으로 십자가의 중간에 걸려 있는 물체에 대한 설명이 필요할 것 같군요. 이것이 카를로스 5세의 문장에 쓰이면 '합스부르크 왕조의 파이어스틸firesteels'이라고 하는데, firesteels는 fire striker라고도 하며, 불을 일으키는 물체를 가리킵니다. 우리말로는 '부싯돌'에 가깝지요. 그러나 그 형태는 돌멩이와는 거리가 멀며, 이름에서 짐작할 수 있듯이 중세 시대의 전형적인 firesteels는 쇠붙이로 만들었습니다.

그런데 불을 일으키는 이 물건이 화력火力을 상징한다고 보아 갑옷이나 무기류에 그려 넣기도 하고, 가문이나 국가의 문장紋章에 넣는 경우가 있었습니다.

firesteels(fire striker)

파이어스틸이 들어간 카우하바의 문장
(Coat of arms of Kauhava)

합스부르크 왕조의 장식 갑옷

합스부르크 왕조도 firesteels를 문장에 활용했고, 무기류에 그려 넣기도 했습니다. 오스트리아 호프부르크 궁전의 미술박물관에 소장된 갑옷을 보면 팔꿈치 부위에 불을 일으키는 firesteels의 모습이 보입니다. 오스트리아는 합스부르크 왕조의 고향이니, 이 유물은 합스부르크 왕조의 것으로 보아도 무방할 것입니다.

또한 합스부르크 왕조의 지배자가 단장을 맡았던 '황금 양모 기사단'의 로고를 보면, firesteels와 그것이 일으키는 불이 원을 이루고 있는 것을 알 수 있습니다. 즉, firesteels는 합스부르크 왕조의 상징이었고, 카를로스 5세는 핏줄을 잊지 않고 자신의 문장에 새겨 넣은 것입니다.

이제 카를로스 5세의 문장에 그라나다를 상징하는 석류가 들어간 까닭에 대해 생각해 봅시다. 카를로스 5세는 가톨릭 국왕 부부의 외손자라는 설명을 이미 했습니다. 그러니 그들의 외손인 카를로스 5세에게도 그라나다는 중요한 곳이었습니다. 그래서 그곳에 궁전을 지으며, 그

황금 양모 기사단의 로고

라나다의 상징인 석류를 문장 안에 새겨 넣은 것입니다. 자신이 그라나다의 지배자인 것을 확실하게 보여주려고 한 것이지요.

그러니까 처음에 본 카를로스 5세의 문장을 해석하자면, "나는 합스부르크 왕가의 일원으로서 신성로마제국의 황제이자 그라나다의 지배자이며, 황금 양모 기사단의 단장이고 독실한 가톨릭 신자로서 스페인 해군의 책임자이기도 하다."는 선언이 되는 것입니다. 스페인은 특히 해군이 막강하여 '무적함대(아르마다)'라는 말을 들었으니 해군을 상징하는 '부르고뉴의 십자가'도 그로서는 빼놓을 수 없었을 것입니다.

헤라클레스의 기둥이 그의 진취적 성향을 말해준다면, 황금 양모 기사단의 문장은 그의 신분증명서에 해당한다고 볼 수 있겠습니다.

승리의 여신이 들고 있는 4 월계관과 종려나무 가지

    산타 마리아 교회를 지나 알카사바 쪽으로 내려가다 보면 카를로스 5세 궁전의 측면을 지나게 되는데, 여기에 승리의 여신이 있습니다. 왼쪽의 여신은 종려나무 가지를 들었고, 오른쪽의 여신은 월계관을 들고 있답니다.

    이들을 승리의 여신이라고 단정하는 이유는 무엇일까요. 그것은 이들에게 날개가 달려 있고, 손에 종려나무 가지와 월계관이 들려 있기 때문입니다. 이 세 가지는 승리의 여신의 상징물인 것입니다. 특히 승리와 관련되어서는 종려나무 가지와 월계관이 중요하답니다.

카를로스 5세 궁전 측면   승리의 여신 부조

먼저, 종려나무 가지를 들고 있는 승리의 여신을 찾아보겠습니다. 런던 버킹엄 궁 앞에 서 있는 승리의 여신과 파리 센 강의 교각에 있는 승리의 여신이 바로 그런 경우입니다. 이들이 들고 있는 것이 종려나무 가지이지요. 등에는 날개도 있군요.

버킹엄 궁 앞의 승리의 여신

파리 센 강의 교각에 있는 승리의 여신

룩셈부르크 헌법 광장의 승리의 여신

런던 크림전쟁 기념비의 승리의 여신

월계관을 들고 있는 승리의 여신도 많이 발견됩니다. 룩셈부르크의 헌법 광장에 서 있는 승리의 여신과 런던 피커딜리 서커스 아래쪽에 있는 크림전쟁 기념비에 있는 승리의 여신이 그 예입니다. 이들이 손에 든 것이 바로 월계관입니다.

그런가 하면 파리 개선문에 새겨진 승리의 여신은 종려나무 가지와 월계관을 함께 가지고 있으며 날개도 있습니다. 나폴레옹에게 월계관을 씌워주려는 승리의 여신을 눈여겨보세요.

그렇다면, 승리의 여신의 상징물인 종려나무 가지와 월계관은 어떤 의미를 갖는 것일까요?

'종려나무'의 꽃말은 '승리'입니다. 니케의 상징물이기 때문에 꽃말이 '승리'로 정해졌는지, 아니면 꽃말이 '승리'이기 때문에 니케가 자신의 상징물로 썼는지는 불분명하지만, 승리의 상징 니케가 종려나무 가지를 들고 있는 것은 의미심장합니다.

그리스 신화에서 승리를 상징하는 종려나무는 나중에 기독교에서도 승리의 의미로 사용됩니다. 예수가 예루살렘에 입성할 때 마중 나온 군중들이 환호하며 종려나무 가지를 흔들었다는 것은 예수가 궁극적으로 승리했다는 것을 말해주는 것입니다.

월계관은 월계수의 잎으로 만든 관을 말하는데, 고대 그리스의 올림피아 제전에서 우승자의 머리 위에 씌워준 뒤부터 승리를 뜻하게 되었습니다. 예전에 손기정 선수가 베를린 올림픽 마라톤 경기에서 우승했을 때도 머리에 월계관을 썼지요.

파리 개선문의 승리의 여신

그렇다면 왜 승리자의 머리에 씌워주는 관을 월계수 잎으로 만들었을까요? 그리스 신화 속에 그 답이 있답니다.

그리스 신화에서 제우스의 아들인 아폴론Apollon은 태양의 신이며, 의술의 신이며, 음악의 신이며, 궁술의 신이며, 예언의 신입니다. 게다가 그리스 조각을 보면 잘 생기기까지 했으니, 한마디로 팔방미인이지요. 그러니 자부심이 클 만도 합니다.

하루는 아폴론이 어린 에로스Eros가 화살을 가지고 있는 것을 보고 놀렸습니다.

런던 피커딜리 서커스의 활을 쏘는 에로스

"너 같은 꼬마한테 화살은 위험하니, 다른 장난감을 가지고 놀아라. 활이란 모름지기 나와 같은 명궁수에게나 어울리는 것이지."

그 말에 에로스는 화가 납니다. 에로스의 화살에는 매우 특별한 기능이 있거든요. 아폴론은 예언의 신이면서도, 자신의 농담이 어떤 결과를 불러올지는 미처 알지 못했던가 봅니다.

화가 난 에로스는 황금 촉이 달린 화살을 메긴 다음, 아폴론의 가슴에 쏘았습니다. 그건 사랑의 감정을 불러일으키는 화살이었어요. 이제 아폴론은 맨 처음 보는 사람을 무조건 사랑하게 될 겁니다.

그 다음에 에로스는 아폴론 근처에 있던 다프네Daphne란 소녀의 가슴을 향해 납 화살촉이 박힌 화살을 쏘았습니다. 그건 싫어하는 감정을 불러일으키는 화살이지요. 다프네는 처음으로 만나는 사람을 무조건 미워하고 싫어하게 될 겁니다.

자, 드디어 아폴론과 다프네가 딱 만나고 맙니다. 그러니 어떻게 되었겠습니까? 다프네를 보고 한눈에 반한 아폴론은 사랑을 애원하며 다프네를 쫓아다닙니다. 그러나 다프네는 세상에서 아폴론이 제일 싫은 걸

Jean-Étienne Liotard, '월계수로 변하는 다프네'

어쩝니까.

아폴론의 이루어질 수 없는 사랑은, 다프네가 월계수로 변하는 것으로 끝납니다. 죽도록 아폴론이 싫었던 다프네는 강의 신인 아버지에게 구해달라고 간청합니다. 다프네의 아버지인 페네오스Peneus는 눈물을 머금고 딸을 월계수로 바꾸어주지요. 아폴론의 무례함에 대한 에로스의 복수가 애꿎은 다프네를 나무로 만들어버린 것입니다.

아폴론은 나무로 변한 다프네를 쓰다듬으며 약속합니다. 월계수를 자신의 나무로 삼고, 가장 영광스러운 사람의 머리 위에서 빛나는 관을 월계수 잎으로 만들겠다고.

그 이후로 월계관은 명예와 승리를 의미하게 되었고, 영국에서는 가장 위대한 시인을 '계관시인桂冠詩人'이라고 부르게 되었답니다. 월계관을 쓴 시인이라는 뜻이니, 다프네에 대한 아폴론의 약속은 영원히 지속되고 있는 것입니다.

카를로스 5세 궁전의 니케들이 종려나무 가지와 월계관을 들고 있는 이유는 이슬람교를 축출하고 그라나다를 차지한 기독교도들의 승리를 의미하는 것이라 하겠습니다.

말을 매어놓는 장치 5️⃣

　카를로스 5세 궁전 외벽에는 재미있는 장치가 있습니다. 사자와 독수리 등을 실감 나게 조각하여 마치 설치 예술처럼 보이는 청동 고리가 그것입니다. 규칙적인 간격을 두고 벽에 설치된 이 멋진 고리의 용도는 무엇일까요? 바로 마차를 끌고 온 말들을 매어두는 장치였습니다. 그러니까 요즘으로 말하자면 이곳이 주차장인 셈이지요.

말을 매어두는 장치

독수리 모양의 말 고리

사자 모양의 말 고리

마차가 주된 교통수단이었던 시절에 말을 매어놓을 수 있는 고리를 벽에 설치하는 것은 어느 나라 어느 도시에서나 있었습니다. 그런데 카를로스 5세 궁전의 경우처럼 기능적으로 튼튼해 보이면서도 미적으로 아름다워 보이는 말 고리는 보기 힘든 것 같습니다. 아마도 이것은 신성 로마제국 황제였던 카를로스 5세의 위엄과 스페인 제국의 경제력을 드러내는 하나의 증거가 아닐까 합니다.

참고로 피렌체의 메디치 궁전에서 보았던 말 고리를 소개합니다. 메디치 가문 또한 재력으로 보나 정치적 영향력으로 보나 유럽의 역사에 뚜렷한 자취를 남긴 쟁쟁한 집안이었지만, 말 고리를 놓고 볼 때 신성로마제국 황제의 위엄에는 역시 미치지 못하였다는 것을 알 수 있습니다.

메디치 궁전의 말 고리

조선 시대까지만 해도 우리나라 사람들도 장거리 이동의 경우는 말을 타고 다니는 일이 많았지요. 그러니까 그 당시에도 말을 매어 놓는 장치가 필요했을 텐데, 전통 건축물이 대개 목조 가옥이다 보니 서양의 경우처럼 쇠붙이로 만든 고리를 벽에 설치하는 것은 곤란했습니다. 그래서 돌기둥을 마당에 세워 말을 묶어놓도록 하는 방법이 보편적이었습니다.

우리나라의 경우는 말을 매어놓는 시설보다는 '하마비下馬碑'가 더 중요한 시설이었습니다. 하마비란 조선 시대 종묘와 대궐문 앞, 혹은 왕이나 성현과 관련된 중요한 장소에 세워놓은 돌 비석으로, '말을 타고 이곳을 지나는 사람은 누구든지 말에서 내려야 한다大小官吏過此者皆下馬.'는 내용의 글이 적혀 있었지요. 왕실이나 권위 있는 사람에 대한 경외의 마음을 표현하기 위해 말에서 내리도록 한 것으로 보입니다.

말을 매어 놓는 장치가 실용적인 측면을 중시하는 것이라면 하마비는 예의를 중시하는 것으로, 말의 이용과 관련된 시설에서도 동서양의 의식 차이를 엿볼 수 있어 재미있습니다.

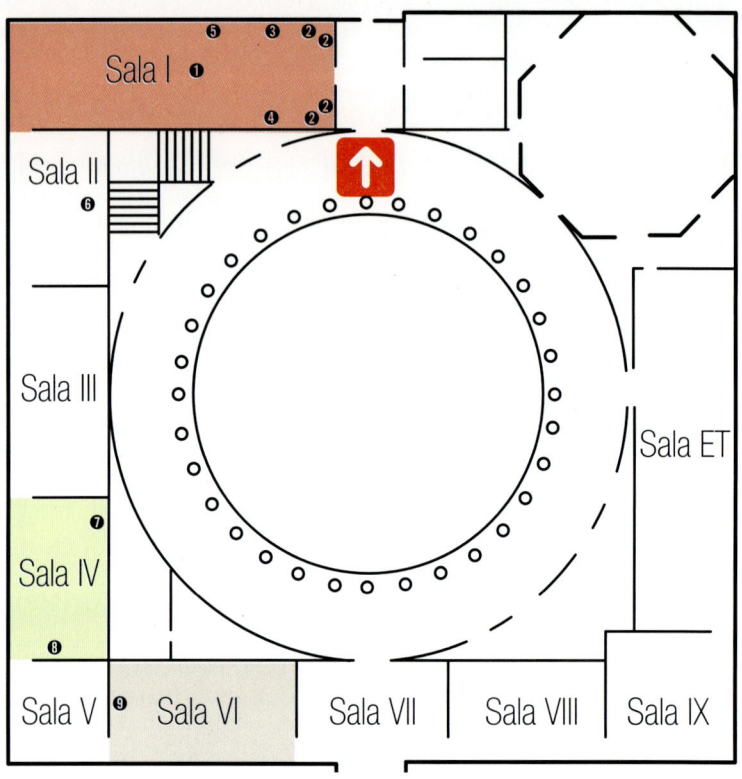

Sala I. ❶ 예수의 장례
　　　　　❷ 입구 벽면의 12개 부조
　　　　　❸ 십자가에서 내려진 예수
　　　　　❹ 다섯 점의 성화(베드로의 감옥 탈출, 산 세바스티안의 순교)
　　　　　❺ 세 폭 제단화

Sala II. ❻ 네 명의 성인상

Sala IV. ❼ 다로 강 알레고리
　　　　　❽ 후안 산체스 코탄의 정물화

Sala VI. ❾ 보압딜 가족의 알람브라 탈출

그라나다 예술 박물관 ⑥

Museo de Bellas Artes de Granada

카를로스 5세 궁전의 1층에는 스페인-이슬람 국립 박물관이라 하여 9~16세기의 이슬람 예술품들을 전시하는 박물관이 있습니다. 그리고 2층에는 그라나다 예술 박물관이 있는데, 주로 그라나다파로 불리는 화가들의 작품들이 전시되고 있습니다. 여기에서는 2층의 박물관에 전시된 그림들 중에서 흥미 있는 이야깃거리가 있는 작품들 위주로 설명하도록 하겠습니다. 다만, 전시되는 작품은 때때로 변경되므로, 참고하시기 바랍니다.

그라나다 예술 박물관 입구

예수의 장례

먼저, 박물관의 1번 방에 들어서면 제일 먼저 눈에 들어오는 것이 방 중앙에 설치된, 죽은 예수를 중심으로 모여 있는 사람들을 새긴 '예수의 장례'입니다. 스페인어로는 'Entierro de Cristo'라고 하며, Jacobo Florentino의 작품으로 소개되고 있습니다.

예수가 제자 유다의 밀고로 체포된 뒤 빌라도의 법정에서 십자가형을 선고받은 이야기는 잘 알려져 있습니다. 그 뒤로 골고다 언덕의 십자가 위에서 사망하기까지의 과정은 사그라리오 교회의 '십자가의 길(401쪽)'에서 소개할 예정입니다.

그러면 십자가에서 죽은 뒤에는 어떤 일이 있었을까요? 그는 죽은 뒤 사흘 만에 부활하여 하늘로 올라갔다고 하는데, 예수의 장례를 다룬 작품을 본 김에 그의 장례부터 부활까지의 과정을 알아보겠습니다.

'예수의 장례'

페테르 폴 루벤스, '십자가에서 내려지는 그리스도'

　먼저, 죽은 예수를 십자가에서 내리는 일부터 장례의 절차가 시작됩니다. 당시의 관습으로는 십자가형을 받은 죄인의 장례는 금지되었는데, 아리마테아의 요셉이라는 사람이 빌라도를 찾아가 요청한 끝에 예수는 정식으로 장례를 치를 수 있었다고 합니다.

　십자가에서 예수의 시신을 내리는 것은 성화의 중요한 주제로 많은 작품이 남아 있습니다. 대표적인 예가 페테르 폴 루벤스의 '십자가에서 내려지는 그리스도'입니다.

　십자가에서 내린 다음에 일어난 일로 예술 작품에서 자주 다루어진 주제가 '피에타'입니다. 죽은 예수를 안고 슬픔에 잠겨 있는 성모 마리아를 표현한 것이지요. 피에타는 이 책에서 여러 번 언급되므로 여기서는 생략합니다.

라파엘로, '예수의 장례'　　　　　　　　　조반니 벨리니, '예수의 부활'

그다음은 예수의 시신을 매장하는 과정입니다. 예수는 아리마테아의 요셉이 자신을 위해 미리 만들어둔 바위 무덤에 안치되었다고 합니다. 그래서인지 땅을 파고 묻는 방식이 아니라, 대개 예수의 시신을 들고 가는 모습으로 장례 과정이 나타납니다.

바위 무덤에 안치된 예수는 사흘 만에 부활했다고 합니다. 기독교에서 가장 극적으로 받아들이는 사건이지요. 예수의 부활 장면 또한 많은 미술 작품에 단골로 등장합니다.

그럼, 부활한 예수를 가장 먼저 만난 사람은 누구일까요? 예수의 죽음과 장례를 곁에서 지켜본 마리아 막달레나란 여인이었습니다. 그녀는 예수의 무덤을 찾아갔다가 부활한 예수를 만났으며, 믿을 수 없는 사실에 놀라 확인해보려고 합니다. 그러자 예수가 "아직 내 아버지께 가지 못했으니, 나를 만지지 말라Noli me tangere."고 했다 합니다. 그 장면도 성화에 자주 등장하지요.

알렉산더 이바노프, '나를 만지지 말라'   카라바조, '의심하는 도마'

마리아 막달레나를 통해 예수의 부활 사실을 알게 된 제자들이 모여들어 기쁨을 나눌 때, 도마는 그 자리에 없었다고 합니다. 그래서 나중에 동료들을 통해서 스승의 부활 사실을 듣고도 믿지를 못합니다. 도마가 예수의 부활을 확인하기 위해 옆구리 상처(십자가에 매달려 있을 때 롱기누스가 창으로 찌른 곳)를 만지는 장면도 유명합니다.

이렇게 하여 예수의 죽음부터 부활까지의 과정이 완성되는 것입니다.

출입문 왼쪽의 부조들

출입문 오른쪽의 부조들

입구 벽면의 12개 부조와 산 크리스토발

 예수의 장례식을 다룬 조각품이 있는 방에는 기독교 관련 작품들이 다수 전시되어 있습니다. 1번 방 입구 쪽을 보았을 때 왼쪽 벽에는 예수를 업고 물을 건너는 산 크리스토발San Cristóbal, 화살을 맞고 순교한 산 세바스티안San Sebastián, 초기 기독교 당시 순교한 산 로렌초San Lorenzo, 순교자 산 페드로 마르티르San Pedro Mártir, 사도 바울로 불리는 순교자 산 파블로San Pablo, 자신의 과거를 회개하고 예수의 추종자가 된 후 그의 죽음과 부활을 목격한 성녀 마리아 막달레나María Magdalena의 부조가 차례(왼쪽→오른쪽)로 걸려 있습니다.

 그리고 오른쪽에는 산타 아구에다Santa Águeda, 예수의 열두 제자 중 한 사람으로 X자형 십자가에서 순교한 산 안드레스San Andrés Apóstol(성 안드레아), 초기 기독교 성인의 한 사람인 산 헤로니모San Jerónimo, 학교와 학생들의 수호성인인 산토 토마스 데 아퀴노Santo Tomás de Aquino, 예수에게 세례를 주어 세례자 요한이라고 불리는 산 후안 바우티스타San Juan Bautista, 악마를 무찌르는 대천사 산 미구엘San Miguel Arcángel이 차례로 걸려 있지요.

 이 열두 개의 부조 중에서 산 크리스토발에 관한 이야기를 알아봅시다.

 전하는 이야기에 따르면, 그는 강을 건너고자 하는 사람들을 업어서 건네주는 일을 생업으로 삼았습니다. 그는 덩치가 무척 큰 거인이었는데, 곧잘 "나보다 더 힘이 센 사람이 나타나면 그를 주인으로 섬기겠다."고 말했다 합니다. 그가 생각할 때 자기보다 더 힘이 센 사람이라면 악마가 두려워하는 그리스도뿐일 것 같아 만나보기를 고대했습니다.

 어느 날 조그만 아이를 업고 강을 건너려는데, 너무 무거워서 발을 옮

길 수 없었습니다. 그러자 아이는 "너는 지금 세계를 옮기고 있다. 나는 네가 찾던 왕, 예수 그리스도다."라고 말했다 합니다. 이런 전설 때문에 그는 여행자와 자동차 운전자들의 수호성인으로 여겨집니다.

그가 기독교의 성인으로 인정받는 것은 아기 예수를 업고 강을 건넜기 때문이 아니라, 순교했기 때문입니다. 가톨릭의 성인들은 대개 자신의 신앙을 지키기 위해 목숨을 버렸다는 공통점이 있습니다.

산 크리스토발은 시리아에서 출생하여 안티오키아Antiochia의 주교 바빌라Babylas에게 세례를 받고 소아시아의 리키아Lycia 지방에서 선교하던 중, 기독교를 박해하던 데키우스 황제 때 순교하였다고 전해집니다.

회화나 조각에 나오는 산 크리스토발은 대개 거인의 어깨 위에 어린 아이가 업혀 있는 자세이므로 쉽게 알아볼 수 있습니다. 특히 톨레도 대성당과 세비야 대성당(콜럼버스 영묘 옆)의 벽화는 유명하므로 기회가 된다면 꼭 확인해 보시기 바랍니다.

산 크리스토발(왼쪽: 톨레도 대성당, 오른쪽: 세비야 대성당)

십자가에서 내려진 예수

부조들을 살펴본 다음 고개를 왼쪽으로 돌리면, 프란시스코 차콘Francisco Chacón의 'Quinta Angustia'이란 작품이 있습니다. 십자가에서 내려진 예수를 안고 있는 마리아를 그린 작품으로, 제목의 의미는 '비통함'입니다. 본디 Quinta Angustia는 '다섯 번째 고난(고통)'이라는 뜻인데, 성모 마리아가 평생 겪었던 일곱 가지 고통을 염두에 두고 지은 제목으로 보입니다.

프란시스코 차콘, '비통함'

다만, 예수가 십자가에 매달린 상태에서 느낀 고통을 다섯 번째 고통으로 보고, 십자가에서 내려진 예수를 안았을 때의 고통을 여섯 번째 고통으로 보는 것이 일반적인데, 왜 'Quinta Angustia'란 제목을 붙였는지 정확히 알 수는 없습니다. 하지만 '성모의 고통'이 오래전에는 다섯 가지로 여겨지다가 성모의 일곱 가지 즐거움을 본떠서 일곱 가지 고통으로 정착되면서 그 후로 성모칠고가 되었다고 하니 시대에 따라 고통의 순서가 조금 다르게 나타나는 경우도 있는 것으로 여겨집니다.

가톨릭에서는 성모 마리아의 일곱 가지 기쁨과 일곱 가지 고통을 정리하여 말하는데, 그것에 대해 알아봅시다.

먼저, 성모 마리아의 일곱 가지 기쁨입니다.

첫째는 대천사 가브리엘Gabriel로부터 성령으로 잉태하였다는 설명을 듣는 '수태고지'의 기쁨입니다. 처음엔 처녀로서 당황하였지만, 곧 기쁜 마음으로 하느님의 뜻을 따랐다고 하지요. 수태고지를 주제로 한 미술품은 스페인뿐 아니라 유럽 어디에서나 자주 보게 될 것입니다. 그라나다 대성당의 정면 파사드에도 부조되어 있습니다.

둘째는, 사촌언니인 엘리사벳을 찾아가 서로 잉태의 기쁨을 나눈 것입니다. 이때 엘리사벳은 훗날 예수에게 세례를 주게 되는 세례자 요한을 잉태한 상태였지요.

셋째, 아기 예수를 낳았을 때의 기쁨입니다. 어머니로서 이보다 더 기쁘고 복된 순간은 없을 것입니다.

셋째, Lorenzo Monaco, '예수 탄생'

첫째, Bartolome Esterban Murillo, '수태고지'   둘째, Jerónimo Ezquerra, '마리아와 엘리사벳의 만남'   넷째, Abraham Bloemaert, '통방박사의 경배'

넷째, 예수의 탄생을 축하하기 위해 멀리 동방으로부터 세 명의 박사가 찾아와 경배드리는 순간의 기쁨입니다. 자신의 아들이 특별한 존재란 것을 확인하는 순간이니 당연히 기뻤을 것입니다.

　다섯째, 예수가 열두 살 때의 유월절에 예루살렘에 갔다가 인파에 휩쓸려 예수를 잃어버린 일이 있었습니다. 마리아와 요셉은 정신없이 찾아다닌 끝에 성전에서 학자들과 토론하고 있는 예수를 발견합니다. 아들을 잃어버렸을 때는 하늘이 무너지는 듯했을 테고, 다시 찾았을 때는 세상을 다시 얻은 것 같았을 것입니다.

　여섯째, 예수가 죽은 지 사흘 만에 다시 살아났을 때, 그리고 그것을 확인하였을 때의 마리아의 기쁨은 말로 표현할 수 있는 게 아닐 겁니다.

　일곱째, 성모 마리아는 영혼뿐만 아니라 육신도 함께 하늘나라로 올라갔다고 합니다. 그것을 '성모 승천'이라고 하지요. 하늘나라에 올라간 뒤 아들인 예수를 만나고, 거기에다 하느님으로부터 왕관을 받기까지 하니 더없이 기쁘고 영예스러웠을 것입니다.

째, Ludovico Mazzolino, '성전에서의 대화'　　여섯째, Christoph Schwarz, '부활'　　일곱째, Peter Paul Rubens, '성모 승천'

첫째, Januarius Zick, '주의 성전 봉헌'

둘째, Julius Schnorr von Carolsfeld, '이집트로의 피난'

셋째, 사그라다 파밀리아 '수난'의 파사드 부조, '예수를 찾아다니는 마리아와 요셉'

넷째, '어머니 마리아와 마주친 예수' (로마 성 다미안 교회)

이에 반해, 일곱 가지 고통도 있습니다.

첫째, 마리아와 요셉이 생후 40일이 된 예수를 성전으로 데려가 봉헌할 때 예언자 시메온Simeon은 마리아에게 이런 말을 합니다.

"보십시오. 이 아기는 이스라엘에서 많은 사람을 쓰러지게도 하고 일어나게도 하며, 또 반대를 받기도 할 것입니다. 그리하여 당신의 영혼은 칼에 찔리는 가운데, 사람들의 생각이 드러날 것입니다."

이 말은 장차 예수가 이스라엘의 정신적인 왕으로서 사람들을 구원하게 되리라는 예언인 동시에 마리아가 그로 인해 큰 고통을 당할 것이라는 예언이었지요. 이것이 마리아의 첫 번째 고통입니다.

둘째, 헤롯왕의 박해를 피하여 아기 예수를 데리고 이집트로 피난해야만 할 때의 고통입니다. 다행히 예수는 목숨을 건졌지만, 베들레헴에서 예수와 비슷한 무렵에 태어난 아기들은 죄 없이 목숨을 잃어야만 했지요.

셋째, 유월절 축제 때 예루살렘에 갔다가 예수를 잃어버렸을 때의 고통입니다. 물론 찾기는 했지만, 잃어버린 줄 알았을 때의 고통은 이루 말할 수 없을 정도로 컸겠지요.

다섯째, '십자가에서의 죽음'
(작자 미상)

일곱째, Antonio Ciseri, '예수의 매장'

   넷째, 예수가 빌라도의 법정에서 십자가형을 선고받은 후, 십자가를 메고 골고다 언덕으로 걸어갈 때 마리아와 마주칩니다. 예수는 자신에게 주어진 운명을 알고 있기에 묵묵히 가지만, 어머니인 마리아의 가슴은 찢어졌을 겁니다.

   다섯째, 예수가 십자가에서 죽었을 때 마리아가 겪었을 고통을 어떻게 표현할 수 있을까요? 그린이를 알 수 없는 그림 속의 마리아는 슬픔을 이기지 못해 실신했습니다.

   여섯째, 죽은 예수를 안았을 때 느낀 고통입니다. 수많은 피에타Pieta 가 마리아의 여섯 번째 고통을 표현하고 있지요. 앞에서 본 '비통함'은 여기에 속하는 주제입니다.

   일곱째, 예수를 무덤에 안장할 때의 고통입니다. 작품에 따라 애써 슬픔을 참는 모습일 때도 있고, 매우 애통해하는 모습일 때도 있는데, 어머니의 심정을 생각한다면 울부짖는 모습이 사실과 가까울 것입니다.

   마리아가 일생에 걸쳐 겪는 기쁨과 고통에 대해 알아보았습니다. 이런 내용을 알면 기독교의 성화聖畵를 이해하는 데 도움이 될 것입니다.

다섯 점의 성화(베드로의 감옥 탈출, 산 세바스티안의 순교)

'비통함'을 다 보고 몸을 돌리면 맞은편 벽에 다섯 점의 성화가 모여서 전시되고 있는 것을 볼 수 있습니다. 두 점은 위쪽에, 석 점은 아래쪽 에 배치되어 있는데, 위의 왼쪽에는 '베드로의 감옥 탈출Liberación de San Pedro'이 있고 오른쪽에는 '교황 산 마르첼로San Marcelo Papa'가 있습니다. 그리고 아래쪽에는 왼쪽부터 돌에 맞아 순교한 에스테반을 그린 '산 에 스테반의 순교Lapidación de San Esteban', 참수당하여 순교한 에르메네힐도를 그린 '산 에르메네힐도의 순교Degollaciónde San Hermenegildo', 화살에 맞아 순 교한 세바스티안을 그린 '산 세바스티안의 순교Martirio de San Sebastián'가 있 습니다.

다섯 점의 성화

이 다섯 점의 성화 중에서는 '베드로의 감옥 탈출'과 '산 세바스티안의 순교'를 알아봅시다.

베드로의 투옥과 탈출, 그리고 순교에 얽힌 이야기는 흥미진진합니다. 미술 박물관의 이 그림은 베드로가 천사의 도움을 받아 감옥을 탈출하는 장면을 묘사하고 있습니다.

예수의 수제자였던 베드로는 최후의 만찬 당시, 예수가 "오늘 밤 너희 중 한 명이 나를 배신하리라."고 말하자 자신은 설령 죽게 되더라도 스승 곁을 떠나지 않겠노라고 장담했습니다. 그러나 유다의 안내를 받으며 들이닥친

Juan Ramirez, '베드로의 감옥 탈출'

로마 병사들이 예수를 체포하자, 그는 겁에 질려 예수를 모른다고 세 번 부인합니다.

그러나 예수의 부활을 확인한 후에는 스승의 뜻을 세상에 널리 알리기 위해 목숨을 걸고 선교 활동을 펼칩니다.

헤롯왕(예수가 태어났을 때 '유대의 왕이 태어났다'는 말에 불안감을 느낀 나머지, 그 무렵에 베들레헴에서 태어난 아기들을 모두 죽이라고 명령했던 사람)의 손자인 헤로디아 아그리파 1세는 기독교를 탄압했는데, 예수의 제자 중 한 명인 야고보(세베대의 아들)를 참형에 처한 것이 그 시작이었습니다. 야고보를 죽이자 유대인들(예수를 죽이라고 요구했던 사람들)이 좋아하는 것을 본 헤로디아 아그리파 1세는 베드로도 죽이려고 합니다. 그것이 유대인들의 환심을 살 수 있는 길이라고 생각했기 때문이지요.

체포된 베드로는 엄중한 감시를 받으며 감옥에 갇히는 신세가 되었습니다. 헤로디아 아그리파 1세가 베드로의 탈출을 우려해 튼튼한 쇠사슬

로 그를 결박하고, 많은 병사들을 배치해 철저히 감시했으므로 베드로는 도저히 살아날 길이 없어 보였습니다.

그런데 처형이 예정된 바로 전날, 밤중에 쇠사슬이 저절로 풀리고 감옥 문이 열리는 기적이 있어납니다. 그리고 천사가 안내하여 베드로는 감옥을 빠져나오는데, 그를 지키던 병사들은 깊은 잠에 빠져 그 일을 알지 못했다고 합니다.

베드로는 로마에 갔을 때 다시 한 번 감옥에 갇히는 신세가 됩니다. 이번에도 기적적으로 탈출하여 로마를 빠져나가다가 아피아 가도Via Appia에서 예수를 만났다고 하지요. 놀란 베드로가 "주여, 어디로 가시나이까Quo Vadis Domine(쿼바디스 도미네)?"라고 묻자 예수가 말하기를, "네가 내 백성을 버리려 하니, 내가 다시 한 번 십자가에 매달리려고 간다." 했다고 합니다. 이 말에 깨달음을 얻은 베드로가 다시 로마로 돌아가 순교했다고 하지요.

베드로가 감옥에 있을 때 묶였던 쇠사슬은 로마에 있는 산 피에트로 인 빈콜리 성당에 지금도 보관되어 있으며, 천사가 베드로를 탈출시키는 장면을 묘사한 벽화도 같은 성당의 제단 오른편에 있습니다. 그리고

베드로를 묶었던 쇠사슬
(로마 산 피에트로 인 빈콜리 성당 소장)

천사의 도움으로 감옥을 빠져나오는 베드로
(로마 바티칸 박물관 라파엘로의 방 벽화)

Juan ramirez '산 세바스티안의 순교'   Il Sodoma, '세바스티안'

같은 그림이 바티칸박물관의 '라파엘로의 방'에도 있답니다.

　이제 마지막 그림인 '산 세바스티안의 순교'에 대해 알아봅시다.

　전하는 바에 의하면, 세바스티안은 로마 제국 디오클레티아누스 Diocletianus 황제의 근위장교였다고 합니다. 디오클레티아누스는 기독교를 가혹하게 탄압했던 황제이지요. 세바스티안은 기독교도인 것이 발각되어 화살형을 선고받습니다. 그래서 그의 순교 모습은 대개 나무 기둥에 묶인 채 여러 발의 화살을 맞는 것으로 표현됩니다.

　그런데 사실 그는 첫 번째 사형 집행에서 죽지 않았다고 합니다. 사형 집행관들은 당연히 죽었을 거라고 생각하여 그 자리를 떴는데, 나중에 보니 살아있었다는 것이지요. 화살이 급소를 피해갔기 때문에 그런 기적이 일어난 것입니다.

　구사일생으로 목숨을 건진 세바스티안은 다시 황제에게 기독교의 복음을 전하려다가 또다시 사형 선고를 받고 순교했다고 하며, 순교자 세바스티안은 나중에 성인으로 시성됩니다.

세 폭 제단화(Tríptico del Gran Capitán)

  앞서 보았던 조각품 '예수의 장례' 앞에 서서 오른쪽을 보면 '목동들의 경배Adoracion de los Pastores'가 있고, 그 작품의 오른쪽에는 세 폭 제단화 'Tríptico del Gran Capitán'이 있습니다.

Penicaud, 세 폭 제단화

세 폭 제단화는 두 폭 제단화에서 발전한 형태입니다. 두 폭 제단화는 본래 로마 시대에 필기용 서책으로 고안되어 쓰이던 형태가 개인의 신앙심을 표현하기 위한 이동용 제단화로 용도가 변경되어 쓰이게 된 것입니다.

세 폭 제단화는 중앙 패널의 양쪽에 폭이 좁은 패널을 덧붙이는 방식으로 만들어졌습니다. 안에 그림을 그리기도 하고, 조각을 새기기도 하는 등, 형식은 약간씩 다릅니다. 세 폭은 경첩으로 연결되어 있어 사용하지 않을 때는 날개 패널을 접을 수 있으므로 보관이 쉬우면서도 그림이나 조각을 보호할 수 있어서 편리하지요.

휴대용으로 제작할 때는 상아를 재료로 쓰는 경우도 많았습니다. 대영박물관에 소장된 작품들이 그런 예에 해당합니다. 제단화의 성격을 띠기 때문에 주제는 대부분 성서에서 가져왔습니다.

두 폭 제단화 '성모자(聖母子)를 방문한 리처드 2세'
(내셔널 갤러리 소장. 작자 미상)

상아로 만든 세 폭 제단화(대영박물관 소장)

휴대용이 아닌 세 폭 제단화는 커다란 나무 패널로 제작하여, 교회의 제단 뒤쪽에 걸어두는 방식으로 활용되었습니다. 불교에서의 탱화幀畵나 괘불(掛佛)과 비슷한 용도로 볼 수 있습니다. 제단화는 장식을 위해서라기보다는, 문자를 몰라서 성서를 읽을 수 없는 신자들이 그림이나 조각을 보면서 내용을 이해할 수 있도록 하는 용도로 제작되었습니다. 그러므로 제단화를 보면 예수의 생애에서 중요한 사건들이 표현된 예가 많습니다.

후기로 갈수록 중앙 패널에는 그리스도, 성모, 성인 등 종교적 인물이 중심 주제가 되고, 양측의 패널에는 기증자의 초상화 등 부차적인 주제가 묘사되기도 하였습니다.

런던 빅토리아 · 앨버트 박물관의 세 폭 제단화

예수를 안고 있는 성모 마리아상   산 브루노

　그 밖에도 1번 방에는 기독교를 주제로 한 많은 작품이 전시되어 있는데, 몇 가지만 더 살펴보면 프란시스코 차콘의 '비통함' 옆에는 아기 예수를 안고 있는 성모 마리아를 조각한 작품(Virgen con el Niño, Ruperto Alemán 作)이 서 있고, 예수의 장례를 다룬 중앙 조각상 왼쪽으로는 '기둥에 묶인 예수와 회개하는 베드로(Cristo atado a la columna con San Pedro arrepentido, Juan de Aragón 作)'가 있습니다. 아마도 베드로는 예수 체포 당시에 겁에 질려 달아났다가 이 무렵에 후회하고 다시 돌아왔나 봅니다.

　그리고 예수의 장례 뒤편 패널에는 산체스 코탄의 '원죄 없는 성모 마리아'가 있고 그 그림의 오른쪽 벽면에는 같은 작가가 산 브루노를 그린 그림(San Bruno, fundador de la Cartuja)이 있답니다.

알론소 카노의 방

　1번 방을 다 본 다음 2번 방으로 갑니다. 이 방은 '알론소 카노의 방'이
라는 별칭에서 알 수 있다시피, 알론소 카노Alonso Cano y Almansa의 작품
들을 전시한 곳입니다. 그라나다 출신의 알론소 카노는 그라나다 대성
당의 파사드를 완성한 사람으로, 그라나다에서는 중요하게 여겨지는 예
술가입니다. 그에 대한 자세한 설명은 그라나다 대성당 편에서 하기로
하고, 여기서는 전시된 작품 몇 점을 감상해 봅시다.

　2번 방에 들어서면 제일 먼저 네 명의 성인 조각상이 눈길을 사로잡습
니다. 이들 작품은 알론소 카노가 단독으로 제작한 것은 아니고, 페드로
데 메나Pedro de Mena y Medrano와 공동 작업한 것으로 알려져 있습니다.

　왼쪽부터 'San Antonio de Padua(프란치스코 수도회의 수도사로 이탈리

네 명의 성인상

복음서를 집필 중인 사도 요한

성모자

광야에서 수행 중인 산 헤로니모

아 파도바 출신)', 'San Pedro de Alcántara(알칸타리니 수도회의 설립자)', 'San Diego de Alcalá(돈 카를로스를 치유한 성인)', 'San José con el niño(아기 예수를 안고 있는 성 요셉)'입니다. 이 가운데 아기 예수를 안고 있는 요셉은 눈여겨볼 필요가 있습니다. 아기 예수를 안고 있는 성모 마리아를 주제로 한 예술 작품은 많이 있지만, 아기 예수를 안고 있는 요셉은 그리 흔한 게 아니기 때문입니다.

네 명의 조각상 왼쪽으로는 복음서를 집필 중인 사도 요한을 그린 그림과 아기 예수를 안고 있는 성모 마리아를 그린 그림이 있고, 오른쪽으로는 광야에서 수행 중인 산 헤로니모를 그린 그림이 있습니다.

다로 강 알레고리(Alegoría del río Darro de Granada)

4번 방에는 그라나다파 화가들의 그림이 주로 전시되어 있습니다. 그중에서 '다로 강 알레고리'와 산체스 코탄의 정물화를 살펴보기로 합니다.

'다로 강 알레고리Alegoría del río Darro de Granada'는 페드로 아타나시오 보카네그라Pedro Atanasio Bocanegra의 작품으로, 젊은 청년이 나신裸身으로 비스듬히 앉아 있고, 어린 천사들이 화관을 그의 머리에 씌워주려고 합니다. 청년의 손에는 석류가 들려 있군요.

이 그림은 무엇을 의미하는 것일까요?

우선, 화가가 이 그림의 제목을 '다로 강 알레고리'라고 붙인 점에 주목해야 합니다. 알레고리는 '어떤 사물을 직접적으로 표현하는 것이 아니라, 다른 사물을 통해서 암시적으로 나타내는 방법'이란 뜻입니다. 예를 들어 게으른 사람을 베짱이에 빗대어 표현했다면, 그 이야기 속의 베짱이는 곤충으로서의 의미를 갖는 것이 아니라 게으른 사람을 의미하는 알레고리가 됩니다. 그리스 신화 속에 나오는 '승리의 여신'이니 '정의의 여신'이니 하는 것도 따지고 보면 알레고리입니다. 추상적인 개념을 사람의 형태로 바꾸어 표현한 것이니까요.

그렇다면 '다로 강 알레고리'는 일단 다로 강을 젊은 청년으로 바꾸어 표현한 것이라고 생각하면 되겠군요. 이 청년이 곧 다로 강인 셈입니다. 그의 손에 들린 석류는, 다로 강이 '그라나다를 흐르는 강'이라는 설명에 해당하는 것이지요.

그럼 천사들이 그의 머리에 씌워주려는 화관은 무슨 뜻일까요? 이것은 다로 강 주변의 풍요롭고 아름다운 환경, 그라나다의 번영 등을 은유적으로 과시하는 것입니다. 실제로 그라나다는 다로 강을 중심으로

Pedro Atanasio Bocanegra, '다로 강 알레고리'

발전했습니다. 다로 강의 동쪽 언덕에 알람브라 궁전이 있고, 서쪽에 알바이신 지구가 있습니다. 마치 서울이 한강을 중심으로 발전해 왔듯이, 그라나다는 다로 강을 중심으로 발전해 온 것입니다.

　그런데 이런 설명을 듣고 그라나다에 가서 다로 강을 보게 되면 아마도 크게 놀랄 것입니다. 우리는 강이라면 어느 정도 규모가 되는 물줄기를 생각하는데, 다로 강은 작은 개울 정도밖에 안 됩니다. 그것을 보며 '이걸 강이라고 하다니, 스페인 사람들의 허풍이 너무 심하다.'고 생각할지도 모릅니다. 우리가 어떻게 생각하든, 다로 강이 그라나다의 발전에 매우 중요한 역할을 한 것은 사실입니다.

그라나다 번영의 젖줄, 다로 강   Ernesto Gutierrez Hernandez, '다로 강변'

　옛 그림 속의 다로 강도 현재와 크게 달라 보이지는 않습니다. 여전히 개울처럼 작은 규모입니다.

　그런데 '다로 강 알레고리'를 보니, 문득 그리스 신화 속의 강의 신과 '풍요의 뿔'이 떠오르는군요. 그리스 신화를 보면, 강마다 그 강을 다스리는 신이 있습니다. 그리고 강의 신은 강물의 흐름을 상징하는 물 항아리나, 강이 선물하는 풍요로움을 상징하는 풍요의 뿔을 들고 있는 경우가 대부분입니다. 또한 강의 신은 늘 비스듬히 기대앉아 있는데, 이는 강물이 흘러가는 모습을 형상화한 것입니다.

　로마 포폴로 광장Piazza del Popolo에서 볼 수 있는 강의 신들은 단지를 들고 비스듬히 앉은 채 다른 손에는 농기구와 풍요의 뿔을 들고 있습니다. 밀라노의 개선문에 있는 강의 신들 또한 마찬가지입니다.

밀라노 개선문의 강의 신
밀라노 개선문의 강의 신
로마 포폴로 광장의 강의 신
로마 포폴로 광장의 강의 신

이들과 '다로 강 알레고리'에 등장하는 청년의 앉은 자세를 비교해 보면 똑같다는 것을 알 수 있습니다. 다만 강의 신들에 비해 젊을 뿐입니다. 다로 강 알레고리의 청년이 그라나다를 상징하는 석류를 들고 있는 것은, 자신이 다스리는 강이 어떤 것인지를 알려주려는 것입니다. 그리고 다로 강의 청년이 쓰려고 하는 화관은 풍요의 뿔의 변형된 형태가 아닌가 합니다. 즉, 다로 강 알레고리는 현대식으로 해석된 강의 신인 것입니다.

그런데 '풍요의 뿔'은 무엇이며, 강의 신은 왜 그것을 지니고 있는 것일까요? 강의 신이 들고 있는 풍요의 뿔은 우리 식으로 말하면 화수분입니다. 화수분은 '재물이 끊임없이 계속 나오는 단지'를 말합니다. 풍요의 뿔은 화수분처럼, 온갖 과일과 곡식과 재물이 끝없이 나오는 뿔 모양의 그릇입니다.

그럼, 강의 신은 왜 풍요의 뿔을 들고 있을까요? 그 이유는 두 가지로 생각해 볼 수 있습니다.

첫째, 강은 풍요의 원천이기 때문입니다. 잘 알다시피, 인류 문명은 강을 중심으로 발달했습니다. 강 주변에는 비옥한 땅이 펼쳐져 농업이 발달하였으며, 물길을 이용한 활발한 교역은 문명의 발달을 촉진했지요. 해마다 강 주변에서 풍성하게 수확되는 곡식과 과일, 혹은 강을 통해 들어온 배에서 내려지는 곡식과 과일들이, 옛사람들에게는 마치 풍요의 뿔에서 끝없이 쏟아지는 곡식과 과일처럼 생각되었던 것입니다.

둘째, 풍요의 뿔이란 물건이 원래 강의 신에게서 나온 것이기 때문입니다. 풍요의 뿔이 만들어진 계기가 된 사건을 그리스 신화는 이렇게 기록하고 있습니다.

아이톨리아의 오이네우스 왕에게는 데이아네이라Deianeira라는, 아름답기로 소문난 딸이 있었습니다. 그녀에 대한 소문을 듣고 청혼하러 온 청년들로 왕국은 늘 북적거렸지요. 청혼자 중에는 천하장사로 유명한 헤라클레스도 있었습니다.

오이네우스 왕은 쟁쟁한 청년들 중에서 한 명을 사윗감으로 선택하는 것이 어려웠습니다. 혹시 탈락한 사람이 앙심을 품고 행패를 부릴까 봐 걱정이 되기도 했지요. 그래서 "자네들끼리 경쟁을 하라. 최종적으로 승리하는 자에게 내 딸을 주겠다."고 선언한 다음, 한 발 뒤로 물러섰지요.

헤라클레스가 최종 결선에서 만난 상대는 강의 신 아켈로스Achelos였습니다. 아켈로스는 변신에 능한 자로서, 뱀으로, 황소로, 자유자재로 변하며 헤라클레스를 압박했지만, 제우스의 아들인 헤라클레스는 그보다 한 수 위였습니다. 결국 아켈로스는 황소로 변했을 때 헤라클레스에 의해 한쪽 뿔이 뽑히고 맙니다.

헤라클레스는 아켈로스의 뿔을 강의 요정에게 주었고, 강의 요정이 그것을 풍요의 여신에게 바쳤는데 풍요의 여신이 그것을 축복하자 그때부터 곡식과 과일 등이 끝없이 나오게 되었다고 합니다.

다로 강 알레고리 속의 청년이 곧 쓰게 될 화관도 결국 풍요의 뿔과 같은 의미가 아닐까 하는 생각을 했기에 간략하게나마 설명했습니다.

정물, 후안 산체스 코탄 作

Floris van Dijck, '치즈가 있는 정물'(네덜란드 정물화)

후안 산체스 코탄(Juan Sánchez Cotán)의 정물화

'다로 강 알레고리'가 있는 방에는 주로 정물화가 전시되어 있는데, 그 중에 후안 산체스 코탄의 정물화가 있으니 함께 감상하여 봅시다.

후안 산체스 코탄은 17세기에 활동한 스페인의 화가로, 유럽 최초의 걸출한 정물화가 중의 한 사람으로 평가받습니다. 그는 특히 검은색 배경 위에 정갈하게 놓인 과일과 채소, 사냥감 등을 주로 그렸는데, 매우 사실적인 표현으로 사진을 보는 듯한 착각을 일으키게 합니다. 그러한 그의 작품 세계를 이해할 수 있는 정물화가 예술 박물관에 소장되어 있어 소개합니다.

정물화는 17세기의 네덜란드에서 가장 많이 그려지고 다양한 방향으로 발전하였습니다. 일반적으로 네덜란드 정물화는 먹음직스러운 음식이나 꽃을 풍요롭게 늘어놓았는데, 네덜란드에서 유행한 정물화 유형과는 달리 후안 산체스 코탄은 매우 엄선되고 절제된 방식으로 몇 가지 사물만을 세심하게 배치하여 그렸습니다. 그의 정물화는 이후 스페인 화단에도 많은 영향을 미쳤습니다.

한편, 그는 가톨릭 신앙이 두터운 사람으로, 나중에는 수도사가 되었습니다. 정물화 외에도 신의 은총과 종교적 엄숙성을 표현한 성화를 다수 그렸는데, 예술 박물관에 여러 점이 전시되어 있으니 함께 감상하면 좋을 것입니다.

그는 1627년에 그라나다에서 생을 마감했습니다. 그의 작품 다수가 카를로스 5세 궁전의 예술 박물관에 소장된 데에는 그런 이유도 있지 않을까 생각합니다.

보압딜 가족의 알람브라 탈출(Salida de la familia de Boabdil de la Alhambra)

보압딜은 알람브라 궁전에서 이미 설명한 대로 나스르 왕조의 마지막 술탄입니다.

치열한 왕위 쟁탈전을 치른 끝에 차지한 옥좌였지만, 그가 그 자리에 앉은 것은 고작 10년 동안이었습니다. 아버지에게서 왕위를 빼앗은 그는 왕조를 통째로 기독교도들에게 빼앗기고 말았습니다. 무슬림들은 800여 년 동안 차지했던 안달루시아 지방을 보압딜 때 빼앗긴 뒤 다시는 되찾지 못했습니다.

알람브라 궁전을 너무나 사랑했기에, 파괴를 막기 위해 순순히 항복했다는 말이 전해질 정도인 그는 "그라나다를 잃는 것보다, 알람브라 궁전을 다시 볼 수 없다는 사실이 더 슬프다."고 했다 합니다. 사랑하는 궁전을 빼앗긴 채 떠나야 하는 보압딜과 그의 가족의 슬픔이 이 그림에 생생하게 표현되어 있습니다.

Manuel Gómez Moreno, '보압딜 가족의 알람브라 탈출'

5장

파르탈 궁전과 그 밖의 공간들

파르탈 궁전, 유수프 3세 궁전 터, 산타 마리아 교회,
그라나다 파라도르 데 그라나다

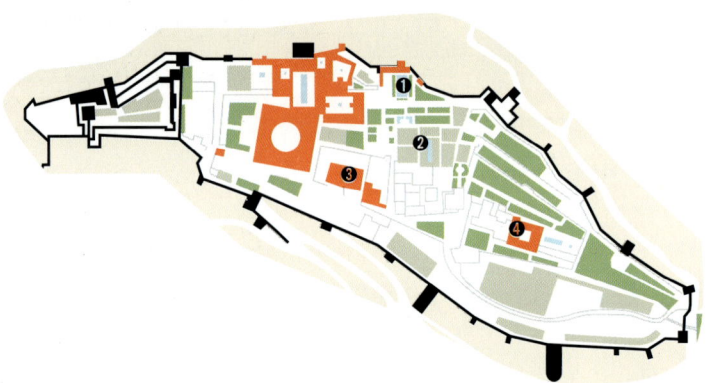

❶ 파르탈 궁전(Palacio de Partal)
❷ 유수프 3세의 궁전터(Palacio de Yusuf Ⅲ)
❸ 산타 마리아 교회(Santa María de la Alhambra)
❹ 파라도르 데 그라나다(Parador de Granada)

파르탈 궁전 ①

Palacio de Partal

　나스르 궁전을 나오면 넓고 아름다운 정원을 가진 파르탈 궁전을 만나게 됩니다. 무함마드 1세 때 지어진 이 건물은 나스르 궁전보다도 더 이른 시기에 완공된, 알람브라 궁전 안에서 가장 오래된 건물 중 하나입니다. 그러나 건물 전체가 무함마드 1세 당시의 것은 아니고, 부분적으로 수리되고 복원된 것이랍니다. 대신 전면의 다섯 개 아치 부분은 원본 그대로의 모습을 간직하고 있으니, 특별히 관심을 갖고 보는 게 좋겠습니다. 문화재에서 원작과 복원작의 차이는 큰 것이니까요.

파르탈 궁전의 전면부 아치

이슬람 왕조 시대에는 현재 파르탈 궁전이 있는 곳에 이슬람 사원과 귀족들의 대저택들이 있었다고 합니다. 그러니까 우리나라로 치면 경복궁 주변의 북촌 마을 같은 곳이었던 것이지요. 그러나 지금은 사원도, 귀족들의 대저택도 모두 흔적 없이 사라지고, 다만 '귀부인 탑Torre de las Damas'이 있는 건물만 남아 있습니다.

그런데 파르탈partal이란 단어는 무슨 뜻일까요? 스페인어 사전에서는 검색이 안 됩니다. 그렇다고 고유명사도 아니고요. 뭔가 이 건물의 용도나 형태와 관련이 있는 단어일 것 같아 자료를 두루 찾아본 결과, 파르탈이 '포르티코portico'를 의미하는 아랍어 'bartal'에서 왔다는 사실을 알게 되었습니다. 포르티코란 서양의 건축 용어로, 기둥들이 지붕을 받치고 있고 적어도 한쪽 면은 개방되어 있는 건물의 현관 부분을 일컫는다고 하는군요. 그러니까 이 건물의 전면 아치 부분이 포르티코 양식인 것입니다.

파르탈 궁전이란 이름은 현재 남아 있는 건물의 전면부 때문에 붙여진 것이란 사실을 알게 되니, 18세기 후반까지 다양한 이름으로 불리던 건물을 왜 파르탈 궁전으로 부르게 되었는지 이해되었습니다. 이런저런 이름으로 불리던 이 건물에 맨 마지막으로 이름을 지어준 사람들은 이 건물의 가장 가치 있는 부분(당시까지 훼손되지 않은 채 원래의 모습을 간직하고 있는 전면 아치 부분)을 부각시켜 이름으로 삼았던 것입니다.

파르탈 궁전은 이슬람식 건축물에서 흔히 볼 수 있는 사방이 벽으로 둘러싸인 파티오가 아닌, 탁 트인 넓은 정원을 볼 수 있는 곳입니다. 특히 넓은 연못이 있어, 거기에 비친 건물 그림자가 아름답기만 합니다. 아라야네스 중정의 풍경과 비슷하지요.

귀부인 탑

파르탈 궁전의 내부

파르탈 궁전의 천장 장식

연못에 그림자가 비친 파르탈 궁전

아치형 창문 밖 풍광

파르탈 궁전은 연못에 비친 그림자도 물론 매혹적이지만, 겉모습만 훑어보고 가기엔 아까운 건물입니다. 앞에서도 말했듯이 아치 부분은 800년 가까이 그 자리를 지켜온 알람브라 궁전의 터줏대감이니까요. 그 정도의 연륜을 지닌 건축물이라면 그에 걸맞은 대접을 해줘야하지 않겠습니까?

그러니 자, 먼저 아치 부분의 정교하고 아름다운 무늬를 충분히 감상하십시오. 나스르 궁전에서 지치도록 보고 나오기는 했지만, 그래도 마지막으로 한 번 더 눈길을 주기 바랍니다. 그리고 나서는 안으로 들어가 천장을 올려다보세요. 몹시 정교하고 아름답게 나무로 짜 맞춘 천장 장식을 볼 수 있습니다. 그것을 보고 있자면 틀림없이 나스르 왕조의 뛰어난 건축 솜씨에 대해 감탄사가 다시 튀어나올 것입니다.

또한 벽면의 정교한 부조와 타일 문양도 충분한 볼거리가 되며, 아치형 창문 너머로 보이는 알바이신 지구의 평화로운 풍광도 놓치면 아까운 것입니다.

유수프 3세의 궁전터 ②

Palacio de Yusuf III

　파르탈 궁전에서 산타 마리아 교회로 가다 보면 왼쪽으로 유수프 3세의 궁전터가 보입니다. 알람브라에서 가장 아름답고 호화로운 궁전이었다는데, 이제는 터만 남아 세월의 무상함을 일깨워줍니다.

　유수프 2세의 아들로 태어나 일찍이 왕세자로 책봉된 유수프 3세는

유수프 3세의 궁전터

그의 나이 16세 때 아버지가 독살당하면서 고난을 겪기 시작합니다. 호전적인 형 무함마드 7세가 왕세자 자리에 있던 그를 지중해변에 있는 살로브레냐 성에 감금하고 왕위를 빼앗았기 때문입니다. 총명하고 감수성이 풍부했던 그는 아름다운 그라나다와 알람브라 언덕을 그리워하며 16년 동안 유폐 생활을 했다고 합니다.

32세가 된 어느 날, 무함마드 7세가 보낸 자객들이 그를 죽이기 위해 살로브레냐 성으로 옵니다. 그는 자신의 운명을 예감하고 마지막으로 가족들을 만나볼 수 있게 해달라고 애원하지만, 자객들이 그 부탁을 들어줄 리 없었지요. 그래서 다시 "그럼, 지금 두고 있는 장기나 끝낼 수 있도록 기다려 달라."고 부탁하자 그것마저 거절할 수 없었던지 자객들이 허락했다고 합니다. 유수프 3세는 어떻게든 시간을 끌기 위해 애를 썼는데, 그러는 사이에 유수프 3세를 지지하는 군사들이 들이닥쳐 자객들과 칼부림이 벌어졌고 유수프 3세 측이 승리를 거둡니다.

유수프 3세는 군사들의 호위를 받으며 그라나다로 돌아와서 난폭한 왕 무함마드 7세를 몰아내고 왕위에 올라 선정을 베풀었다고 합니다. 나스르 왕조의 13대 왕인 그는 10년 남짓 재위하고 40대 초반에 사망하는데, 유폐 생활을 하는 동안 건강을 해쳤기 때문에 일찍 죽은 것이라는 설이 있습니다.

산타 마리아 교회 ③

Santa María de la Alhambra

    이슬람식 목욕탕과 카를로스 5세 궁전 사이에 있는 산타 마리아 교회는 건물 자체는 단정하면서 우아합니다. 다른 곳에 지어졌다면, 외관만 보고 참 아름다운 교회라고 생각했을 것입니다.

    교회 내부도 생각보다 아담하고 조촐합니다. 물론 제단과 양쪽 측면 장식에 황금색을 많이 사용하기는 했지만, 요란하다는 생각은 들지 않습니다. 스페인을 여행하다 보면 워낙 크고 화려한 성당들을 많이 보게 되므로 이 정도 장식은 소박한 편이라고 할 수 있습니다.

    16세기에 완공된 이 교회는 그 자리에 있던 왕실 모스크를 헐고 지은 것으로, 카를로스 5세의 명에 의한 것이었습니다. 그럼, 카를로스 5

산타 마리아 교회   산타 마리아 교회 제단

세는 왜 이 건물을 이 자리에 짓도록 했을까요.

그가 알람브라 궁전 안에 거대한 궁전을 짓도록 명령했을 때는 언젠가 그곳에 머물겠다는 생각을 했기 때문일 것입니다. 그리고 그곳에서 생활한다면 기독교도인 그에게 교회가 필요한 것은 당연한 일이었을 테지요. 그가 특별히 단아하면서도 화사한 외관의 교회를 궁전 옆에다 짓도록 한 것은 왕비인 이사벨을 배려한 까닭이라는 설이 있습니다.

그러나 아무리 부인을 사랑하는 마음에서 한 일이라고 하더라도 하필 왕실 모스크 자리를 선택한 데에서 정복자의 오만과 무례함이 느껴집니다. 이교도에 대한 기독교의 완벽한 승리를 세상에 밝히려는 의도가 있는 것 같아서요. 더구나 산타 마리아 교회 주변에는 폐허로 변한 이슬람 왕조의 유적이 있습니다.

폐허로 변한 이슬람 왕조의 유적을 내려다보고 있는 우아하거나(산타 마리아 교회) 위풍당당한(카를로스 5세 궁전) 기독교인들의 건물은 마치 역사의 패자敗者를 모욕하는 것 같아 보는 이의 마음을 불편하게 합니다.

산타 마리아 교회와 카를로스 5세 궁전 앞의 이슬람 왕조 유적　　　　산타 마리아 교회 뒤편의 이슬람 왕조 유적

파라도르 데 그라나다 ④

Parador de Granada

　파라도르는 스페인의 독특한 국영 호텔로, 역사적 가치를 가진 건물을 숙박 시설로 개조한 것을 말합니다. 유서 깊은 도시마다 파라도르가 있어 여행자들에게 호평받는데, 유럽의 고성古城 호텔과 비슷한 개념으로 보면 됩니다. 풍광이 아름다운 곳에 위치해 있고, 내부 시설이 품격 있고 중후하여 여행자라면 누구나 한 번쯤 투숙해보고 싶어 하는 곳이지요. 다만 특급 호텔에 버금가는 비용과 예약이 필수적이라 대중적인 숙소는 못 됩니다.

　그라나다의 파라도르는 알람브라 궁전 안에 있습니다. 산타 마리아 교회 위쪽에 있지요. 시간적으로, 또 경제적으로 여유가 된다면 이곳에서 묵으며 알람브라 궁전의 야경을 감상하는 것도 잊을 수 없는 추억이 될 것 같습니다. 다만 비싼 방은 하루에 100만 원이 넘는다니, 호주머니 가벼

파라도르 데 그라나다 입구

운 여행자가 무턱대고 욕심내기엔 문턱이 너무 높습니다.

이곳은 나스르 왕조 시대에는 왕녀들의 거주지였다고 합니다. 아치형 건물 구조와 이슬람식 파티오, 자갈을 이용한 바닥 장식 등을 보면 이 건물이 이슬람 왕조 시절의 유물이라는 것을 알 수 있지요.

나스르 왕조가 멸망하고 난 다음에는 기독교도들에 의해 수도원으로 사용되었는데, 산 프란체스코 수도원 당시의 흔적이 지금도 남아 있습니다. 건물 안에 예배당이 보존되어 있는 것입니다.

그러나 이곳은 뭐니뭐니해도 가톨릭 국왕 부부의 유해가 왕실 예배당이 완공되기 전에 안치되어 있었던 곳이기에 중요합니다. 이사벨 1세는 그라나다를 함락한 후, 자신의 영묘靈廟를 그라나다에 만들기로 하고 왕실 예배당의 건설을 지시합니다. 그러나 바로 그해 세상을 떠났으므로 그녀가 왕실 예배당에서 영면永眠을 취할 수 있기까지는 시간이 필요했습니다. 그래서 임시로 묻혀 있었던 곳이 바로 산 프란체스코 수도원, 즉 현재의 파라도르 데 그라나다였던 것입니다.

파라도르 데 그라나다의 이슬람식 파티오 　　산 프란체스코 수도원 당시의 예배당

바로 다음 사진에 보이는 곳이 가톨릭 국왕 부부가 왕실 예배당으로 옮겨 가기 전에 묻혀 있었던 곳이라고 합니다. 입구에서 가까운 곳이기 때문에 쉽게 찾을 수 있으니, 꼭 한 번 둘러보기 바랍니다.

가톨릭 국왕 부부의 임시 묘소가 있던 곳

6장

알람브라 궁전을 둘러싸고 있는 탑들

알람브라 궁전의 망루 역할을 하는 여러 탑들

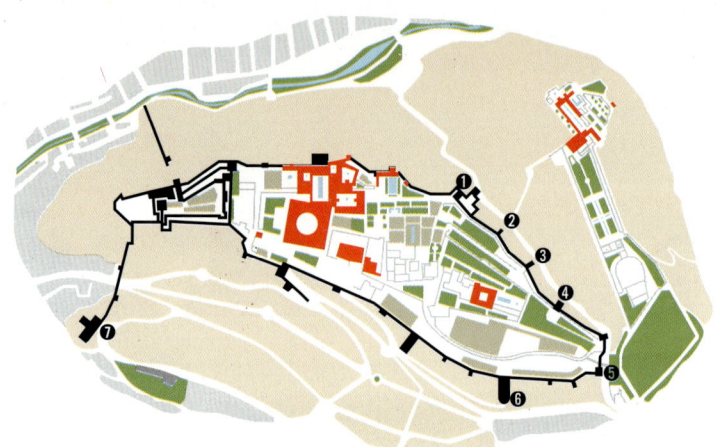

❶ 피코스 탑(Torre de los Picos)
❷ 카디 탑(Torre del Cadi)
❸ 감금의 탑(Torre de la Cautiva)
❹ 왕녀들의 탑(Torre de las Infantas)
❺ 물의 탑(Torre del Agua)
❻ 7층탑(Torre de los Siete Suelos)
❼ 붉은색 탑(Torres Bermejas)

피코스 탑 과 카디 탑 ①

Torre de los Picos/Embattled tower
Torre del Cadi/Judge's Tower

알람브라 궁전에 수많은 망루가 있다는 것은, 이곳이 지배자의 거처이면서 또한 요새이기도 했다는 뜻입니다. 그래서 알람브라는 '알람브라 궁전'이라고도 하고, '알람브라 요새'라고 하기도 하는 것입니다.

난공불락의 요새처럼 보였던 알람브라였지만, 국토 회복을 외치는 기독교도들의 집요한 공격을 끝내 이겨내지 못했고, 1812년에는 나폴레옹 군대의 침략으로 몇 개의 망루가 파괴되었습니다. 그리고 1821년 지진 때도 큰 손실을 입었는데, 그 뒤로 꾸준히 복구하여 현재에 이르고 있답니다.

피코스 탑과 카디 탑은 가까운 거리에 붙어 있습니다. 헤네랄리페 전망대에서 바라볼 때 제일 잘 보이지요.

스페인어로 Picos는 '뾰족한, 불쑥 솟은'의 뜻인데, 탑의 옥상 부분이 뾰족하게 되어 있어 붙은 이름입니다. 그래서 '뾰족탑'이라고 번역하는 사람도 있지요. 아마 정찰과 방어에 편리하도록 그런 모양으로 만들었을 겁니다.

피코스 탑

카디 탑

피코스 탑과 카디 탑

　카디 탑을 영어로 'Judge's Tower', 즉 '재판관의 탑'이라고 하는 까닭
은, 이슬람 사회에서 카디Cadi(혹은 Qāadi)가 재판관의 역할을 했기 때문
입니다.

　우마이야 왕조 때는 전리품 분배와 조세 징수를 담당하는 사람을 카
디라고 했는데, 왕조 말기에는 칼리프의 임명을 받은 재판관을 뜻하는
말로 사용되었습니다. 이들은 이슬람법에 해박한 지식을 가진 사람들로
주로 쿠란에 처벌 규정이 있는 문제, 즉 종교적인 성격의 문제만 다루었
습니다. 이슬람법의 적용을 받지 않는 행정 소송이나 치안 문제 등은 카
디가 간섭하지 않았지요.

　이 탑의 이름을 카디 탑이라고 한 이유는, 카디들이 이곳을 사용했기
때문이 아닐까 생각합니다. 이곳에서 카디에 의한 판결이 이루어졌을
수도 있고, 카디들의 숙소로 사용되었을 수도 있을 것입니다.

감금의 탑 ②

Torre de la Cautiva
Tower of the Captive

Cautiva는 '포로', 혹은 '억류된'이란 뜻을 갖는 스페인어입니다. 그러니까 '포로가 억류되었던 탑'이라는 뜻인데, 여기에서는 '감금의 탑'이라고 번역하겠습니다. 먼저 헤네랄리페 전망대에서 찍은 사진을 통해 탑의 위치를 확인해 보겠습니다.

이 탑은 건축물 자체보다는 전해오는 이야기가 더 중요합니다. 나스르 왕조의 멸망과도 관련이 있기 때문입니다.

'코마레스 탑의 지하 감옥' 편에서 이미 설명한 바가 있습니다만, 나스르 왕조의 마지막 술탄인 보압딜의 아버지는 아부 알 하산 알리Abu al-

감금의 탑의 위치

*Hasan Ali*입니다. 그가 한번은 기독교도들의 마을을 공격하여 많은 포로를 잡아온 일이 있었습니다. 그중에는 이사벨 데 솔리스라는 이름의 여인이 있었는데, 그녀는 성주의 딸로 매우 아름다웠다고 합니다. 이사벨에게 한눈에 반한 아부 알 하산 알리는 그녀에게 자신의 부인이 되어달라고 청혼하는데, 이교도와 결혼할 생각이 전혀 없었던 이사벨은 일언지하에 거절합니다. 그러자 그는 이사벨을 궁전 안의 한 건물에 감금하는데, 그곳이 바로 감금의 탑인 것입니다.

이사벨이 고집을 부리자, 왕은 그녀의 시녀를 매수합니다. 시녀는 "감옥에서 이대로 죽는 게 좋으냐, 왕의 부인이 되어 부귀영화를 누리는 게 좋으냐?"라며 설득을 계속하였고, 결국 이사벨은 마음을 바꾸어 왕의 청혼을 받아들이고 이름도 이슬람식인 '소라야*Zoraya*(샛별)'로 바꾸었다고 합니다.

이야기가 여기에서 끝나면 좋을 텐데, 뒷이야기가 심상치 않은 것을 우리는 이미 알고 있습니다.

소라야를 향한 왕의 총애가 깊어지고 그녀가 아들을 낳자, 신하들 중에는 소라야를 지지하는 세력이 생기게 되었던 것입니다. 그런 상황에서 왕이 소라야의 참소를 믿고 정식 부인이자 보압딜의 어머니인 아익사*Aixa*를 알바이신에 있는 다르 알 오라*Palacio de Dar al Horra*에 유폐시키자 궁정의 암투는 더욱 치열해질 수밖에 없었습니다.

나스르 왕실은 소라야를 지지하는 세력과 아익사와 보압딜을 지지하는 세력으로 나뉘어 내전에 가까운 싸움을 벌인 끝에 보압딜이 부왕을 축출하고 왕위를 차지하는데, 이 일로 인해 나스르 왕조는 멸망의 길로 치닫게 되는 것입니다.

아익사 왕비가 유폐되었던 알바이신의 다르 알 오라   알바이신의 소라야 레스토랑

결국 나스르 왕조의 멸망은 이사벨(즉 소라야)의 미색美色에서 시작되었다고 해도 지나친 말이 아니니, 그녀는 말 그대로 경국지색傾國之色이었던가 봅니다.

알바이신을 걷다 보니, 소라야의 이름을 딴 식당이 보였습니다. 그녀의 존재는 지금도 잊혀지지 않을 정도로 그라나다에서 중요한 것 같습니다.

왕녀들의 탑 ③

Torre de las Infantas
Tower of the Infantas

스페인어로 Infanta는 '왕녀, 공주'를 뜻하니, 이 탑의 이름은 왕녀들의 탑, 혹은 공주들의 탑이라고 하면 되겠습니다. 대개 왕녀들의 탑이라고 하므로, 여기서도 그렇게 부르겠습니다.

이 탑은 이름에서 짐작할 수 있는 것처럼, 왕녀들에 관한 이야기가 전합니다. 이 이야기를 채록하여 세상에 알린 것은 『알람브라 이야기』를 쓴 워싱턴 어빙이지요.

왕녀들의 탑

나스르 왕조의 어느 왕에게는 세 명의 딸이 있었습니다. 그런데 점성술사가 말하길, 공주들이 결혼할 나이가 되면 누구도 만나지 못하도록 철저히 보호해야 하며, 그렇지 않으면 불행한 일이 생길 거라고 했습니다.

세월이 지나 세 공주는 매우 아름답게 자랐는데, 점성술사의 말을 기억한 왕은 공주들을 탑에 가두어놓고 철저히 감시했습니다. 불행한 일이 생기는 것을 막기 위해서였지요.

어느 날 공주들은 탑 안에서 밖을 내려다보다가 포로로 끌려오는 기독교도 청년 세 명을 보게 되었습니다. 청년들은 매우 준수하고 기품 있었으며 용감한 기사들이었습니다. 공주들은 그만 사랑에 빠지고 말았습니다. 청년들 또한 아름다운 공주들과 눈이 마주친 순간, 사랑을 느꼈지요. 그러나 왕의 명이 지엄했기 때문에 공주들은 마음대로 청년들을 만나러 갈 수 없었어요.

그래도 젊은 남녀의 사랑을 막을 수는 없었습니다. 왕의 눈을 피해 그들은 사랑을 속삭이게 되었지요. 공주들과 청년들은 깊이 사랑하는 사이가 되었답니다.

그런데 청년들의 부모가 몸값을 가지고 와서 청년들을 풀어달라고 하는 것입니다. 그 당시는 포로의 가족이 몸값을 가져오면 석방하는 것이 관례였습니다. 청년들은 고향으로 돌아가게 되었지요.

이별을 슬퍼하는 공주들을 보면서 청년들은 자신들과 함께 달아나자고 권유합니다. 공주들은 사랑하는 사람을 잃고 싶지 않았기 때문에 그러기로 약속하였지요.

마침내 알람브라 궁전을 탈출하기로 약속한 날이 되었습니다. 밤이 깊어지고 세상이 모두 잠들었을 때, 공주들은 시녀의 도움을 받아 탑을 빠져나가기로 합니다. 왕의 명령으로 출입문은 봉쇄되었기 때문에 줄을 타고 벽을 따라 내려가야 했지요.

첫째 공주와 둘째 공주가 먼저 탑을 내려갔습니다. 그러나 막내 공주는 겁이 나서였는지, 아니면 아름다운 궁전과 사랑하는 부모님을 떠나는 것이 슬퍼서였는지 계속 망설이기만 하는 것이었습니다. 아래에서는 언니들이 독촉하는데, 막내 공주는 끝내 머뭇거리다가 이렇게 외쳤습니다.

"언니들, 나는 남겠어요. 언니들의 행복을 알라신께 빌게요."

이러는 동안 순찰꾼들에게 발각된 두 공주는 쫓기다가 강물에 뛰어들어 목숨을 잃고, 막내 공주는 슬픔 속에서 살다가 세상을 떠났다는 비극적인 이야기입니다.

워싱턴 어빙은 여기에 한마디를 덧붙입니다. 지금도 세 공주는 보름달이 뜨는 밤이면 보석으로 장식한 승마용 말을 타고 외로운 산속을 달리다가 누군가 말을 걸면 바로 사라진다고요. 그것이 과연 사실일까요?

물의 탑 💬④

Torre del Agua
Water tower

'물의 탑'이란 이름은, 말 그대로 이곳이 왕궁에서 사용하는 물을 저장하던 곳이기 때문에 붙여진 것입니다. 탑으로 물을 보내는 역할을 하는 수도교가 왼쪽에 보입니다.

알람브라 궁전에서 가장 기적적인 것은, 시에라네바다의 눈 녹은 물을 끌어들여 궁전 구석구석에 공급한 기술입니다. 만약 물이 없다면, 알람브라 궁전의 아름다움은 다만 박제된 것에 불과할 것입니다.

물의 탑과 수도교

알람브라 궁전은 언덕 위에 지어졌습니다. 군사적 목적의 요새를 겸하다 보니 어쩔 수 없는 선택이었겠지만, 고지대는 물의 공급 측면에서는 약점이 있을 수밖에 없습니다.

게다가 그라나다는 물이 풍부한 도시가 아닙니다. 무어인들이 안달루시아 지방을 탐낸 이유가 풍부한 물 때문이라고 하는데, 세비야나 코르도바와 비교한다면 그라나다는 물 공급에 어려움을 겪었을 것입니다.

물론 그라나다에는 다로 강과 헤닐 강이 있어 시내를 흘러가지만, 우리가 생각하는 그런 규모의 강이 아닙니다. 다로 강은 실개천에 가깝고, 헤닐 강은 작은 하천 수준입니다.

실개천에 가까운 다로 강

작은 하천에 불과한 헤닐 강

세비아의 과달키비르 강

코르도바의 과달키비르 강

시에라네바다의 만년설

　도시의 젖줄이 될 수 있을 만큼 충분히 넓고 수량도 풍부한 세비야와 코르도바를 지나는 과달키비르 강과 비교해 보면 그 차이를 알 수 있습니다.

　그러면 그라나다의 지배자들은 이 문제를 어떻게 해결했을까요. 다행히 그라나다 근처에는 만년설을 이고 있는 시에라네바다가 있습니다.

　그들은 만년설이 녹아서 흘러내리는 물을 끌어들여 왕궁 구석구석까지 공급했습니다. 이러한 치수治水는 이슬람의 발달된 기술이 뒷받침되어 있기에 가능한 일이었습니다.

　전기가 없던 시절에 멀리서 끌어온 물을 언덕 위의 탑까지 올려 저장한 다음, 필요한 곳에 보내는 실핏줄 같은 물 공급망을 갖추고 살았던 당시의 사람들에게 감탄하지 않을 수 없습니다.

여기서 잠깐, 치수에 관한 이야기가 나온 김에 알람브라 궁전을 둘러싼 수로의 경로를 살펴보겠습니다.

　알람브라 궁전 안에는 크고 작은 분수며 연못이 구석구석에 설치되어 있습니다. 그것들이 있어 알람브라 궁전이 생명력을 얻은 것이므로, 거기에 부족하지 않게 물을 공급하는 일은 왕조의 존망을 결정짓는 중차대한 일이었을 것입니다. 이슬람의 기술자들은 그 문제를 해결하기 위해 시에라네바다에서부터 흘러온 물을 일단 알람브라 궁전 위의 댐에 저장하였다고 합니다. 아마도 그 댐이란 '무어인의 자리Silla del Moro, (296쪽 참조)'에 있는 저수조를 말하는 것이 아닐까 합니다.

　언덕 위에 모인 물은 낙차를 이용해 헤네랄리페로 흘렀고, 다시 그 물은 나스르 궁전으로, 알카사바로 골고루 공급되었던 것입니다.

　그 당시의 기술이 얼마나 뛰어났던지 지금까지도 알람브라 궁전 곳곳에서 물길을 따라 맑은 물이 흘러가는 것을 볼 수 있답니다.

지금도 맑은 물이 흐르는 알람브라 궁전의 수로

7층탑 💬5

Torre de los Siete Suelos
Tower of Seven Storeys

7층탑은 파라도르 데 그라나다와 가까운 곳에 있는 탑입니다. 파라도르에서 왕녀들의 탑과 거리는 비슷한데 방향이 반대라고 생각하면 됩니다.

그런데 이 탑에는 재미있다면 재미있고 씁쓸하다면 씁쓸한 이야기가 전한답니다. 『알람브라 이야기』에 의하면 이런 내용입니다.

보압딜 왕은 항복을 하고 알람브라를 떠나면서 가톨릭 국왕 부부에게 부탁 한 가지를 합니다. 왕조를 멸망시킨 처지에 무슨 정신이 남아서

7층탑의 문

그런 부탁을 했을까 싶은데, 내용도 참 어처구니없습니다. 하여간 그는 "내가 이 문을 나간 후로는 누구도 이 문을 통과하지 못하게 해 달라."고 부탁했다는 것입니다.

이사벨 1세는 그 부탁을 들어주겠노라고 약속했는데, 사실 그 탑은 그 당시에 이미 낡고 퇴락하여 사용하지 않는 상태였기 때문에 다른 사람이 그 문을 통과할 가능성은 없었습니다. 그런데도 보압딜이 그 탑의 문을 이용한 것은 자신의 백성들이 사는 도심을 통과하지 않기 위해서였던 것이지요. 알바이신이나 그라나다 시내를 통과하지 않으면서 남쪽(그는 지중해를 건너 모로코로 망명길을 떠났습니다)으로 내려가기 위해서는 7층탑이 있는 곳이 제격이었기 때문입니다. 분노한 백성들이 사는 곳을 통과할 엄두가 나지 않았겠지요.

어쨌든 전해지는 바에 의하면 이사벨 1세는 약속을 지키기 위해 벽으로 문을 막아 다른 사람이 이용할 수 없도록 했다고 합니다. 그 후 나폴레옹의 군대가 알람브라를 점령하였다가 떠나면서 몇 개의 탑을 폭파시킬 때 7층탑도 폭파하여 워싱턴 어빙이 알람브라에 머물 때만 해도 폐허로 남았다는 것입니다. 그러나 지금은 사진에서 볼 수 있는 것처럼 보수를 하여 문의 형태를 갖추었습니다.

워싱턴 어빙은 폐허로 변한 탑 주변에 온갖 미신이 떠돌아다닌다는 이야기도 전합니다. 기괴한 유령들과 마술을 부리는 무어인들이 7층탑 주변을 맴돌며 왕의 보물을 지켜주는데, 키 작은 물지게꾼 페레힐이 무어인에게 받은 유산으로 7층탑의 지하에서 보물을 발견한 것이 그 예라는 것입니다.

이래저래 7층탑 주변에 전해지는 이야기가 이렇게 괴기스러운 것은 멸망한 왕조의 한이 서린 곳이어서일까요?

붉은색 탑 6

Torres Bermejas
Red Towers

이 탑의 이름인 Bermejas는 붉은색을 가리키는 말입니다. 붉은 벽돌을 사용해서 지었기 때문에 붉게 보인다고 그런 이름을 붙인 것 같습니다. 원래 Alhambra란 말이 '붉은 성, 붉은 요새'란 뜻이니 일맥상통하는 이름입니다.

알카사바에서 내려다본 붉은색 탑

Manuel Gómez Moreno, 토레스 베르메하스(붉은색 탑)

　토레스 베르메하스(붉은색 탑)는 알람브라 궁전의 연장이기는 하지만,
알람브라 성과 좀 떨어져 있습니다. 그림으로 보면서 탑의 위치를 파악
하면 좋을 것입니다. 그라나다의 문을 통과하다 보면 오른쪽에 보이는
요새처럼 보이는 탑이 바로 붉은색 탑입니다. 알람브라 궁전을 방어하
는 최전선 역할을 했던 것으로 보입니다.

7장

헤네랄리페(Generalife)

알람브라 궁전에서 가장 싱그럽고 아름다운 정원

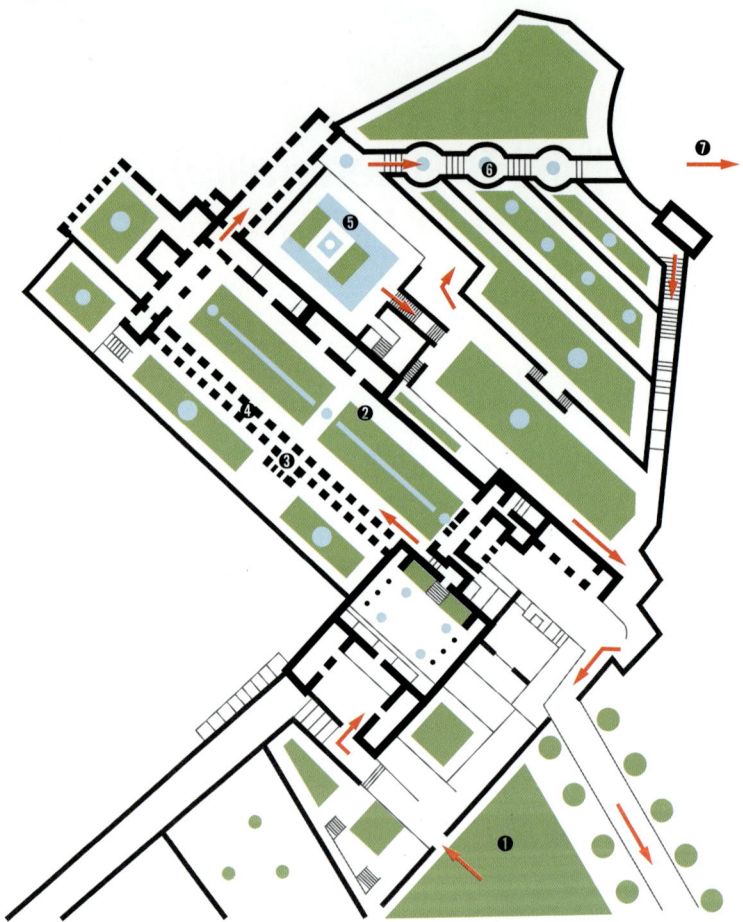

❶ 헤네랄리페 새(新) 정원(Jardines Nuevos)
❷ 아세키아 중정(Patio de la Acequia)
❸ 아세키아 전망대(Mirador)
❹ 남/북쪽 파빌리온을 잇는 회랑
❺ 술타나의 중정(Patio del Ciprés de la Sultana)
❻ 수로 계단(Escalera del Agua)
❼ 무어인의 자리(Silla del Moro)

헤네랄리페 새(新) 정원 ①

Jardines Nuevos

먼저, 헤네랄리페를 지은 목적에 관해 전해 내려오는 이야기가 있습니다. 워싱턴 어빙의 『알람브라 이야기』를 통해 그 사연을 한번 알아봅시다.

옛날 나스르 왕조의 어느 왕에게 아흐메드란 아들이 있었습니다. 이 왕자는 아기 때부터 특별한 존재였습니다. 누가 보든지 장차 훌륭한 군주가 될 거라는 게 너무나 명백했던 것이지요. 그래서 그의 별명은 '알 카멜(완벽한 사람)'이었습니다. 다만, 점성술사들에 의하면 그는 성인이 되기 전에 사랑에 빠지면 위험해질 수 있는 운명이었습니다.

그 사실을 알게 된 왕은 아들을 위험으로부터 구할 수 있는 방법을 모색하게 되었습니다. 아들이 절대로 사랑에 빠질 수 없는 환경을 만들어서 거기에서만 살도록 했습니다. 절대로 여자를 볼 수도 없고, '사랑'이라는 단어를 들을 수도 없는 곳에 꼭꼭 숨겨두고 키우기로 한 것입니다.

왕은 알람브라 궁전으로부터 약간 떨어진 '태양의 언덕Cerro del Sol' 위에 더없이 아름다운 궁전을 지었습니다. 그곳은 무엇 하나 부족한 것이 없었습니다. 다만, '사랑'만이 없었을 뿐이지요. 그곳에서 아들이 사랑을 모른 채 행복하게 살기를 왕은 바랐던 것입니다. 바로 그곳이 지금도 아름답기로 소문난 헤네랄리페라는 것이 워싱턴 어빙의 증언입니다. 물론 이야기의 결말은 여러분이 짐작할 수 있는 바와 마찬가지로, 그 왕자는 나중에 아름다운 처녀를 만나 사랑에 빠지게 되고, 온갖 어려움을 겪지만 다 극복해 낸 다음 더없이 슬기롭고 어진 임금이 되어 자신의 왕국을 다스리게 된답니다.

그러나 헤네랄리페는 왕들의 여름 별장으로 지어졌다는 것이 정설입니다. 왕들이 사냥을 하다가 잠시 들러서 쉬는 공간으로 이용되기도 했다고 합니다. 이곳은 13세기에 지어졌고, 14세기 초 압둘 왈리드Abdul Walid 국왕에 의해 재정비되었으며, 기독교도들에게 넘어간 뒤 많은 변형이 이루어진 것으로 알려졌습니다.

알람브라 궁전의 매표소를 통과하여 안쪽으로 들어가다 보면, 오른쪽 위쪽으로 헤네랄리페 별궁이 있음을 알려주는 표지판이 나타납니다. 알람브라 궁전을 먼저 볼 사람들은 왼쪽으로 길을 잡으면 되고, 헤네랄리페를 먼저 볼 사람들은 입구에 서 있는 직원에게 입장권을 보여준 다음 안쪽으로 들어가면 됩니다.

헤네랄리페를 향해 가다 보면 Jardines Nuevos라는 공간이 먼저 관광객을 맞이합니다. 이 단어는 '새로운 정원New Gardens'이라는 뜻으로, 그라나다 왕국 당시에 조성된 정원은 아니란 걸 의미합니다. 그러나 전체적인 분위기는 헤네랄리페와 비슷하여 별로 이질감이 들지는 않는답니다.

술타나의 정원 위쪽에 위치한 옛 정원Jardines Altos을 Upper Garden이라고 하고, 아래쪽에 위치한 새 정원은 Lower Garden이라고도 합니다.

이제 본격적으로 헤네랄리페를 구경하기 전에 일러둘 것이 있습니다. 헤네랄리페는 건물의 아름다움을 보기 위해 가는 곳이 아닙니다. 나스

Jardines Nuevos(새로운 정원)

르 궁전을 먼저 보고 온 사람들에게 헤네랄리페의 건물들은 큰 감동을 주기 어려울 것입니다. 나름대로 건물에 정교하고 아름다운 이슬람식 장식을 도입했다고는 하지만, 나스르 궁전을 능가할 수는 없으니까요.

맑은 물이 흐르고 초목이 우거진 곳을 낙원이라고 생각했던 이슬람교도들은 헤네랄리페에 아름다운 정원을 조성함으로써 자신들의 낙원을 만들었습니다. 그러니까 헤네랄리페는 낙원을 거니는 기분으로 구경해야 제대로 보는 것입니다.

아세키아 중정 ②

Patio de la Acequia
Court of the Water Channel

14세기에 지어진 아세키아 중정은 헤네랄리페의 심장이라고 해도 과언이 아닐 정도로 중요하면서도 아름다운 곳입니다. 알람브라 궁전을 소개하는 자료에 늘 등장할 정도로 포토제닉한 공간이기도 합니다.

'아세키아Acequia'는 관개용수로灌漑用水路를 말합니다. 그러니까 이 말에는 이곳이 단순히 아름답게 보이도록 꾸며진 정원이 아니라, 시에라네바다에서 끌어온 물이 이곳을 통해 알람브라 궁전 구석구석으로 공급되도록 설계되었다는 사실이 담겨 있는 것입니다.

아세키아 중정(북쪽 파빌리온을 바라본 상태)

헤네랄리페 전망대 아치 너머로 보이는 알람브라 궁전

좁은 수로 양쪽에서 물줄기를 뽑아 올리는 24개의 분수는 시각적으로도 시원스럽고 사랑스럽지만, 구슬이 떨어지는 듯한 영롱한 물소리는 귀를 맑게 씻어줍니다. 이곳의 물줄기에서 영감을 얻은 프란시스코 타레가가 기타 연주곡인 '알람브라 궁전의 추억'을 작곡했다는 일화는 널리 알려져 있습니다.

헤네랄리페가 왕실 가족들이 여름을 시원하게 보내기 위해 지은 여름 궁전이었던 만큼 시원스런 느낌을 줄 수 있는 장치는 필수적이었을 것입니다. 바람이 잘 통할 수 있는 언덕 위에 지어 위치 면에서도 탁월하지만, 물을 이용한 청량감의 극대화는 무엇보다도 헤네랄리페를 돋보이게 하는 선택이었습니다.

맑고 영롱한 물방울들이 연주하는 음악에 취해 아세키아 중정에서는 다른 곳에 눈길 줄 여유가 없는 것이 사실입니다만, 그래도 헤네랄리페 전망대Mirador에 서서 정교한 아라베스크 문양이 새겨진 아름다운 아치 너머로 보이는 알람브라 궁전을 감상해보세요. 특히 해 질 녘이면 황금색으로 빛나는 알람브라 궁전이 더욱 신비스럽게 보인답니다.

아치 안쪽에 그려진 이사벨의 멍에　　　　아치 안쪽에 그려진 페르난도의 화살

한 가지 더, 남쪽과 북쪽 파빌리온을 연결하는 회랑의 아치 안쪽을 보면 군데군데에 이사벨의 멍에와 페르난도의 화살을 그린 흔적이 남아 있습니다. 세월이 흐르는 동안 대부분 지워졌지만, 그래도 몇 군데는 희미하게나마 흔적을 볼 수 있으니 찾아보시기 바랍니다. 이슬람 왕조의 유적에 가해진 문화적 박해라는 생각이 드는 또 하나의 예이기 때문입니다.

술타나의 중정 ③

Patio del Ciprés de la Sultana
Court of the Sultana's Cypress

아세키아 중정에서 계단을 올라가면 '술타나의 중정'이라는 아담한 정원이 나옵니다. 이미 아세키아 중정에서 헤네랄리페 정원의 아름다움을 만끽하고 온 사람에게는 규모나 형태면에서 다소 평범하게 보일지도 모릅니다. 그래서 무심히 지나칠 수 있지요.

그러나 이 정원에는 흥미 있는 이야기가 전한답니다. 그것을 알기 위해서는 정원 이름에 담긴 의미부터 해석해 볼 필요가 있습니다.

술타나의 중정

'Patio del Ciprés de la Sultana'에서 Patio가 중정(中庭)을 뜻한다는 것은 이미 알아봤습니다. 이곳의 형태를 눈여겨보면 왜 이름을 그렇게 지었는지 금세 이해할 수 있을 것입니다. 나머지 부분에서 Ciprés는 사이프러스나무를 뜻하고, Sultana는 술탄의 부인을 뜻합니다. (Sultana는 술탄의 부인, 공주나 왕의 누이, 왕자의 부인 등을 두루 일컫는 말인데, 원래 왕비는 공식적으로 책봉되지 않고 자신이 낳은 아들이 술탄이 되면 모후母后라는 의미로 발리데 술타나Valide Sultana라고 불립니다.)

수령이 700년이나 되는 사이프러스나무와 술타나, 이 두 가지가 이 정원에 전해지는 비극적 이야기의 핵심입니다.

전해지는 이야기에 의하면, 술탄의 한 후궁이 귀족 자제와 눈이 맞아 이 정원에서 사랑을 속삭였는데 그만 술탄에게 발각되었다고 합니다. 두 사람의 배신에 분노한 술탄은 그들을 죽이고, 현장을 목격한 나무에게도 죄가 있다 하여 고사시켰다고 합니다. 그러니까 이 중정의 이름을 굳이 해석하자면, '술타나의 사랑을 목격한 사이프러스나무가 있는 중

사이프러스나무 고사목

고사목이 된 사이프러스나무

정'이 될 것입니다. 그렇다면 정원 조성 당시에 붙인 이름은 아니고, 후대인들이 비공식적으로 입에 담던 말이 이름으로 굳어진 거라고 봐야겠지요.

아무튼 그 귀족 자제가 바로 아벤세라헤스 가문의 일원이었으므로 나스르 궁전의 아벤세라헤스 방에서 그 가문의 젊은이들을 몰살시켰다는 것이 전승되는 이야기의 골자입니다.

그러나 사이프러스나무가 술타나의 불륜을 목격한 탓에 술탄으로부터 벌을 받아 죽었는지는 알 수 없지만, 그 일 때문에 유력한 가문의 모든 젊은이들을 몰살시켰다는 것은 의문의 여지가 있습니다. 앞서 설명하였듯이 그 사건은 정쟁의 여파로 보는 것이 타당할 것입니다.

다만 술타나의 정원에 서 있는 말라죽은 사이프러스나무는 그럴듯한 사연을 갖고 있기에 소개했습니다.

술타나의 정원 위쪽으로는 수로를 양쪽으로 낀 계단^{Escalera del Agua,} Water Stairway이 있습니다. 시에라네바다 산으로부터 흘러온 물을 헤네랄리페를 비롯한 알람브라 궁전으로 공급하는 물길이지요.

앞서 말했듯이 헤네랄리페의 참된 가치는 건물이 아니라 물의 이용에 있습니다. 멀리 시에라네바다의 눈 녹은 물을 끌어들여 궁전 구석구석까지 흐르게 한 당시의 기술력을 먼저 보아야 합니다.

지금도 그 당시에 만들어 놓은 물길을 통해 맑은 물이 풍부히 흐르는 것을 보면 감탄을 금할 수 없습니다.

계단 옆의 수로

무어인의 자리 ④

Silla del Moro

『알람브라 이야기』를 읽다 보면, '무어인의 자리Silla del Moro'라는 말이 등장합니다. 워싱턴 어빙에 의하면, 그곳은 헤네랄리페 위쪽의 산꼭대기에 있는데 그가 그라나다에 머물 당시에 이미 폐허가 된 상태였다고 합니다. 현재는 그 자리에 어느 정도 복원된 건물이 들어서서 옛 모습을 짐작할 수 있게 해주는데, 헤네랄리페 뒤쪽으로 보이는 건물이 시야 델 모로, 즉 무어인의 자리입니다.

복원된 '무어인의 자리'

호세 라로차 곤잘레스, '시야 델 모로에서'　　　　시야 델 모로의 물 공급을 위한 시설 유적

　　호세 라로차 곤잘레스Jose Larrocha Gonzalez라는 화가가 그린 '시야 델 모로에서Desde la Silla del Moro'라는 그림에서도 이곳의 위치가 파악되는데, 그림에는 건물의 흔적마저 남아 있지 않습니다. 아마도 워싱턴 어빙이 본 것은 그림과 같은 풍경 아니었을까 싶습니다.

　　이곳에 있었던 건물의 용도에 대해서는 두 가지 설이 있습니다. 하나는, 헤네랄리페를 비롯한 알람브라 궁전의 정원에 물을 공급하기 위한 저수 시설이었다는 것입니다. 알람브라 궁전은 시에라네바다의 눈 녹은 물을 끌어들여 구석구석까지 공급하였는데, 시야 델 모로의 시설이 바로 끌어들인 물을 저장하는 역할을 했다는 것이지요. 사진에 보이는 유적은 저수 시설의 일부로 보여 이러한 견해에 힘을 실어줍니다.

　　그런가 하면 시야 델 모로가 헤네랄리페를 보호하기 위한 방어 시설이었을 거라고 보는 견해도 있습니다. 북쪽으로부터 침입하는 적을 막기 위한 성벽과 탑이 있었던 자리인데, 그라나다 왕국이 멸망하면서 폐허로 변했다는 것이지요.

사실 물 공급 시설과 방어 시설이 동시에 존재했다고 보는 편이 옳을 것입니다. 풍부한 물의 사용으로 지상에 구현된 낙원과 같았던 알람브라 궁전으로서는 물 공급이야말로 무엇과도 비교할 수 없는 중요한 과제였으며, 그것을 가능하게 만드는 시설을 지키는 일 또한 국정의 우선 과제였을 것이기 때문입니다.

그런데 그곳을 '무어인의 자리'라고 부르는 까닭은 무엇일까요. 그것은 불운한 무어인 왕 보압딜Boabdil(아부 압둘라 무함마드 11세)이 그곳에 서서 모반이 일어난 그라나다 시내를 내려다보면서 탄식하였기 때문이라고 워싱턴 어빙은 설명합니다. 이 말은 보압딜 왕 당시에 모반謀反이 일어났다는 뜻인데, 어떤 사건을 말하는지 알아봅시다.

앞에서 몇 차례 이야기했듯이 보압딜의 아버지인 아부 알 하산 알리Abu al-Hasan Ali는 후궁인 소라야의 참소를 믿고 보압딜과 그의 어머니 아익사를 감옥에 가두기까지 했습니다. 아익사의 기지機智로 보압딜은 죽음을 면했지만, 아버지에 대한 불신과 미움이 커져서 결국 아버지를 몰아내고 왕위를 찬탈합니다. 그것이 1482년의 일이지요.

그런데 이상한 것은, 아부 알 하산 알리와 보압딜의 재위 기간을 조사해 보면, 좀 복잡하게 기록된 것을 확인할 수 있습니다. 아부 알 하산 알리는 1464~1482과 1483~1485에 재위한 것으로 나오고, 보압딜은 1482~1483과 1487~1492에 재위한 것으로 되어 있는 것입니다. 즉, 1482년과 1483년 사이에 부자간父子間에 왕권을 둘러싼 싸움이 있었다는 뜻이지요.

이때 보압딜은 아버지에 의해 다시 쫓겨나 카스티야 왕국의 페르난도

2세에게 몸을 의탁했고, 왕위를 되찾는 데 필요한 도움을 받는 대가로 그라나다 왕국의 영토를 일부 양보하는 협정을 맺었다고 합니다. 그라나다 왕국을 빼앗으려고 호시탐탐 노리는 카스티야 왕국을 찾아가 몸을 의탁했다는 말은 보압딜의 처신이 매우 잘못되었다는 뜻이며, 그들 부자간의 사이가 적국敵國보다 더 나빴다는 뜻이 되는 것입니다. 그러니 그라나다 왕국의 위상은 땅에 떨어질 수밖에 없었지요.

그럼, 아부 알 하산 알리가 죽은 1485년과 보압딜이 다시 왕위에 오른 1487년 사이에는 무슨 일이 있었던 것일까요. 이때는 아부 알 하산 알리의 동생인 엘 사갈El Zagal('용감한 자'란 뜻의 아랍어 'Al-Zagal'에서 와전된 이름임)이 권력을 잡았던 시기입니다. 결국엔 보압딜이 삼촌을 몰아내고 왕위를 되찾았지만, 이미 골육상잔骨肉相殘의 내분으로 그라나다 왕국의 운명은 바람 앞의 등불 신세가 된 뒤였습니다.

워싱턴 어빙이 '무어인의 자리'를 설명하면서 사용한 모반이란 표현이 아부 알 하산 알리와의 싸움을 말하는 것인지, 아니면 엘 사갈과의 싸움을 말하는 것인지는 알 수 없지만, 왕위를 차지하기 위해 목숨 걸고 싸워야만 했던 보압딜의 운명을 알게 해주는 장소인 것은 분명합니다.

『알람브라 이야기』에는 '시야 델 모로'라는 말과 함께 '엘 울티모 수스피로 델 모로El Ultimo Suspiro del Moro(무어인의 마지막 한숨)'라는 표현도 나옵니다. 그라나다 평원의 남쪽으로 건조한 언덕들이 줄지어 서 있는데, 그 중에서 가장 높은 언덕이 바로 '엘 울티모 수스피로 델 모로'입니다. 그 곳에 이런 이름이 붙은 까닭은, 보압딜 왕이 그라나다를 빼앗기고 쫓겨나며 슬픈 심정을 토로한 곳이기 때문이라고 합니다. 보압딜은 마지막 한숨을 내쉬며 이곳을 지나 지브롤터 해협을 건너 모로코의 페스로 간 다음 거기서 살다 1533년에 생을 마감합니다.

Francisco Pradilla y Ortiz, 'El Ultimo Suspiro del Moro'

프란시스코 프라디야 이 오티스Francisco Pradilla y Ortiz(1848~1921)의 '무어인의 마지막 한숨'에 등장하는 언덕배기가 아마도 '엘 울티모 수스피로 델 모로'가 아닐까 생각합니다. 그리고 보압딜 왕이 알람브라 궁전에 대한 미련을 떨쳐버리지 못하고 눈물을 흘리다가 어머니로부터 "남자로서 용감하게 싸워 왕국을 지키지도 못했으면서 여자처럼 눈물이나 흘리고 있구나."라는 매서운 꾸중을 들었다는 곳도 아마 여기가 아닐까 싶습니다.

알람브라 궁전의 추억(Recuerdos De La Alhambra)

'알람브라 궁전의 추억'이라는 기타 연주를 들어본 적이 있으십니까? 한없이 애잔한 멜로디와 영롱한 음색이 깊은 울림을 주는 곡이지요. 필자는 그 노래를 딱 한 번 듣고는 알람브라 궁전이란 곳을 동경하게 되었습니다. 그곳에 대한 추억이 그토록 황홀한 음악을 낳았다면, 그런 음악을 낳은 궁전은 얼마나 더 황홀하고 멋진 곳이겠습니까? 어쩐지 그곳은 아라비안나이트에 등장하는 술탄의 궁전 같이 아름답고 신비스런 곳일 거라고 믿게 되었지요. 그래서 '언제든 반드시 그곳에 가보리라.'고 다짐했었습니다.

필자를 사로잡은 '알람브라 궁전의 추억'은 프란시스코 타레가 에이세아Francisco Tárrega Eixea가 작곡한 기타 연주곡입니다. 그는 스페인 카스티용 출신으로, '스페인의 영혼을 되살린 음악가'란 평을 듣습니다. 그의 작품은 '알람브라 궁전의 추억' 말고도 여러 곡이 더 있지만, 그를 세상에 널리 알린 것은 역시 '알람브라 궁전의 추억'이지요.

전하는 이야기에 따르면, 그는 제자인 콘차 부인을 짝사랑했다고 합니다. 그녀에 대한 진실한 사랑을 고백했지만 거절당하자, 실연의 아픔을 달래기 위해 그라나다로 왔다는 것입니다. 하루는 달빛이 내리비치는 적막한 밤에 알람브라 궁전을 거닐다가 헤네랄리페에 이르렀는데, 그곳 정원의 분수대에서 방울방울 떨어지는 물소리를 듣다가 영감을 얻어 작곡한 것이 바로 '알람브라 궁전의 추억'이라고 합니다. 그래서인지 기타 연주를 듣고 있자면 분수대에서 떨어지는 구슬 같은 물방울을 보는 듯한 느낌이 듭니다.

프란시스코 타레가(1852.11.21. ~ 1909.12.15.)

'알람브라 궁전의 추억' 연주 기법과 관련하여 트레몰로라는 말을 듣게 되는데, 이는 '떨린다'는 뜻을 갖는 tremolo라는 말에서 나온 음악 용어로 빨리, 떨리는 듯이 되풀이하는 연주법을 말합니다. '알람브라 궁전의 추억'을 들으며 물방울이 끊임없이 떨어지는 듯한 느낌을 받는 것은 바로 이 트레몰로 기법 때문이지요.

폐허 속에 방치되던 알람브라 궁전을 세상에 널리 소개한 문학 작품이 워싱턴 어빙의 『알람브라 이야기』라면, 알람브라 궁전을 낭만과 애수의 공간으로 사람들 가슴 속에 자리 잡게 한 것은 프란시스코 타레가의 '알람브라 궁전의 추억'이 아닐까 합니다.

'알람브라 궁전의 추억'을 낳은 구슬 같은 물방울

part 02

Granada City

그라나다 시티

1장

그라나다 대성당과 그 주변

그라나다에서 기독교적인 색채를 대표하는 곳

알람브라 궁전이 그라나다의 이슬람적 색채를 대표한다면, 대성당(카테드랄)은 기독교적인 색채를 대표합니다. 대성당 말고도 그라나다에는 기독교 관련 건축물이 많지만, 규모로 보나 의미로 보나 대성당을 능가할 만한 것은 없습니다.

이사벨 1세와 페르난도 2세가 온 힘을 다해 그라나다를 함락하고 이슬람교도들을 몰아낸 데에는 국토의 통일이라는 정치적 이유도 물론 있었지만, 종교적인 이유가 더 컸습니다. 스페인의 종교를 가톨릭으로 통일하겠다는 강렬한 염원이 그들에게 있었던 것입니다.

그라나다 함락 후 교황 인노첸시오 8세Innocentius PP. VIII로부터 '가톨릭 국왕 부부'라는 칭호를 받은 그들은 이름에 걸맞게 철저히 가톨릭 중심의 정치를 펼칩니다. 그들의 명에 의해 세워진 그라나다 대성당과 왕실 예배당은 그런 의미에서 그라나다의 중심지라고 할 수 있습니다.

그라나다는 워낙 알람브라 궁전이 유명하므로 이슬람 색채가 강한 도시로 기억되기 쉽습니다. 실제로 알람브라 궁전뿐만 아니라 알바이신Albaicin 지구와 알카이세리아Alcaicería에도 이슬람 문화의 흔적이 많이 남아 있는 것이 사실이지요. 그러다 보니 전체적으로 볼 때 스페인의 다른 도시들에 비해 이슬람 색채가 강한 것은 분명하지만, 그것이 전부는 아닙니다. 기독교 관련 문화유산 또한 어느 도시 못지않게 풍부한 곳이 바로 그라나다이니까요.

그라나다 대성당은 그중 가장 대표적인 곳입니다. 이슬람교도들을 몰아내고 그라나다를 차지한 가톨릭 국왕 부부는 자신들이 차지한 땅에서 이슬람 흔적을 지우고 싶어 했습니다. 그래서 메디나(당시 도시의 중심지를 말하며, 현재 카테드랄과 시장이 있는 곳)의 중심에 있던 이슬람의 상징인 대 모스크를 헐고 그 자리에 웅장한 대성당을 짓도록 명령하지요.

보압딜 왕이 가톨릭 국왕 부부와 체결한 항복 문서에는 그라나다에 있는 주요 모스크들을 철거하지 않는다는 조항이 있었다고 합니다. 그러나 기독교로의 종교적 통일을 통해 강력한 스페인을 만들고자 염원했던 가톨릭 국왕 부부에게는 애당초 지킬 수 없는 약속이었는지 모릅니다. 그들에게 이교도異敎徒에 대한 관용과 배려는 없었던 것이 분명하니까요.

어쨌든 그라나다를 함락한 기독교도들에게는 자신들의 신에게 예배를 드릴 수 있는 장소가 필요했습니다. 그렇지만 교회 건축은 짧게는 수십 년에서 길게는 수백 년이 걸리는 큰 공사이다 보니 마냥 기다릴 수만은 없었습니다. 그래서 급한 대로 모스크를 접수하여 교회로 개조한 다음 사용했다고 합니다.

그러나 이런 미봉책은 곧 문제점을 드러냅니다. 비록 개조를 했다고 해도 이교도들이 사용하던 모스크는 기독교도들에게 어색하고 꺼림칙했던 것입니다. 더 큰 문제는 기독교로 개종한 이슬람교도들이었지요. 그들은 살아남기 위해서 어쩔 수 없이 개종했는데, 얼마 전까지 이슬람교도로서 알라Allah에게 예배드리던 장소에서 기독교도로서 하느님에게 예배를 드려야 했으니 혼란스러웠을 것입니다.

이런 문제를 해결하기 위해서는 새로운 예배 장소를 마련하는 것이 급선무였지요. 그래서 이사벨 1세는 1492년 5월에 교황으로부터 받은 그라나다 대성당 건립 허가를 토대로 새로운 성당 건축을 명령했던 것입니다.

1523년에 공사의 첫 삽을 뜬 이후로 약 200여 년의 공사 기간을 거쳐 현재의 모습을 갖춘 대성당은 지금도 그라나다 기독교의 구심점이 되고 있답니다. 알람브라 궁전이 이슬람교를 대표하는 장소라면, 대성당은 기

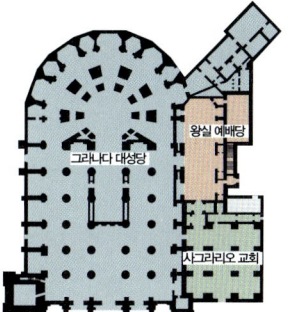

그라나다 대성당과 왕실 예배당

독교를 대표하는 장소로서 쌍벽을 이루며 오늘도 굳건히 자리를 지키고 있지요.

비단 대성당뿐만이 아닙니다. 대성당 옆에 바짝 붙어 있는 왕실 예배 당과 사그라리오 교회도 그라나다의 기독교적 색채를 엿볼 수 있는 중 요한 장소입니다. 어디 그뿐인가요. 그라나다에는 카르투하 수도원, 산 헤로니모 수도원, 사크로몬테 수도원 등의 규모가 큰 수도원들이 있고, 알바이신 지구에는 산 니콜라스 교회, 산타 아나 교회, 산 페드로와 산 파블로 교회 등의 조촐한 교회들이 점점이 흩어져 있답니다. 이런 기독 교 관련 시설들을 보면 그라나다가 이슬람 색채가 강한 도시라는 생각 은 편견에 불과하다는 것을 알 수 있습니다.

여기에서는 먼저 그라나다 대성당 수변을 살펴보노록 하겠습니다. 세 일 중요한 곳은 당연히 왕실 예배당과 대성당이며, 알카이세리아와 비 브 람블라 광장은 종교적 색채와는 상관없이 인접한 관광 명소이므로 같이 다루도록 하겠습니다.

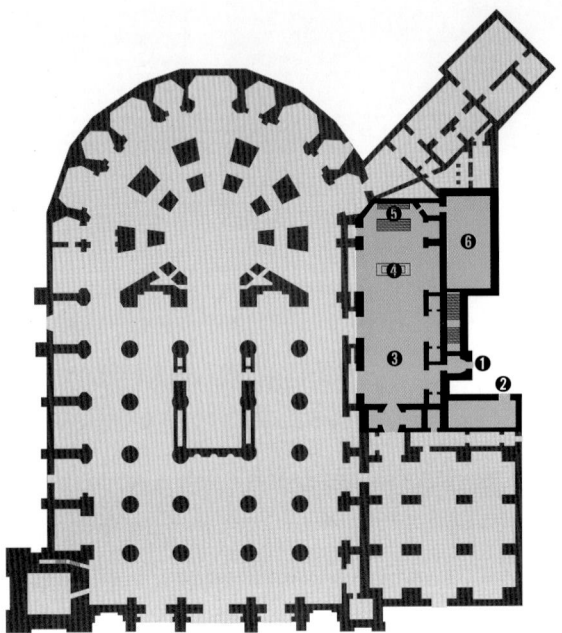

❶ 왕실 예배당 파사드
❷ 왕실 예배당 입구
❸ 신도석
❹ 왕들의 영묘
❺ 제단
❻ 성물실(박물관)

왕실 예배당

Capilla Real/Royal Chapel of Granada

왕실 예배당은 그라나다 대성당 옆구리에 붙어 있는 데다가 크기도 대성당보다 작아서 마치 대성당의 부속 건물처럼 생각하기 쉽지만, 왕실 예배당은 1521년에 완공되었고 대성당은 1523년에 공사를 시작하여 1703년에 준공(종탑 부분은 미완성 상태)되었으니 왕실 예배당이 선배입니다.

그라나다를 정복함으로써 정치적으로나 종교적으로 스페인을 통일한 것에 대해 무한한 자부심을 가졌던 이사벨 1세는 죽어서도 그라나다를 지키고 싶었던지 1504년 9월 13일, 왕실의 새로운 영묘靈廟를 그라나다에 만들라는 명을 내립니다. 그러나 그곳에 묻히기를 원했던 이사벨 1세의 소원은 그녀가 너무 일찍 죽는 바람에 한동안 이루어지지 못합니다. 공사가 시작되고 얼마 지나지 않은 1504년 11월 26일에 이사벨 1세가 사망하기 때문입니다. 왕실 예배당이 완성될 때까지 그녀는 알람브라 궁전에 있는 산 프란체스코 수도원(현재의 파라도르 데 그라나다)에 임시로 묻혀 있어야 했지요.

왕실 예배당은 처음부터 예배이 공간으로서가 아니라 왕실의 영묘로 조성되었기 때문에, 한동안 그곳에는 왕실 구성원들이 잠들어 있었습니다. 그러나 펠리페 2세가 왕실 영묘인 엘 에스코리알El Escorial을 완성한 뒤 대부분 그리로 옮겨갔으므로 현재 왕실 예배당에는 가톨릭 국왕 부부와 그들의 딸 내외(후아나와 펠리페 1세)만이 묻혀 있습니다.

왕실 예배당 입구 ①

왕실 예배당은 콜론대로Gran Via de Colon와 접해 있는 오피시오스 거리 Calle Oficios의 철문을 통과해 좁은 골목길을 잠시 걷다 보면 제일 먼저 만나게 되는 가톨릭 관련 건축물입니다.

먼저 철문을 들어설 때는 고개를 들어 문 위의 장식을 눈여겨보시기 바랍니다. 거기에 있는 '요한의 독수리'와 '이사벨의 멍에', 그리고 '페르

오피시오스 거리 입구의 철문

왕실 예배당의 원래 출입문　　　　관람객을 위한 왕실 예배당 출입구

난도의 화살'은 앞서 알람브라 궁전에서 잠깐 언급했던 것이고, 또 왕실 예배당에서도 다시 만나게 되니 말입니다.

왕실 예배당 앞의 작은 광장에 서면 정면에 조촐한 파사드가 보입니다. 그곳에 나 있는 작은 문이 예배당의 원래 출입문입니다. 그러나 지금은 그 문을 사용하지 않고, 관람객들은 왼쪽 건물의 출입구를 통해 드나든답니다. 단지 출입구로 사용될 뿐이지만 이 건물의 두 개 층 아치 장식들도 예사롭지 않네요.

입장하기 전에 먼저, 파사드의 출입문을 살펴봅시다. 문 위 부조의 중앙에 서 있는 사람은 아기 예수를 안고 있는 성모 마리아이고, 왼쪽에 세례자 요한John the Baptist이, 그리고 오른쪽에 사도 요한John the Apostle이 보입니다. 그리고 성모 마리아의 발 아래로 머리가 두 개인 독수리 문장紋章이 보이는데, 이것은 '그라나다의 문'에서 설명한 바 있는 카를로스 5세의 문장입니다.

왕실 예배당 출입문 위의 부조. 세례자 요한(좌), 성모자(중앙), 사도 요한(우), 카를로스 5세의 문장(아래)

세례자 요한과 사도 요한은 이름이 같아서 사람들이 종종 혼동하기도 하는데, 세례자 요한은 예수에게 세례를 준 사람이고 사도 요한은 예수의 열두 제자 중 한 사람으로 복음서인 〈요한복음〉을 쓴 사람이지요. 세례자 요한에 대해서는 '카톨릭 국왕 부부의 영묘(320쪽)' 편에서, 사도 요한은 '그라나다 대성당의 파사드' 편에서 설명할 예정이므로 여기에서는 생략합니다.

출입문 위의 부조에서 오른쪽 위로 시선을 옮기면, 앞서 오피시오 거리에서 들어올 때 철문에서 보았던 요한의 독수리와 이사벨의 멍에, 그리고 페르난도의 화살을 발견할 수 있습니다.

'요한의 독수리Eagle of Saint John the Evangelist'는 사도 요한의 상징물이 독수리인 데에서 나온 것으로, 기독교 국가로의 통일을 염원했던 스페인

요한의 독수리

이사벨의 멍에

페르난도의 화살

파사드 우측 상단의 부조

왕실이 종교적 상징으로 사용했던 것입니다. 주로 종교적 시설에서 발견
되지요.

요한의 독수리 왼쪽에 있는 '이사벨의 멍에Yoke for Ysabel'는 국가와 신민
에 대한 무거운 왕의 책무를, '페르난도의 화살Arrow for Ferdinand'은 이단異
端(여기에서는 기독교 이외의 종교를 말하며 주로 이슬람교를 겨냥한 것으로 보임)
을 쓸어버리기 위한 단호한 정책을 상징합니다. 왕실 예배당 파사드에
이런 문양을 새긴 까닭이 어디에 있는지를 생각해 보면 그들의 단호한
결의에 두려움이 느껴집니다. 실제로 그들은 이슬람교도와 유대교도들
을 가혹하게 탄압했고, 개종을 강요했으며, 응하지 않는 사람들은 추방
했습니다.

그런데 이와 똑같은 문양을 프랑코 독재정부 당시의 스페인 국기에서 볼 수 있습니다. 요한의 독수리가 국기 왼편에 자리 잡고 있고, 독수리의 날개 아래에 이사벨의 멍에와 페르난도의 화살이 있습니다. 날개 좌우에 있는 것은 현재의 국기에서도 볼 수 있는 헤라클레스의 기둥입니다.

프랑코 독재정부 당시의 스페인 국기

팔랑헤당의 깃발

그런가 하면 그 당시의 여당(프랑코 독재 정당)이었던 팔랑헤당Falange Española의 깃발에는 아예 이사벨의 멍에와 페르난도의 화살만 있습니다.

이것은 프랑코 독재 정권과 팔랑헤당이 지향하는 바를 명백하게 드러내는 것입니다. 그들은 매우 보수적이었으며, 교회야말로 스페인다움의 핵심이라고 믿었습니다. 그들에게 이슬람교도들을 몰아내고 가톨릭 국가인 스페인을 완성한 이사벨 1세와 페르난도 2세는 가장 훌륭한 군주였던 것입니다. 그들은 그때로 돌아가는 것이 강력한 스페인을 되찾는 길이라고 생각했으며, 프랑코는 "나는 역사와 하느님 앞에만 책임이 있다."고 즐겨 말했다고 합니다. 교회가 프랑코 독재정부의 가장 강력한 지지 세력이 된 것은 그 때문이었습니다.

그러나 그들이 간과한 것이 있습니다. 바로 잔혹한 종교 재판을 통해 무고한 사람들을 학살하고, 종교가 다르다는 이유만으로 수많은 사람들을 나라 밖으로 추방한 것이 결과적으로는 스페인의 국력을 약화시켰다는 사실입니다.

가톨릭 국왕 부부 당시 다른 종교의 씨를 말렸듯이 그들은 사상과 이념이 다른 사람들을 모조리 제거하려고 들었는데, 그것은 20세기 초반에 스페인이 겪은 악몽의 시간이었습니다.

프랑코의 사망으로 스페인에 새로운 시대가 열렸을 때, 국기에서 요한의 독수리·이사벨의 멍에·페르난도의 화살을 뺀 것은 그런 이유에서였습니다. 진취적 시대정신의 상징인 헤라클레스의 기둥이 살아남은 것은 스페인의 장래를 위한 현명한 결정이었지요.

사족입니다만, 그라나다에서 볼 수 있는 두 종류의 독수리 문장에 대해 다시 한 번 간단한 설명을 덧붙이겠습니다. 그라나다의 독수리 문장은 머리가 하나인 것과 두 개인 것으로 나뉘는데 왕실 예배당 파사드에 마침 그 둘이 함께 등장하므로 구별하여 살펴보겠습니다.

출입문 위에 있는 것처럼 머리가 두 개인 독수리는 카를로스 5세의 문장입니다. 이는 신성로마제국의 황제였던 카를로스 5세의 강력한 왕권을 상징하며, 주로 카를로스 5세와 관련된 건축물에서 발견됩니다.

파사드 오른쪽 상단에 있는 것과 같이 머리가 하나인 독수리는 요한의 독수리로, 종교적 신성함을 표현하는 것입니다. 스페인 왕실이 추구했던 가톨릭 국가로의 매진邁進을 상징하며, 주로 가톨릭 관련 건축물에서 볼 수 있지요.

얼핏 보기에 비슷하여 혼동하기 쉽지만, 거기에 담긴 의미는 전혀 다르므로 구별하여 설명했습니다.

왕실 예배당의 영묘 💬2

왕실 예배당에 들어서면 '예배당'이라는 이름대로 예배를 드릴 수 있는 공간이 보이는데, 사실 이 공간은 관람객들에게 큰 관심을 받지 못합니다. 철문 너머의 공간이 훨씬 중요하니까요. 바로 가톨릭 국왕 부부와 그들의 딸인 후아나 부부가 잠들어 있는 곳이지요.

입구 쪽에서 보았을 때 오른쪽이 가톨릭 국왕 부부의 영묘이고, 왼쪽이 후아나와 펠리페 1세의 영묘입니다.

여기서는 가톨릭 국왕 부부의 딸 후아나Joanna에 대해 이야기해 보겠습니다. 그녀의 광기狂氣 어린 사랑에 관한 이야기입니다.

가톨릭 국왕 부부의 영묘

후아나 부부의 영묘

신도석 쪽에서 바라본 왕실 예배당　　　　가톨릭 국왕 가족의 영묘

Francisco Pradilla Ortiz, '광녀 후아나'

먼저, 위의 그림을 봅시다. 매우 음산한 분위기의 이 그림 중앙에는 검은색 상복을 입은 여인이 서서 땅에 내려놓은 관을 응시하고 있습니다. 그녀의 주변에 서거나 앉은 사람들은 지쳐 보이는군요. 대체 이 여인은 누구일까요. 흔히 '광녀狂女 후아나Joanna the Mad'라고 불리는 후아나 여왕입니다.

가톨릭 국왕 부부 사이에서 둘째 딸로 태어난 후아나는 유럽 왕실에서 미남으로 소문이 자자했던 합스부르크 왕가의 펠리페 왕자와 결혼합니다. 후아나는 잘 생긴 펠리페를 몹시 사랑했다고 합니다. 그런데 펠리페가 다른 여인들과 어울리자 후아나의 질투심이 폭발하여 둘의 사이가 벌어졌고, 그럴수록 후아나는 남편에게 집착하며 정신 이상 증세를 보이기 시작했습니다.

Juan de Flandes, '광녀 후아나의 초상', '미남 펠리페의 초상'

　그러다 남편이 갑작스레 사망하자 후아나의 병적인 행동은 더욱 심해
집니다. 죽은 남편이 곁에 있는 여자들을 유혹할 것이라는 망상에 사로
잡혀 심지어 수녀들조차 곁에 오지 못하게 하는가 하면, 남편의 시신을
땅에 묻지 못하도록 하고 이리저리 끌고 다녀 8개월 동안 장례를 치를
수 없었다고 합니다. 앞에서 본 그림은 바로 그 상황을 표현한 것이며,
그림의 분위기가 을씨년스러운 것은 그런 내막이 있었기 때문입니다.

　가까스로 남편의 장례를 마친 다음, 그녀는 아버지인 페르난도 2세에
의해 토르데시야스 성에 감금당하는 신세가 됩니다. 어머니로부터 카
스티야−레온 왕국의 왕위를 물려받았지만, 정상적으로 통치할 수 없는
상황이었던 것입니다. 명목상으로는 여왕이었지만, 감금 상태에서 40여

년을 보내다가 죽었으니 불행한 여인이었습니다.

그녀는 남편인 펠리페 1세와의 사이에서 여섯 명의 자녀를 두었습니다. 그중 큰아들이 신성로마제국의 황제가 되는 카를로스 5세이며, 둘째아들은 형으로부터 신성로마제국 황제 자리를 물려받은 페르디난트 1세Ferdinand I입니다. 바람둥이 남편에 대한 질투와 피해 의식 때문에 정신 이상자가 되어 평생을 불행하게 살다 갔지만, 그래도 아들들이 대제국을 호령하는 황제가 되었으니 조금이나마 위안이 되었을지 모르겠습니다.

애증으로 얼룩진 관계였던 후아나와 펠리페는 그라나다 왕실 예배당 안에 나란히 잠들어 있습니다. 후아나로서는 죽어서야 비로소 온전히 남편을 차지하게 되어 안심할 것 같습니다.

가톨릭 국왕 부부의 영묘 ③

이번에는 가톨릭 국왕 부부의 영묘를 조금 더 자세히 들여다보겠습니다. 아래 사진으로 보면 앞쪽이 가톨릭 국왕 부부의 영묘가 되며, 그 중에서도 가장 앞쪽이 페르난도 2세, 그 뒤가 이사벨 1세의 영묘입니다.

사진에서는 울타리에 가려 잘 보이지 않지만, 페르난도 2세의 영묘에 가까이 다가가서 보면 하단부 중앙에 예수의 세례 장면이 부조되어 있고, 양쪽 모서리에는 그리핀이 부조되어 있습니다.

가톨릭 국왕 부부의 영묘와 예수의 세례 장면 부조를 확대한 모습

영묘 아래 묘지로 내려가는 계단   가톨릭 국왕 부부의 석관

또한 영묘 뒤쪽 벽면으로는 앞서 살펴본 바 있는 '요한의 독수리', '이 사벨의 멍에', '페르난도의 화살'이 다시 보이는군요. 사진으로 보이는 영 묘의 오른쪽으로는 화려한 제단이 자리하고 있습니다.

여기서 잠깐, 영묘靈廟란 무엇인가에 대해 알아봅시다. 영묘를 흔히 무 덤과 혼동하는 경우가 있는데, 그것과는 약간 다른 의미입니다. 무덤이 란 말 그대로 죽은 이의 시신이 묻혀 있는 곳이며, 영묘는 위대한 인물 이나 신격화된 이의 영혼을 모시는 곳입니다. 영묘를 우리말로 바꾸면 '종묘'나 '사당'에 가깝습니다.

그러니까 왕실 예배당의 제단 앞에 설치된 멋진 영묘는 시신을 안치 할 목적으로 만든 것이 아닙니다. 가톨릭 국왕 가족의 시신은 영묘의 아래쪽, 즉 지하에 묻혀 있습니다. 영묘 뒤쪽에 지하로 내려가는 계단이 있고, 계단을 내려가면 시신이 안치된 석관이 보입니다. 그곳이 실제 무 덤인 것입니다.

여기서는 영묘의 두 부조에 대해 살펴보겠습니다. 먼저 예수의 세례 장면이 새겨진 부조입니다.

기독교에서는 세례Baptism/洗禮를 중요하게 생각합니다. 세례는 회개의 표시이며, 자신의 죄를 씻고 새 삶을 찾는다는 의미로 받아들이기 때문입니다. 예수 또한 서른 살 무렵에 세례를 받았습니다. 앞서 본 사진 속 장면이 바로 예수가 세례를 받는 모습인 것입니다. 그럼, 예수에게 세례 의식을 베풀어 준 사람은 누구일까요.

의로운 사람들이었던 제사장 사가랴Zechariah와 엘리사벳Elizabeth에게는 늙도록 자식이 없었습니다. 그런데 어느 날 대천사 가브리엘Gabriel이 사가랴를 찾아와 "하느님의 뜻으로 엘리사벳이 아들을 낳을 것이니 이름을 요한이라고 하라."는 말을 전합니다. 가브리엘은 성서 속에서 두 번의 중요한 수태고지를 하는데, 사가랴에게 요한의 탄생을 예고한 것이 첫 번째이며, 마리아에게 예수의 탄생을 예고한 것이 두 번째입니다. 나이 든 남자에게 찾아온 모습은 요한의 탄생을 알리는 것이며, 젊은 여자를 찾아온 모습은 예수의 탄생을 알리는 것이라고 보면 됩니다

어쨌든 그들 사이에 늦둥이 아들이 태어났고, 그가 바로 나중에 예수

Nekhlebayev Semen, '사가랴를 찾아온 대천사 가브리엘'

Fra Bartolomeo, '마리아를 찾아온 대천사 가브리엘'

에게 세례를 주는 세례자 요한(성서에 나오는 다른 요한들과 구별하기 위해 '세례자 요한John the Baptist'이라고 함)인 것입니다.

예수보다 약간 앞서 태어난 요한의 역할은 그보다 나중에 태어날 예수가 하느님의 뜻을 이룰 수 있도록 준비하는 것이었습니다. 세례도 그 일 중의 하나였던 것이지요.

마가복음이 '세례자 요한이 광야에서 사람들에게 회개하라고 외치니, 사람들이 그 앞에 나아가 자기 죄를 뉘우치고 세례를 받았다.'는 이야기로 시작하는 것으로 보아, 성인이 된 요한은 예수 이외의 사람들에게도 폭넓게 세례를 베푼 것을 알 수 있습니다. 그래서 그의 이름 앞에 '세례자'란 접두어가 붙는 것입니다.

그럼 미술 작품 속에서 세례자 요한은 어떻게 알아볼 수 있을까요? 십자가와 어린 양, 그리고 짐승 가죽으로 된 옷이 그를 알려주는 단서입니다. 특히 짐승 가죽을 걸친 인물이 있으면 세례자 요한으로 보는 게 좋습니다. 성인이 된 세례자 요한은 광야에서 살면서 메뚜기와 석청石淸을 먹고, 낙타 가죽으로 된 옷을 입었다고 하여 대개 짐승 가죽을 걸친 모습으로 나타나기 때문입니다.

Andrea del Verrocchio, '예수의 세례'

티치아노, '세례자 요한'   Joachim von Sandrart, '풍경 속 성 가족'

　재미있는 것은, 요한의 어릴 적 모습조차도 짐승 가죽으로 만든 옷을 입고 있는 것으로 화가들이 묘사했다는 점입니다. 예수보다 6개월 먼저 태어난 요한은 예수와 함께 노는 모습으로 성화에 자주 등장하는데, 그런 그림에서는 짐승 가죽 옷을 입은 아이가 바로 요한입니다.

　물론 요한이 짐승 가죽으로 만든 옷을 입고 생활한 것은 성인이 되어 광야에서 살 때의 일이지만, 화가들은 짐승 가죽옷을 이용해 요한을 나타내려고 했던 것입니다.

　이번에는 영묘 아랫부분의 모서리에 있는 새의 형상을 한 조각을 살펴봅시다. 이것은 상상 속의 동물인 그리핀Griffin입니다.

　그리핀은 사자의 몸통에 독수리의 머리와 날개를 가진 상상 속의 괴수怪獸입니다. 사자처럼 용맹하고 독수리처럼 당당한 동물이지요. 이렇게 사자와 독수리의 장점을 합쳐 놓은 특성 때문인지 그리스 신화 속에서 그리핀은 제우스와 아폴론, 네메시스(저주의 여신)의 전차를 끌었다고 하며, 알렉산더 대왕의 마차를 끌었다는 전설도 있습니다.

가톨릭 국왕 부부의 영묘 모서리에 조각된 그리핀

그런데 왕들의 영묘에 그리핀을 조각해 놓은 까닭은 무엇일까요?

그리핀은 인도가 고향이라고 합니다. 산에서 황금을 발견하면 그것으로 집을 지었고, 마노瑪瑙(석영질의 보석) 알을 낳기 때문에 항상 사람들로부터 약탈당할 우려가 있었습니다. 그래서 그리핀들은 밤에도 자지 않고 집을 지키는 속성이 있다고 사람들은 믿었습니다. 또한 그리핀은 본능적으로 보물이 매장되어 있는 곳을 알아서, 힘을 다해 그것을 지키는 용맹하고 지혜로운 동물로 여겨졌습니다.

이렇게 생각하면 가톨릭 국왕 부부의 영묘에 그리핀을 새겨놓은 의도가 짐작됩니다. 사람들은 그리핀이 왕들의 영원한 안식을 지켜주길 바랐던 것입니다. 스페인 사람들에게 가톨릭 국왕 부부야말로 황금이며 보물이었을 테니, 그들을 지켜줄 수 있는 존재로 그리핀만 한 게 없었을 것 같습니다.

영묘 앞 제단 ④

영묘 앞 제단은 매우 화려하면서도 사실적인 조각 작품으로 장식되어 있습니다. 스페인의 성당이나 예배당은 어디든지 비슷한 형태의 제단이 있는데, 대부분 성서의 내용을 표현한 것입니다. 유럽의 어느 나라를 가든지 성서의 내용을 알고 있어야 제대로 이해하면서 볼 수 있지만, 가톨릭을 국교로 삼은 스페인의 경우는 특히 더합니다. 기독교 신자가 아니라 해도 성서의 중요 내용을 미리 공부하고 가는 게 바람직합니다.

왕실 예배당 제단

제단의 조각들을 조금 더 자세하게 살펴볼까요?

맨 먼저 삼위일체가 보입니다. 가장 위쪽에 세상을 내려다보는 하느님聖父이 있고, 그 아래에 성령聖靈을 의미하는 비둘기가 있으며, 비둘기 아래로 십자가에 매달린 예수聖子가 있습니다. 기독교에서는 이 셋을 '삼위일체三位一體'라고 합니다.

　예수가 매달린 십자가 아래로 해골이 보이는데, 이는 '해골산'이라고 불리던 골고다 언덕을 나타냅니다. 예수가 죽은 곳이지요.

　예수가 매달린 십자가 아래 좌우로 두 여인이 보입니다. 이들은 예수의 마지막 순간을 지킨 사람들로, 예수의 어머니인 성모 마리아와 예수의 정신직 제자라고 할 수 있는 마리아 막달레나Maria Magdalena로 보입니다. 그리고 그 양옆으로는 십자가를 메고 가는 예수(왼쪽), 죽은 예수를 안고 슬퍼하는 마리아와 사람들을 새긴 피에타(오른쪽)가 있군요.

제단의 상부 조각

그리고 조각의 아래쪽을 보면 주로 세례자 요한과 사도 요한을 다룬 것임을 알 수 있습니다.

1번과 2번은 각각 '세례자 요한'과 '사도 요한'입니다. 세례자 요한은 짐승 가죽을 걸치고 있고, 사도 요한은 술잔을 들고 있습니다. 짐승 가죽은 세례자 요한의 상징물이고, 술잔은 사도 요한의 상징물이지요.

3번은 참수당한 세례자 요한의 모습입니다. 그는 헤로데스 왕의 잔칫날 목이 잘려 죽게 되는데, 그 사건의 전말을 간략하게 설명하면 이렇습니다.

헤로데스 안티파스Herodes Antipas 왕은 본처와 이혼하고 이복동생의 부인이었던 헤로디아Herodias와 결혼했는데, 세례자 요한은 이를 간음이라며 강하게 비난했습니다. 이 일로 인해 헤로데스 왕과 헤로디아는 요한을 미워하게 되었지만 헤로데스는 요한을 죽일 생각까지는 없었습니다. 사람들이 요한을 선지자라고 믿으며 절대적으로 신뢰했기 때문이지요. 그러나 헤로디아는 앙심을 품고, 언제든 요한을 죽이겠다고 별렀지요.

헤로데스의 왕궁에서 잔치가 열린 날, 비극적인 사건이 발생합니다. 헤로디아에게는 살로메Salome란 딸이 있었는데 그녀가 잔치에서 멋진 춤을 추자 헤로데스가 상으로 무슨 소원이든 들어주겠다고 한 것입니다. 어머니의 사주를 받은 살로메는 왕에게 "세례자 요한의 머리를 달라."고 대답하고, 많은 사람들 앞에서 한 약속을 지킬 수밖에 없었던 헤로데스 왕은 요한의 목을 베라고 명령하는 것입니다. 예수에게 세례를 준 위대한 선지자 요한은 그렇게 허망하게 목숨을 잃고 맙니다. 세례자 요한의 죽음을 표현한 제단의 조각에서 오른쪽에 보이는 여인이 살로메입니다.

4번은 끓는 물 속에 들어간 사도 요한의 모습으로 보입니다. 사도 요한은 예수의 열두 제자 중 유일하게 순교하지 않고 천수天壽를 누린 것으로 알려졌는데, 젊었을 때는 끓는 물에 던져지는 시련을 당하기도 했다고 합니다.

5번은 예수의 세례 장면이고, 6번은 성 가족(성모 마리아와 아기 예수, 요셉)이 함께 있는 장면이며, 7번은 사도 요한이 자신의 상징물인 독수리를 바라보고 있는 장면입니다.

8, 9, 10, 11번은 4대 복음서의 저자를 표현히고 있는데, 소와 함께 있는 이는 누가(8번), 사자와 함께 있는 이는 마가(9번), 독수리와 함께 있는 이는 요한(10번), 천사와 함께 있는 이는 마태(11번)이지요. 4대 복음서 저자와 그들의 상징물에 대한 설명은 그라나다 대성당의 파사드를 보면서 다시 하겠습니다.

그리고 제단 좌우에 무릎을 꿇고 경건하게 기도드리고 있는 인물들은 페르난도 왕(12번)과 이사벨 여왕(13번)입니다.

제단의 하부 조각

성물 박물관 ⑤

Sacristía-Museo
Sacristy-Museum

　영묘가 있는 곳에서 오른쪽으로 들어가면 이사벨 1세가 수집한 미술품을 전시하는 공간이 있습니다. 이곳에 전시된 몇 가지 작품을 살펴보면서 재미난 이야깃거리를 찾아보겠습니다.

왕실 예배당의 성물 박물관

이사벨 1세의 왕관과 왕홀

　왕실 예배당에서 성물 보관실로 들어서면 제일 먼저 이사벨 1세의 왕관과 왕홀王忽/Scepter(군주들이 손에 쥐는 장식이 화려한 상징적인 지휘봉), 페르난도 2세의 검이 관람객을 맞이합니다.

이사벨 1세의 왕관과 왕홀, 페르난도 2세의 검.

　이사벨 1세의 왕관과 왕홀을 본 김에 그녀가 어떻게 왕의 자리에 올랐었는지 잠깐 돌아볼까요?

　유럽에서 여왕은 그리 희귀한 존재는 아닙니다. 그러나 유럽 왕실도 남자 우선의 관습이 있었기 때문에 왕위계승권은 왕자에게 먼저 주어졌습니다. 그런데 이사벨 1세는 왕위에 올랐고, 스페인의 통일이라는 매우 중요한 업적을 스페인 역사에 남겼습니다. 어떻게 그럴 수 있었던 것일까요.

　이사벨의 이복오빠인 엔리케 4세Enrique IV는 정치적으로 무능하기도 했지만, 가정적으로도 무능했다고 알려져 있습니다. 첫 번째 왕비였던 블랑카는 처녀인 채로 이혼했고, 두 번째 왕비인 후아나가 딸 후아나Joanna(어머니와 같은 이름을 씀)를 낳았지만 사람들은 그 아이가 왕의 자식이 아니라고 믿었습니다. 왕은 성불구자이고 왕비는 애인 벨트란 데 라 쿠에바Beltran de la Cueva와 가까이 지낸다는 것이 공공연한 소문이었기 때문에 아예 '후아나 라 벨트란Joanna la Beltran(벨트란의 딸 후아나)'이라고 부르는 지경이었습니다.

　그래도 엔리케 4세는 이복누이인 이사벨보다는 왕비가 낳은 후아나에게 왕위를 넘겨주고 싶었던 것 같습니다. 왕위 계승권자로 후아나를 지명했기 때문입니다.

그러자 이사벨을 지지하는 세력이 크게 반발하고 나섭니다. 후아나는 왕의 자식이 아니기 때문에 왕위 계승 자격이 없다는 것이었지요. 노골적으로 왕비의 불륜 사실을 들고 나오니 왕으로서는 수치스러웠을 것입니다. 결국 엔리케 4세는 자신을 뜻을 접고, 이사벨을 왕위 계승권자로 발표합니다. 이로써 카스티야 왕국의 왕위 계승과 관련한 분쟁은 일단 잠잠해지지만, 완전히 해결된 것은 아니었습니다. 앞에서 말했듯이 이사벨이 자신의 뜻을 어기고 아라곤의 페르난도 왕자와 결혼하자 분노한 엔리케 4세가 이사벨의 왕위 계승권을 취소한다고 선언했기 때문입니다. 이 문제는 엔리케 4세가 죽은 후 왕위 계승과 관련한 내란의 빌미를 제공하게 되지요.

후아나 공주는 포르투갈의 왕 아폰수 5세와 결혼합니다. 포르투갈의 협조가 절실했던 엔리케 4세는 이사벨을 아폰수 5세에게 시집보내려 했지만, 이사벨이 비밀리에 페르난도와 결혼함으로써 그 뜻이 좌절된 적이 있었지요. 그래서 후아나가 대신 포르투갈의 왕비가 된 것입니다.

1474년 엔리케 4세가 사망하고 이사벨이 카스티야의 왕으로 즉위하자, 포르투갈 쪽에서 반발합니다. 엔리케 4세가 생전에 이사벨의 왕위 계승권을 박탈한다고 선언한 적이 있기 때문에 후아나에게 왕위 계승 자격이 있다고 주장하고 나선 것이지요. 이것은 스페인의 내정을 간섭하려는 아폰수 5세의 노림수였습니다.

그러자 카스티야 조정은 이사벨 지지파와 후아나 지지파로 나뉘어 싸우게 됩니다. 후아나 지지파는 포르투갈을 끌어들이고 이사벨 지지파는 아라곤 왕국의 지원을 받아 전쟁을 치르는데, 5년여에 걸쳐 계속된 이

이사벨 1세의 즉위 (세고비아 알카사르)

전쟁에서 이사벨 측이 최종 승리를 거두며 1479년에 이사벨은 카스티야 왕국의 확고부동한 왕으로 등극합니다. 이사벨 1세의 탄생인 것이지요.

참으로 많은 우여곡절을 겪으며 왕위에 오른 그녀는 강철 여인이었던 것입니다.

그리스도의 수난 제단화(The Passion alterpiece)

가톨릭 국왕 부부의 조상彫像이 양쪽에서 호위하는 듯한 자리에 '그리스도의 수난The Passion' 제단화가 위치하고 있습니다.

그중에서 핵심이 되는 중앙의 그림은 예수의 죽음과 부활을 다룬 것으로 디에릭 보우츠Dieric Bouts의 작품입니다. 왼쪽부터 '십자가에서의 예수의 죽음', '십자가에서 내려지는 예수', '예수의 부활'입니다.

그런데 십자가에서 죽은 예수를 보면 오른쪽 가슴 아래에 상처가 나 있는 것을 알 수 있습니다. 날카로운 물건에 깊숙이 찔린 것 같은 상처이며, 피가 흐르고 있지요.

십자가에 매달린 예수의 몸에 상처를 낸 이는 로마군의 백부장百夫長

그리스도의 수난 제단화(디에릭 보우츠의 작품)

(로마의 군대 체계에서 100명의 군인을 지휘할 수 있는 계급)인 롱기누스Longinus
로 알려져 있습니다. 예수가 죽었는지 확인하라는 명령을 받은 그가 창
으로 옆구리를 찔렀다는 것입니다. 예수의 죽음을 다룬 작품에서 긴 창
을 들고 있는 이가 있다면, 롱기누스라고 봐도 무방할 것입니다.

　그런데 언제부터인가 롱기누스가 예수를 찔렀던 창에 신비한 힘이 깃
들여 있다는 전설이 전해지게 되었습니다. 예수의 성혈聖血이 묻었기 때
문에 신성하다는 것이지요. 그 전설은 한 걸음 더 나아가 '롱기누스의
창을 손에 넣는 사람이 세상을 얻게 된다.'는 전설로 발전되었습니다. 세
상을 호령했던 위인들(예를 들어 콘스탄티누스 대제, 샤를마뉴 대제, 오토 대
제 등)마다 롱기누스의 창을 소유했었다는 것입니다. 그러나 현재는 진품
롱기누스 창의 행방을 알 수 없는 상태입니다.

그리스도의 수난 제단화(부분)

한스 멤링, '십자가에서 내려온 예수'

　성물 박물관에 있는 한스 멤링Hans Memling의 세 폭 제단화에서도 롱기누스의 창에 의한 상처를 확인할 수 있습니다.

　롱기누스의 창과 함께 이야기가 전승되는 유물로 성배聖杯/Holy Grail가 있습니다. 롱기누스의 창에 찔린 예수의 옆구리에서 흘러내리는 피를 받았다는 술잔을 그렇게 부릅니다. 이 또한 현재는 행방을 알 수 없는 물건인데, 그렇다 보니 더욱 사람들의 상상력을 자극하여 많은 이야기가 생산되었습니다. 그 가운데 『아서 왕 이야기The Story of King Arthur and His Knights』가 가장 대표적인 문학 작품입니다. 성배에 질병을 치유하는 신비한 힘이 있다는 말을 믿는 기사들이 그것을 찾으려 노력하는 이야기가 나오는 것입니다.

　성배에 대한 낭만적인 상상력은 현대에까지 이어져 영화 〈인디아나 존스–최후의 성전〉도 성배 전설을 모티브로 제작되었습니다. 그 영화 속의 성배 역시 우리가 상상할 수 없는 신비한 힘을 가진 물건으로, 특히 질병 치유에 탁월한 효력이 있는 것으로 나옵니다.

왕실 예배당의 가톨릭 국왕 부부 조각상
페르난도 2세(왼쪽), 이사벨 1세(오른쪽)

알람브라 칙령 사본

　이제 제단화에 대한 관찰을 마치고 그 옆에 놓인 두 조각상으로 시선을 옮겨보겠습니다. 경건한 자세로 무릎 꿇고 두 손을 모으고 있는 두 사람은 이사벨 1세와 페르난도 2세입니다.

　이 조각상을 보며 떠오른 생각은 '알람브라 칙령Alhambra Decree'에 관한 것입니다. 알람브라 칙령은 1492년 3월 31일에 반포된 것으로 스페인에서의 유대인 추방이 주된 내용입니다. 그라나다를 함락한 지 석 달이 채 지나지 않아 이사벨 1세와 페르난도 2세는 가톨릭으로 개종하지 않은 유대인은 모두 스페인을 떠나라는 내용의 칙령에 서명합니다. 떠나되 금과 은, 주화는 가지고 떠날 수 없다고 했으니, 사실상 그들의 재산을 몰수하겠다는 내용이었습니다. 순수한 가톨릭 국가를 만들겠다는 광신적 태도를 가졌던 그들 부부는 유대인을 첫 번째 희생양으로 삼았던 것입니다.

　알람브라 칙령 이후, 수십 만 명의 유대인들이 스페인을 떠나 포르투갈, 네덜란드, 북아프리카, 오스만 제국에 정착했습니다. 떠나지 않은 유대인들은 강제로 가톨릭으로 개종해야 했고, 개종한 뒤로도 많은 박해와 차별 대우를 받아야 했습니다.

알람브라 칙령으로 종교적 순수성을 지키게 되었다고 좋아했는지 모르지만, 실질적 타격은 스페인이 입게 되었습니다. 스페인을 버리고 떠난 유대인들은 지식수준이 높은 학자들이었고 부유한 자산가였으며 유능한 의사·기술자·상업가들이었기 때문입니다. 이들이 모두 빠져나간 뒤 스페인은 가난해졌고, 학문이나 기술의 퇴보를 감수해야 했습니다. 스페인을 탈출한 유대인들을 받아들인 아랍 세계에서는 "우리를 부자로 만들기 위해 스페인은 가난을 택했다."며 비아냥 섞인 감사 인사를 했다고 합니다.

스페인은 신대륙의 발견으로 거대 제국을 건설했지만, 종교적으로는 편협하고 오만한 길로 치달았습니다. 종교 재판의 광풍이 스페인을 휩쓴 것도 그때부터였고, 신대륙에서 원주민들에게 잔혹한 짓을 서슴지 않을 때도 종교적 맹신이 큰 역할을 하였습니다. 스페인은 종교적 통합이라는 미명美名을 위해 너무 많은 것을 잃어야만 했고, 너무 많은 죄악을 저질렀습니다.

그런데 역사에서 배운 것이 없었던지, 스페인 내전 후의 프랑코 독재 정권은 오히려 가톨릭 국왕 부부 시대의 가톨릭 광풍을 선망하고, 그때로 돌아가기 위해 애를 썼습니다. 그 결과 스페인의 현대사 첫 페이지가 얼룩으로 뒤덮인 것은 역사가 증언합니다. 알람브라 칙령은 스페인이 저지른 치명적 실수였습니다. 그리고 그것을 모방(무신론 공산주의자들에 맞서는 가톨릭 수호자임을 내세우며 반대 세력을 학살함)한 프랑코의 독재 정부도 스페인 역사의 아픔이지요.

피에타(Pieta)

피에타Pieta란 이탈리아어로 '부디 자비를 베푸소서'라는 뜻으로, 성모 마리아가 죽은 예수를 안고 있는 모습을 표현한 그림이나 조각상을 말합니다. 바티칸의 성 베드로 성당에 있는 미켈란젤로의 피에타가 예술적으로 가장 뛰어난 작품으로 평가받지만, 그 밖에도 수많은 피에타가 있습니다. 기독교 성화聖畵의 주제로 매우 매력적인 내용이기 때문입니다.

왕실 예배당에도 피에타를 그린 그림이 있는데, 미카엘 시토우Michael Sittow의 작품입니다. 죽은 예수를 안은 채 슬픔에 겨워하는 성모 마리아의 표정이 생생합니다. 그 옆을 지키는 오른쪽의 나이 든 사람은 아리마테아의 요셉(중죄인으로 십자가형을 당한 예수이기에 정식으로 장례를 치를 수 없었는데, 당시 힘 있는 인사였던 아리마테아 사람 요셉이 빌라도에게 예수의 시신을 내줄 것을 요청해 장례를 치러 주었다고 함)이고, 왼쪽의 젊은 남자는 사도 요한으로 보입니다.

미켈란젤로, '피에타'(성 베드로 성당)　　　　　　　　미카엘 시토우, '피에타'

미카엘 시토우는 에스토니아 출신의 화가로서, 이사벨 1세의 막내딸 '아라곤의 캐서린'의 초상화를 그릴 정도로 신임을 받았습니다. 그의 작품을 왕실 예배당이 소장하게 된 데에는 그런 이유도 있을 것 같습니다. 말이 나온 김에 '아라곤의 캐서린'에 대한 이야기를 들려드리겠습니다.

미카엘 시토우, '아라곤의 캐서린의 초상화'

아라곤의 캐서린Catherine of Aragon, Catalina de Aragón은 가톨릭 국가였던 영국의 종교를 성공회로 바꾸게 한 여인으로, 아라곤 왕국의 페르난도 2세와 카스티야 왕국의 이사벨 1세의 딸입니다.

1485년에 태어난 캐서린(스페인어로는 카탈리나)은 1501년에 잉글랜드 왕 헨리 7세의 장남인 웨일즈 공 아서와 약혼합니다. 그녀의 나이 열여섯 살 때의 일로, 전형적인 정략결혼이었지요.

그런데 약혼한 지 1년 만에 아서 왕자가 병으로 죽자, 문제가 생깁니다. 잉글랜드와 스페인 사이에는 여전히 혼인 관계를 유지할 필요가 있는데, 신랑이 죽어버린 것입니다. 그러자 두 나라의 왕실은 캐서린을 아서의 동생인 헨리 왕자와 다시 약혼하게 하는 방식으로 문제를 해결합니다. 이때 교황 율리오 2세Julius PP. Ⅱ는 잉글랜드와 스페인의 요청을 받아들여, 캐서린이 아직 처녀이므로 이전의 결혼은 무효라고 선언해줍니다. 헨리 왕자와 캐서린 공주의 결혼이 법적으로나 종교적으로 문제가 없는, 정상적인 결합이라고 인정해 준 것이지요.

헨리 7세가 사망한 후 잉글랜드의 왕이 된 헨리 8세와 캐서린은 결혼식을 올리고, 그들 사이에서는 딸 메리가 태어납니다. 이때까지는 별 문제가 없었지요.

그런데 캐서린이 메리를 낳은 후 아들을 낳지 못하자 이들 사이는 멀어지게 됩니다. 헨리 8세는 반드시 왕비에게서 낳은 아들에게 왕위를 물려줘야 한다는 강박증에 시달린 사람이었습니다. 아직 역사가 짧은 튜더 왕가의 입지를 강화해야 한다는 책임감에서 그랬을 것입니다.

캐서린의 시녀인 앤 불린Anne Boleyn과 사랑에 빠진 헨리 8세는 결국 1527년 교황 클레멘스 7세Clemens PP. VII에게 캐서린과의 결혼을 무효화해달라고 요청합니다. 캐서린이 자신의 형과 결혼했으며, 결혼 당시 처녀가 아니었으므로 성경의 가르침에 어긋난 결혼이었다고 주장한 것입니다.

그런데 캐서린은 신성로마제국의 황제인 카를로스 5세의 이모였습니다. 교황으로서는 섣불리 헨리 8세의 요구를 들어줄 수 없는 상황이었지요. 가톨릭에서는 이혼을 허락하지 않는다는 명분을 내세워 교황은 헨리 8세의 요구를 거절합니다.

교황의 허락 없이는 이혼도 재혼도 할 수 없었던 헨리 8세는 극단적인 방식으로 문제를 해결합니다. 교회와 결별하고 수장령(국왕을 교회의 최고 수장으로 규정한 법령)으로 영국 국교회를 설립한 것입니다. 즉, 영국의 국교를 가톨릭에서 영국 성공회The Anglican Domain로 바꿔버린 것입니다.

강제로 이혼당한 캐서린은 왕궁에서 쫓겨나 불행한 여생을 보내야 했고, 그녀의 딸 메리 역시 불행한 어린 시절을 보내야 했습니다.

국교를 바꾸면서까지 요란하게 결혼한 앤 불린과의 사랑도 1,000일을 넘기지 못하고 파국을 맞았고, 아들을 낳아야 한다는 헨리 8세의 집착은 그 이후로도 여러 명의 왕비를 갈아 치우는 결과를 가져옵니다. 앤 불린은 딸 엘리자베스를 남긴 채 불륜을 저질렀다는 죄목으로 처형됩니다.

앤 불린을 처형한 후 맞이한 세 번째 왕비 제인 시모어Jane Seymour에게서 에드워드 왕자를 얻었으므로, 헨리 8세의 사망 후 잉글랜드의 왕위는 에드워드 6세Edward VI에게 넘어갑니다. 그러나 병약했던 에드워드 6세는 즉위한 지 6년 만에 16세의 나이로 사망하고, 왕위는 제인 그레이 Lady Jane Grey(9일 동안 재위), 메리 1세Mary I(아라곤의 캐서린이 낳은 딸로 5년간 재위), 엘리자베스 1세Elizabeth I(앤 불린이 낳은 딸로 45년간 재위)로 이어집니다.

부모의 영향을 받아 독실한 가톨릭 신자였던 캐서린은 이혼당하는 수모를 겪으면서도 자신의 종교를 굳게 지켰고, 그것은 딸인 메리에게로 이어졌습니다. 어머니가 이혼당한 후 신분적으로 위태로운 상황에 놓였던 메리는 냉정하고 고집스런 성격으로 바뀌었고, 왕위에 오르자 영국의 국교를 다시 가톨릭으로 되돌리기 위해 개신교와 성공회를 탄압하고 많은 사람들을 처형하여 '블러디 메리Bloody Mary(피의 메리)'라는 별명이 붙었습니다.

페르난도와 이사벨, 그리고 캐서린과 메리까지 독실한 가톨릭 신자였던 그들의 투철한 종교적 신념과 파란만장한 일생이 떠올라 설명을 덧붙였습니다.

겟세마네 동산의 고뇌

왕실 예배당에는 산드로 보티첼리Sandro Botticelli의 '겟세마네 동산의 고뇌Agony in the Garden'란 작품이 소장되어 있습니다.

'겟세마네 동산의 고뇌'는 예수가 제자들과의 최후의 만찬을 마친 후, 겟세마네 동산에 올라가 고뇌 속에서 기도하는 내용을 담은 그림입니다.

성서에 의하면, 유월절 전날(혹은 첫째 날) 제자들과 함께 저녁 식사를 한 예수는 제자들 중 베드로, 요한, 야고보만을 데리고 겟세마네 동산으로 갑니다. 예수는 유다의 배반으로 인해 죽게 되리라는 것을 이미 알고 있었으므로, 괴로운 심정으로 기도를 합니다. 예수는 하느님에게 "아버지여, 아버지께서는 모든 것이 가능하오니 이 잔을 내게서 옮기시옵소서. 그러나 나의 원대로 마시옵고 아버지의 원대로 하옵소서."라고 기도했다고 합니다.

예수가 그렇게 괴로운 심정으로 기도하고 있을 때, 제자들은 세상 모르고 자고 있습니다. 예수가 가는 길의 의미를 제자들조차도 제대로 모르고 있는 것입니다. 오직 천사만이 예수를 위로하듯 곁을 지키고 있습니다.

산드로 보티첼리, '겟세마네 동산의 고뇌'

이와 비슷한 장면의 그림을 여러 화가들이 그렸습니다. 기독교에서 중요하게 생각하는 주제이기 때문입니다.

예수의 기도가 끝난 뒤 일어나는 일은 잘 알려져 있습니다. 은화 30냥을 받고 스승을 넘겨주기로 약속한 유다가 로마 병사들을 이끌고 겟세마네 동산으로 와서는 예수에게 입맞춤을 합니다. 아직 새벽이라 날이 어둑하여 누가 누군지 구별할 수 없기 때문에 입맞춤으로 누가 예수인지를 알려주는 것입니다.

분노한 군중들이 주변에 있던 제자들에게 "너희들도 이 사람과 한 무리냐?"라고 물었을 때, 가장 많은 신임을 받았던 베드로조차도 "나는 이 사람을 모른다."고 세 번 부인했다고 하며, 요한과 야고보는 겁에 질려 달아났다고 합니다. 그 뒤 요한은 다시 돌아와 예수의 장례를 치르고, 베드로와 야고보는 선교 활동을 펴다가 나중에 순교하게 되지요.

겟세마네 동산의 고뇌,
José Claudio Antolinez 作

Giovanni Bellini 作

지오토, '유다의 키스'

산드로 보티체리, '비너스의 탄생'   산드로 보티첼리, '봄(프리마베라)'

예수 수난 과정을 다룬 그림이 유별나게 신앙심이 깊었던 가톨릭 국왕 부부가 잠들어 있는 예배당에 걸려 있는 것은 당연한 일이라 하겠습니다.

마지막으로 화가에 대한 이야기를 간단하게 하고 넘어가겠습니다.

산드로 보티첼리는 이탈리아 르네상스 시대의 대표적인 화가입니다. 피렌체의 우피치 미술관에 소장된 '비너스의 탄생'과 '봄'은 너무나 유명하지요. 그는 메디치 가문의 후원을 받으며 그리스 신화와 성서의 이야기를 주제로 한 많은 작품을 남겼습니다.

그라나다의 항복(Rendición de Granada)

프란시스코 프라디야 오티스Francisco Pradilla Ortiz의 '그라나다의 항복'은 나스르 왕조의 마지막 술탄인 보압딜이 이사벨 1세와 페르난도 2세에게 항복하는 장면을 담은 그림입니다. 왼쪽의 검은 말을 탄 사람이 보압딜 왕이며, 오른쪽의 갈색 말과 흰색 말을 탄 사람들이 가톨릭 국왕 부부입니다. 화면의 뒤쪽으로 알람브라 궁전이 보이는군요.

사실 여부는 알 수 없지만 보압딜은 그라나다를 떠나며 "왕조를 잃은 것보다 알람브라 궁전을 다시 볼 수 없다는 사실이 더 슬프다."고 했다고 합니다. 알람브라 궁전의 아름다움과 그에 대한 보압딜의 애착을 보여주기 위해 인용하는 말이기는 합니다만, 그래도 한 왕조의 왕이었던 사람이 그렇게 무책임하고 한심한 소리를 했을까 의문입니다.

하여간 이 그림에 포착된 장면은 실제의 항복 장면은 아닙니다. 항복

Francisco Pradilla Ortiz, '그라나다의 항복'

문서에 서명한 것은 이보다 하루 전인 1492년 1월 1일의 일로 나스르 궁전 대사의 방에서 이루어졌으며, 다음 날 보압딜 왕이 그라나다 시의 열쇠를 가톨릭 국왕 부부에게 넘겨주었다고 합니다. 이때 기독교도들이 그라나다 성내로 밀어닥쳤으며, 그라나다 왕국의 공식적인 멸망일은 바로 그날인 1월 2일로 기록되었습니다. 아마도 이 그림은 그 사실을 상징적으로 묘사하고 있는 것 같습니다.

그런데 이 그림은 세비야의 에스파냐 광장Plaza de España에서도 볼 수 있습니다. 그곳에는 스페인 각 도시들의 역사를 알 수 있는 그림이 그려진 의자들이 있습니다. 거기에 그라나다의 역사 중 가장 중요한 사건으로 이 그림이 그려져 있다는 것은 스페인 입장에서는 가장 의미 있고 눈부신 승리라는 뜻이 될 것입니다. 반대로 무슬림들에게는 가장 뼈아픈 패배가 되겠지요. 아무튼 그라나다의 역사를 이야기하면서 보압딜의 항복을 이야기하지 않을 수 없습니다.

세비야 에스파냐 광장의 '그라나다의 항복'

그렇다면 나스르 왕조는 왜 멸망하게 되었으며, 마지막 술탄인 보압딜은 어떤 사람이었을까요. 이 문제에 대해서는 알람브라 궁전 편에서 여러 차례 이야기했으므로, 여기에서는 좀 다른 이야기를 해볼까 합니다.

나스르 왕조에서는 15세기 들어 왕위 계승을 둘러싼 당파 싸움이 일어났습니다. 알람브라 궁전의 '감금의 탑'에서 언급하였듯이 당시 술탄이었던 아부 알 하산 알리Abu al-Hasan Ali(1466~1485)가 후궁 소라야Zoraya를 총애했고 그녀가 아들을 낳자 궁중에서는 그녀를 지지하는 세력이 커졌습니다. 이에 위기를 느낀 보압딜이 1482년 부왕에게 반기를 들면서 내전이 시작되었습니다. 이 일로 인해 나스르 왕조의 국력은 급격히 쇠약해졌지요. 특히 조카인 보압딜과 숙부인 엘 사갈El-Zagal의 대립은 결과적으로 왕조의 멸망으로 이어질 만큼 격렬했습니다.

내전으로 인한 나스르 왕조의 국력 소모는 가톨릭 국왕 부부에게 하늘이 준 기회나 다름없었습니다. 그들은 레콘키스타의 완성을 위해 모든 역량을 집중한 결과 1485년에 론다Ronda를, 1487년에 말라가Malaga를 점령했습니다. 이로써 그라나다 왕국의 영토는 보잘것없는 수준이 되었지요. 그런데도 보압딜 왕은 정신을 차리지 못했습니다. 엘 사갈과 골육상잔을 계속했고, 결국 1489년에 엘 사갈은 자신의 영토인 바사Baza와 알메리아Almería, 과딕스Guadix를 가톨릭 국왕 부부에게 넘겨주고 아프리카로 떠나버립니다. 조카에 대한 증오심 때문에 기독교도인 적에게 영토를 넘겼으니, 빈대가 밉다고 집에다 불을 지른 것이나 다를 바 없는 결정이었지요. 이로써 나스르 왕조는 그라나다 시 주변의 영토만을 가진 소국小國으로 전락하고 맙니다.

1491년, 가톨릭 국왕 부부는 이제 그라나다 함락은 시간문제라고 생각하고 그라나다에서 6마일쯤 떨어진 평원에 산타페Santa Fe 요새를 건설합니다. 산타페란 '성스런 믿음'이란 뜻이니, 스페인을 기독교로 통일하겠다는 가톨릭 국왕 부부의 열망을 만천하에 드러내는 이름이 아닐 수 없습니다.

기독교도들의 포위 속에서도 알람브라 요새의 철벽같은 수비 능력을 믿고 보압딜 왕은 몇 달을 버텼지만, 이미 돌이킬 수 없을 정도로 국력이 쇠잔해진 상태였기 때문에 항복 외에는 달리 방법이 없었습니다. 결국 항복 조건에 대한 논의가 시작되었고, 무슬림들의 재산과 종교를 보호해준다는 약속을 믿고 보압딜 왕은 항복 문서에 서명합니다. 그러나 그 약속은 며칠 뒤에 헌신짝처럼 버려지고, 왕이 떠난 땅에 남은 그의 백성들은 무자비한 약탈과 살육을 당하게 됩니다.

　보압딜은 그 뒤 모로코로 건너가 불행한 최후를 맞은 것으로 알려졌습니다. 마지막 왕조의 왕들이 겪는 치욕을 그도 피할 수 없었던 것이지요.

　아름다운 알람브라 궁전을 빼앗기고 북아프리카로 쫓겨가던 보압딜은 몇 번씩이나 뒤돌아보며 눈물을 흘렸다고 하는데, 그 모습을 담은 알프레드 드오당크Alfred Dehodencq의 그림이 있어 쓰라린 그의 심정을 짐작하게 합니다. 이것이 기록으로 남아 있는 그의 마지막 모습입니다.

알프레드 드오당크, '그라나다 왕국 보압딜 왕의 고별'

그라나다 대성당

Catedral de Granada

그라나다를 정복하고 이슬람교도들을 몰아낸 가톨릭 국왕 부부에게 는 예배 장소를 확보하는 일이 급선무였습니다. 우선은 모스크를 접수 하여 정비한 다음 사용했지만, 그것은 미봉책일 뿐이었습니다.

그래서 새로운 대성당을 짓기로 하고 장소를 물색한 끝에 메디나(이슬 람 왕조 당시의 구시가지)의 대 모스크가 서 있는 곳으로 낙점했습니다. 그 곳에 이미 도시가 형성되어 있다는 점도 고려했겠지만, 그라나다에 남 아 있는 이슬람 색채를 없애려는 의도가 느껴지는 위치 선택이지요.

1523년에 엔리케 에가스Enrique Egas에 의해 고딕 양식으로 공사가 시작 되었고, 1528년에 이탈리아에서 수학한 건축가 디에고 데 실로에Diego de Siloé가 공사를 맡음으로써 르네상스 양식이 가미되었습니다. 그리고 그 당시 그라나다에 살고 있던 이슬람교도들이 공사에 동원됨으로써 무데 하르Mudejar 양식도 나타나게 되지요.

여기서 잠깐, 유럽을 여행하다 보면 자주 듣게 되는 고딕 양식이니 르 네상스 양식이니 하는 건축 용어에 대해 설명을 먼저 하고 가겠습니다. 자주 듣게 된다는 말은 기본적이며 중요하다는 뜻이기도 하니까요.

건축 양식 중 가장 이른 시기에 나타난 것으로 바실리카 양식Basilica style이 있습니다. 이는 '산타 아나 교회' 편에서 다시 설명할 것이므로 여 기에서는 간단히 언급하고 넘어가겠습니다. 고대 로마에서는 규모가 큰 공공건물을 바실리카라고 했는데, 사각형의 건물 내부를 두 줄, 혹은 네 줄의 기둥으로 나누어 중앙과 바깥 공간을 구분하는 방식을 택했습니다. 바실리카 건물들은 나중에 성당(교회)으로 사용되면서 용어 자체가 성당을 가리키게 되었고, 이후에 지어지는 종교 건축물의 공간 설계에 영향을 미치게 되었지요. 그래서 현재도 역사가 오래된 유럽의 성당들을 보면 바실리카 양식의 흔적이 남아 있는 경우가 많습니다.

바실리카 양식에 당대의 유행인 비잔틴 예술과 이슬람 전통, 켈트 족과 게르만 족의 전통이 복합적으로 영향을 미친 것이 로마네스크 양식Romanesque style입니다. 이것은 11세기부터 12세기 중엽에 나타난 새로운 건물 유형으로, 창문과 문, 아케이드arcade(늘어선 기둥들에 의해 지탱되는 아치들과 그것이 조성하는 개방된 통로 공간)에 로마식 아치를 많이 쓴다는 특징이 있습니다. 로마네스크란 말은 그래서 나온 것이지요. 그리고 굵은 기둥과 두꺼운 벽도 로마네스크 양식의 한 특징입니다. 대표적인 로마네스크 양식의 건물로 피사 대성당을 꼽을 수 있는데, 특히 종탑인 피사의 사탑에 보이는 아치형 구조는 로마의 콜로세움에서 보는 아치와 매우 흡사한 것을 알 수 있습니다.

로마네스크 양식의 대표적 사례인 피사 대성당

높이 치솟은 첨탑이 인상적인 쾰른 대성당　　　　스테인드글라스가 아름다운 파리 생 샤펠 성당

　　로마네스크 양식의 뒤를 이어 나타난 건축 양식은 우리의 귀에 익숙한 고딕 양식Gothic style입니다. '고딕'이란 단어는 '고트族Goths스러운'이란 말에서 왔으며, 게르만 족의 일파인 고트 족을 야만적이라고 생각한 르네상스 시대의 미술가들이 그들 이전의 미술을 '야만적인 것이 꼭 고트 족 같다.'고 생각해서 붙인 이름입니다. 그러나 고딕 양식은 중세 시대를 대표하는 건축 양식이고, 중세인들이 가장 중요하게 생각하는 종교 건축물에 폭넓게 사용되었습니다. 고딕 건축의 특징을 생각할 때 가장 먼저 떠오르는 '하늘을 찌를 듯 높이 솟은 교회의 첨탑'이야말로 하늘에 닿고자 하는 중세인의 신앙심을 나타내는 것이지요. 또한 높은 천장과 크고 긴 창문, 성서의 내용을 아름답게 새겨 넣은 스테인드글라스도 고딕 건축의 특징입니다. 하늘을 찌를 듯 높이 솟은 첨탑은 쾰른 대성당에서, 아름다운 스테인드글라스는 파리 생 샤펠 성당에서 볼 수 있지요.

르네상스 양식Renaissance style도 알아두어야 합니다. 르네상스 양식은 15세기부터 16세기까지 약 200년 동안 사랑받은 건축 양식이지요.

르네상스란 '재생, 부활'이란 뜻으로, 예술에 있어서 고대 그리스·로마 시대의 문화를 되살려내자는 의미를 담고 있습니다. 5세기에 서로마 제국이 멸망하면서 유럽은 기독교가 지배하는 사회가 되었습니다. 완고한 기독교 신앙의 지배 아래 인간적인 것은 배척당하고 억압당하던 중세 시대의 야만스러움에서 벗어나 인간성을 회복하려고 노력한 것이 르네상스 시대의 특징입니다.

건축에 있어서도 그러한 경향이 나타났는데, 그것을 르네상스 양식이라고 합니다. 이 당시의 건축은 그러한 시대정신에 발맞춰 신神중심에서 인간 중심의 건축으로, 중세 시대 양식에서 고대 그리스·로마 시대 양식으로 회귀합니다. 신의 영광을 찬양하기 위한 위압적이고 거대한 교회 건축에서 벗어나 인간을 위한 팔라초Palazzo(궁전), 피아차Piazza(건물로 둘러싸인 광장), 빌라Villa(귀족들의 교외 별장) 등의 건물들이 지어진 것이 이 무렵입니다. 르네상스의 발원지였던 이탈리아에서 특히 르네상스식 건물이 많이 지어졌는데, 현재도 로마와 피렌체 등에서 그 당시의 건물들을 많이 볼 수 있습니다.

르네상스 건축의 특징 중 하나로 루스티카Rustica, Rustication란 게 있는데, 이것은 외벽에 사용하는 돌에 요철 무늬를 넣어 거칠면서도 단단해 보이도록 하여 위용을 드러내는 기법을 말합니다. 피렌체의 피티 궁전 외벽을 보면 르네상스 양식의 그러한 특징이 잘 나타나 있으며, 알람브라 궁전의 카를로스 5세 궁전 또한 마찬가지입니다.

르네상스 양식으로 지어진 피렌체의 피티 궁전　　　　바로크 양식의 베르사유 궁

　바로크 양식Baroque style도 자주 들을 수 있는 용어입니다. 16세기 말엽 이탈리아에서 최초로 나타나는 새로운 양식인데, 르네상스 양식에 로마식 건축 기법이 혼합된 것이라고 설명할 수 있습니다. 바로크Baroque는 원래 불규칙하게 생긴 진주를 가리키는 말이었다고 합니다. 그러나 바로크 양식의 건축은 매우 장중하고 엄숙한 느낌을 주기 때문에 불규칙하다는 낱말 뜻과는 거리가 있습니다. 바로크 양식은 기념비적인 건물이나 절대 군주의 강력한 힘을 과시하기 위한 궁전 등에서 주로 활용되었기 때문에 웅장한 것이 특징입니다. 파리 근교의 베르사유 궁전이 대표적인 예이지요.

　이제, 이러한 건축 양식에 대한 지식을 바탕으로 그라나다 대성당 외부와 내부를 둘러보면서 관련된 건축 양식도 찾아보고 화려했던 옛사람들의 솜씨도 감상하도록 하겠습니다.

그라나다 대성당 파사드 ①

그라나다 대성당은 처음에 고딕 양식으로 그 틀이 갖추어진 만큼 외형적인 모습은 고딕 양식의 건축물이라고 할 수 있습니다.

비록 미완성에 그쳐 왼쪽에만 서 있지만, 그라나다 대성당의 우뚝 솟은 종탑은 고딕 양식의 대표적인 특징인 수직적 이미지를 보여줍니다(다만 종탑의 높이는 다소 아쉬운 수준입니다). 고딕 건축물의 종탑은 쾰른 대성당이나 빈의 성 슈테판 성당처럼 뾰족한 첨탑일 경우가 많지만, 항상 그런 것은 아닙니다. 프랑스의 랭스 대성당이나 노트르담 대성당의 사각형 종탑도 고딕 양식의 결과물입니다.

로마 개선문에서 영감을 얻었다는 파사드에서도 고딕 양식의 특징을 찾아볼 수 있습니다. 가급적 하늘 높이 치솟은 듯한 느낌을 주기 위해 파사드 아치에 직선을 풍성하게 사용하였지요.

대성당 공사는 유럽을 휩쓴 흑사병의 영향으로 계획대로 진척되지 못하고 180년이 지난 1703년에야 준공되었는데, 종탑은 아직도 미완성입니다. 좌우 대칭의 형태로 짓는 일반적인 교회 건물에서는 같은 모양의 종탑이 좌우에 있기 마련인데, 그라나다 대성당은 하나인 까닭은 아직 미완성 상태이기 때문입니다. 정상적으로 탑이 들어선다면 현재 천사상이 서 있는 곳이 제 위치일 것입니다.

천사상

그라나다 대성당의 파사드

    그라나다 대성당의 정면 파사드를 한 화면에 잡는 일은 쉽지 않습니다. 성당 앞 광장 양쪽으로 건물들이 들어서 있는 데다가 광장은 좁기 때문입니다.

    그라나다 대성당의 정면 파사드는 알론소 카노Alonso Cano의 작품입니다. 17세기 사람인 알론소 카노는 화가이자 조각가이며 건축가이기도 하여, '스페인의 미켈란젤로'라고 불렸습니다.

    그는 재능 있는 예술가였지만 사생활이 복잡하여 사람들의 입에 많이 오르내리며 파란만장한 삶을 살았습니다. 그렇지만 그의 거친 성격과는 달리 작품은 우아하고 고요한 느낌의 종교화를 많이 그렸고, 특히 남성 누드를 표현하는 데 있어 고전적이며 섬세한 아름다움을 추구했다는 평을 받는답니다.

천사의 부축을 받는 죽은 예수(프라도 미술관 소장)　　성모 마리아의 교육(산탄데르 은행 재단 소장)

　주요 작품으로는 '천사의 부축을 받는 죽은 예수', '성모 마리아의 교육', '예수와 사마리아 여인의 대화', '십자가에 못 박힌 예수' 등이 있습니다.

　알론소 카노에 관한 이야기는 이 정도로 마치고, 파사드의 부조를 본격적으로 살펴보기 전에 대성당의 지붕 오른쪽에 있는 천사상을 올려다봅시다. 이것이 천사상이라는 근거는 설치된 장소가 성당이고, 그의 등에 날개가 달렸기 때문입니다.

　기독교에서의 천사는 인간보다 지혜롭고 능력이 뛰어난 영靈이라고 정의됩니다. 최초의 천사는 모두 거룩하고 행복한 상태에 있었는데 천사들의 시련기에 루시퍼Lucifer를 비롯한 많은 천사가 신을 배반하여 선천사善天使와 악천사惡天使로 나뉘게 되었다고 합니다. 악천사는 따로 사탄Satan(악마)이라고 하지요.

그라나다 대성당의 천사상　　　　　　바티칸 천사의 성 지붕 위의 대천사 미카엘

　선천사의 존재 중 기독교에서 가장 중요한 이들은 성 미카엘(스페인어로는 산 미구엘)과 성 가브리엘, 그리고 성 라파엘입니다. 이들을 3대 대천사라고 하지요.

　그라나다 대성당의 지붕에 서 있는 천사는 미카엘입니다. 그의 손에 칼과 종려나무 가지가 들려 있기 때문입니다. 칼은 그가 악마 사마엘Samael을 무찌르던 것이고, 종려나무 가지는 악마와의 싸움에서 승리한 것을 나타냅니다. 초기 기독교인들은 종려나무를 죄와 죽음에 대한 영원한 승리의 상징으로 이해하였다고 하는데, 이는 죽음의 악마 사마엘과의 싸움에서 미카엘이 승리한 것과 일맥상통하는 이야기입니다.

　미카엘의 활약상은 성서에 여러 차례 등장합니다. 특히 아담과 이브를 에덴동산으로부터 추방할 때 신의 뜻을 그들에게 전하기도 하고, 모세가 시나이 산에서 십계명을 받을 때 계명판을 전해주기도 하죠.

그런가 하면 6세기 말 로마에 흑사병이 크게 번졌을 때 교황 그레고리우스 1세Gregorius I Magnus가 하드리아누스 영묘Mausoleum of emperor Hadrian 위에 나타난 대천사 미카엘이 칼을 칼집에 넣는 환영幻影을 보았는데, 그 직후부터 흑사병이 물러갔다는 이야기도 기록에 남아 있습니다. 그것을 기념하여 하드리아누스 황제의 영묘를 '천사의 성Castel Sant'Angelo'이라고 불렀으며, 성 꼭대기에 미카엘 상을 세웠다고 합니다. (천사의 성에 설치된 미카엘 상은 그라나다 대성당의 조각상과 비슷한 점이 있습니다.)

이제 정면 파사드에서 발견되는 부조들을 하나하나 살펴보겠습니다.

그라나다 대성당 정면 파사드의 부조들

대천사 미카엘

파사드의 상단에는 네 개의 조각상이 설치되어 있는데, 그중에서 가장 왼쪽에 있는 것은 괴수怪獸를 무찌르고 있는 천사입니다. 이것을 천사라고 단정하는 이유는 앞에서 말했듯이 날개(일부는 훼손되었지만)가 있기 때문이지요.

이 천사상은 창(혹은 칼)을 들고 괴수와 싸우고 있습니다. 이 천사는 누구일까요. 역시 미카엘입니다.

그런데 앞에서는 미카엘이 악천사인 사마엘을 무찔렀다고 했습니다. 실제로 미카엘을 다룬 그림이나 조각 작품을 보면 악천사를 제압하는 모습이 가장 흔합니다. 그런데 여기에서는 괴수(용으로 보는 것이 옳습니다)를 무찌르고 있군요. 이것은 아마도 요한 묵시록 12장 7~8절에 나오는 "그때에 하늘에서 전쟁이 벌어졌습니다. 미카엘과 그의 천사들이 용

대성당 파사드의 대천사 미카엘

과 싸운 것입니다. 용과 그의 부하들도 맞서 싸웠지만 당해 내지 못하여, 하늘에는 이제 그들을 위한 자리가 없습니다."라는 구절을 표현한 것으로 보입니다.

미카엘이 용을 무찔렀다는 성서의 기록 때문인지, 중세 후반기에 미카엘은 악룡을 무찌른 성 조지St. George(스페인에서의 산 조르디)와 더불어 기사騎士들의 수호성인으로 추앙받기도 했답니다.

이사벨 1세

그러면 미카엘상 오른쪽에 있는 두 개의 조각상은 누구일까요? 먼저 조각상을 확대하여 살펴봅시다.

왼쪽 조각상을 보면, 한 여인이 왼손에 지팡이를 들고 오른발로 둥근 물체를 밟고 있습니다. 그리고 그 옆의 조각상은 수도사들이 입는 두건 달린 옷을 입은 여인이 오른손에 석판을 들고 있군요.

이 두 사람은 같은 인물일까요, 아니면 서로 다른 인물일까요? 얼굴 생김새를 보니 같은 인물로 보입니다. 그러면 누구일까요? 그라나다 대성당의 파사드에 자리를 잡을 만한 자격이 있는 여인이라면 딱 한 명밖에 없습니다. 이사벨 1세말입니다. 그라나다 대성당을 짓도록 명령한 사람이자 교황으로부터 '가톨릭의 수호자'라는 이름을 받은 사람이니까요.

지팡이를 들고 있는 이사벨 1세   석판을 들고 있는 이사벨 1세

먼저 왼쪽 조각상을 꼼꼼히 살펴봅시다. 머리에 왕관을 쓰고 있군요. 이 사람의 신분이 여왕이라는 뜻이지요. 그러면 왼손에 든 지팡이는 평범한 물건이 아니라 왕홀王笏/Scepter이라고 봐야 합니다. 이사벨 1세의 왕관과 왕홀을 왕실 예배당 편에서 보았으니 기억을 떠올려 보세요. 그리고 그녀의 발밑에 놓인 둥근 물건은 지구본입니다.

바르셀로나에도 왕관을 쓰고 왕홀을 든 채 지구본을 밟고 선 이사벨 1세의 조각상이 있으므로 비교해 보면 쉽게 이해할 수 있을 것입니다.

오른쪽의 조각상은 그녀가 들고

바르셀로나의 이사벨 1세 조각상

있는 물건에 주목해야 합니다. 그것은 십계명이 새겨진 계명판입니다. 모세가 하느님으로부터 받았다는 열 가지 계명이 적힌 석판의 생김새를 대개 그렇게 묘사하니까요.

그러면 이런 궁금증이 생깁니다. 이사벨 1세가 왕관을 쓰고 왕홀을 들고 있는 것은 그렇다 치더라도, 수도사 복장을 한 채 십계명판을 들고 있는 것은 무슨 까닭일까 하는 것이지요.

그 문제는 이렇게 이해하면 될 듯싶습니다. 이사벨 1세는 왼쪽 조각상에 자신이 스페인을 통일하고 그라나다의 진정한 지배자가 되었다는 선언을 담고, 오른쪽 조각상에는 앞으로 자신의 나라를 가톨릭 교리에 따라 다스리겠다는 다짐을 담은 것으로 보입니다.

그리고 왼쪽에 대천사 미카엘을 세워둔 것은 그의 도움으로 악(혹시 이슬람교를 악으로 생각한 것은 아닐까요?)을 물리치기를 기원한 것 같습니다.

그러면 이야기가 나온 김에 기독교인들이 가장 중요하게 생각하는 십계명Ten Commandments은 무엇이며, 그것을 하느님으로부터 받았다는 모세Moses는 누구인지에 대해 간단하게나마 알아볼까요.

십계명은 말 그대로 기독교인이라면 반드시 지켜야 하는 열 가지 계율입니다. 이런 내용이지요.

① 하느님 이외의 다른 신을 섬기지 말라.

② 우상을 섬기지 말라.

③ 하느님의 이름을 망녕되이 부르지 말라.

④ 안식일을 거룩히 지키라.

⑤ 부모를 공경하라.

⑥ 살인하지 말라.

⑦ 간음하지 말라.

⑧ 도둑질하지 말라.

⑨ 이웃에게 불리한 거짓증언을 하지 말라.

⑩ 이웃의 재물을 탐내지 말라.

이것은 하느님의 당부이자 명령입니다. 이것을 하느님으로부터 받은 사람은 모세였습니다. 구약성서에서 가장 중요한 인물 중의 한 사람인 모세는 유대인들이 이집트 땅에서 노예 생활을 힐 때 태어났습니다. 그때는 파라오가 유대인의 가정에서 태어난 아이는 모두 죽이라는 명령을 내린 때라, 그는 태어나자마자 죽을 운명이었습니다. 그런데 그의 어머니가 차마 아들이 죽는 것을 볼 수 없어 바구니에 담아 강물에 띄워 보냈지요. 그런데 강물에 떠내려온 바구니를 건져 그 속에 있던 모세를 구

Paolo Veronese, '모세를 구한 이집트 공주'　　　　Johann Friedrich Glocker, '십계명판을 들고 있는 모세'

한 것은 얄궂게도 이집트의 공주였습니다. 그래서 모세는 공주의 자식
으로 입양되어 궁중에서 자라게 되지요. 모세란 이름은 '물에서 건져낸
아이'라는 뜻입니다.

　뒤늦게 자신의 신분을 알게 된 모세는 유대인 노예를 학대하는 이집
트 관리를 죽이고 황야로 도피합니다.

　황야에서 도피 생활을 하던 모세는 하느님으로부터 이집트로 돌아
가 유대인들을 구하라는 명을 받고 두려움 때문에 망설였지만, 신의 뜻
을 거부할 수는 없었습니다. 할 수 없이 이집트로 돌아가 파라오에게 유
대인 노예들을 해방시키라는 하느님의 뜻을 전하지요. 그러나 파라오가
그 말을 순순히 따를 까닭이 없었지요. 그러자 하느님은 이집트 땅에
차례차례 재앙을 내리고, 파라오는 열 번째 재앙, 즉 이집트 가정의 첫
아들이 모조리 죽자 마침내 굴복합니다. 자신의 맏아들까지 죽었기 때

문입니다. 결국 파라오는 유대인들이 이집트 땅을 떠날 수 있도록 허락합니다.

그러나 모세의 인도 아래 유대인들이 모두 떠나자 파라오는 마음이 바뀌어 군대를 보냅니다. 노예로 부릴 수 없다면 차라리 모두 죽이겠다는 생각이 든 것이지요. 그러나 하느님은 모세에게 약속했듯이 기적을 보입니다. 유대인들이 지날 때는 홍해의 바닷물을 갈라 길을 내주고, 이집트 군사들이 그 길을 건너려 하자 다시 바닷길을 막아버린 것입니다. 이 극적인 장면은 그림이나 영화 등에서 여러 차례 표현되었지요.

이집트를 빠져나온 유대인들은 '젖과 꿀이 흐르는 땅' 가나안Canaan에 곧 도착할 줄 알았지만, 그곳에 닿는 길은 멀고도 험하기만 하였습니다. 그러자 사람들은 "차라리 이집트에서 노예로 살 때가 편하였다."고 불평불만을 늘어놓으며 모세를 원망합니다.

모세는 시나이 산에 올라가 하느님의 뜻을 듣기로 합니다. 그리고 40일 만에 열 가지 계명을 받아서 내려오는데, 그것이 바로 기독교에서 가장 중요하게 여기는 십계명인 것입니다.

유대인을 이끌고 40년에 걸쳐 가나안 땅을 향해 진군하던 모세는 끝내 가나안 땅에 들어가지 못하고 지금의 요르단 땅에 있는 느보 산Mt. Nebo에서 사망합니다. 그곳은 가나안에서 멀지 않은 곳인데, 목적지를 코앞에 두고 죽은 까닭은 딱 한 차례 하느님의 뜻을 의심한 죄 때문이라고 합니다.

모세의 뒤를 이어 유대인들을 이끈 지도자는 여호수아Joshua입니다. 그는 유대인들에게 가나안 땅을 주겠노라는 하느님의 약속을 한 번도 의심하지 않았고, 자신에게 맡겨진 사명을 충실히 수행합니다. 유대인들은 불평을 늘어놓으면서도 그의 신념에 이끌려 지시에 따랐다고 합니다.

유대인들에게 모세의 십계명과 그것을 보관한 상자인 성궤ark of the covenant는 자신들이 신의 선택을 받은 민족이라는 자부심의 근원이었습니다. 그래서 솔로몬 왕은 성궤를 보관할 웅장한 신전을 지었습니다. 그래서인지 솔로몬은 역사상 가장 어질고 현명한 왕으로 칭송받으며, 그 시기가 유대 역사상 황금기였습니다.

그런데 무슨 까닭인지 그 이후로 성궤의 행방은 묘연해졌습니다. 성궤의 실종은 구약 성서 최대의 미스터리라고 할 만합니다. 그래서 현대에 이르러서도 잃어버린 성궤를 찾는 사람들의 이야기를 담은 영화(예를 들어 '레이더스-잃어버린 성궤의 추적자들')가 만들어지는 것입니다.

어쨌든 모세는 유대인과 기독교인들에게 매우 중요한 인물이고, 그라나다 대성당의 파사드에는 모세가 하느님으로부터 받았다는 십계명의 석판이 어떤 모양인지를 짐작할 수 있는 단서가 담겨 있는 것입니다.

대천사 라파엘

그러면 맨 오른쪽에 있는 조각상은 누구일까요. 일단 등에 날개가 있으니 천사입니다. 그런데 그의 발 아래쪽에 물고기가 보이는군요. 아마도 손에 든 창으로 물고기를 잡는 모습을 표현한 듯합니다. 그러면 물고기와 관련이 있는 천사가 누구인지를 알아야겠군요. 물고기와 관련이 있는 천사는 라파엘입니다.

앞에서 말했듯이 기독교에서는 세 명의 대천사를 중요하게 생각하는데, 미카엘과 가브리엘, 그리고 라파엘이 그들입니다. 그중에서 라파엘은 나머지 둘보다 덜 알려진 편이지만, '인간들의 고통을 치유해주는 상냥한 마음을 가진 천사'로서 사람들의 사랑을 받는 존재입니다. 특히 그는 '맹인들의 수호천사'로 여겨지는데 거기에는 이런 이유가 있답니다.

옛날 유대인 중에 토비트Tobit라는 사람이 있었습니다. 그가 하루는 죽은 이를 매장한 후 몸이 더러우므로 집에 들어가지 않고 뜰에서 잠을 잤는데, 날아가던 새의 똥이 눈에 들어가는 바람에 그만 실명하고 말았습니다. 그는 자신의 신세를 한탄하며 차라리 죽고 싶다고 신에게 기도를 드렸지요.

대성당 파사드의 대천사 라파엘

한편 같은 무렵에 메디아 땅에서는 사라Sarah라는 여인이 자신의 운명을 원망하고 있었습니다. 그녀는 일곱 번이나 결혼했는데 그때마다 신랑이 첫날밤에 죽었으므로 사람들로부터 악마가 씌었다는 욕을 듣는 신세가 되었던 것입니다. 실제로 아스모데오Asmodeus라는 악마가 사라를 사랑한 나머지, 그녀가 결혼하기만 하면 나타나 신랑을 죽인 것이라고 합니다.

하느님은 두 사람의 애절한 사연을 듣고는 라파엘을 보내어 문제를 해결하도록 했습니다.

어느 날, 토비트는 메디아의 아는 사람에게 빌려준 돈을 받아오도록 아들 토비야를 보냅니다. 메디아까지 가는 길을 몰랐던 토비야는 길동무를 수소문했는데, 아자리아Azarias라는 젊은이가 나타나 동행해 주겠다고 합니다. 사실 그는 대천사 라파엘이었지요.

아무튼 토비야는 동행이 생겨서 좋다고 여기고 아자리아와 함께 메디아로 떠났습니다. 가는 도중 토비야가 티그리스 강에서 발을 씻는데, 커다란 물고기가 그의 발을 무는 일이 생겼습니다. 아자리아는 토비야에게 그 물고기를 잡아 쓸개즙과 심장, 간을 꺼내 잘 보관하라고 일렀습니다. 나중에 약으로 요긴하게 쓰일 거라고 했지요.

"물고기의 심장과 간을 악령에 홀려 있는 사람 앞에서 태워 연기를 내면 악령이 그 사람에게서 도망가 버릴 겁니다. 쓸개즙은 앞을 못 보는 눈에 효과가 있으므로 쓸개즙을 바른 후 숨을 불어넣으면 치유됩니다."

마침내 메디아에 도착한 토비야는 아자리아로부터 뜻밖의 권유를 받습니다. 사라와 결혼하라는 것이었지요. 그러나 그녀에 대한 소문을 들은 토비야는 두려워하며 거절합니다.

그러자 아자리아는 토비야에게 악령을 물리칠 수 있는 방법을 알려주며 다시 결혼을 권합니다. 물고기에서 얻은 심장과 간을 태우면 악령이 접근하지 못할 테니 걱정하지 말라는 것이었습니다.

토비야는 아자리아의 말을 믿고 사라의 집을 찾아가 청혼합니다. 사라의 가족들은 기뻐하며 결혼을 허락했고, 첫날밤에 토비야는 아자리아가 알려준 대로 물고기의 심장과 간을 태워 악령을 물리쳤습니다. 그러자 사라의 아버지는 기뻐하며 재산의 반을 내주었다고 합니다.

토비야는 아버지가 빌려준 돈도 회수하고, 새 아내와 장인으로부터 받은 많은 재산을 가지고 고향으로 돌아갔습니다. 그리고 물고기의 쓸개즙을 아버지의 눈에 바르고 숨을 불어넣자 앞이 보이기 시작했습니다. 그런 일로 말미암아 라파엘은 '치유의 천사', '맹인들의 수호성인'이 된 것입니다.

물고기를 들고 있는 라파엘은 그라나다 대성당 안에 있는 카르멘 소성당의 스테인드글라스에서 볼 수 있으니 꼭 확인해 보시기 바랍니다. 그리고 대성당 파사드의 조각처럼 물고기를 잡는 모습은 코르도바 메스키타 안의 보물실에서 볼 수 있답니다.

물고기를 잡는 라파엘(코르도바 메스키타 보물실)

복음서의 저자들

앞에서 살펴본 대천사 미카엘과 이사벨 1세, 대천사 라파엘의 조각상 아래에는 4대 복음서의 저자들을 새긴 부조가 있습니다. 그들에 대해 알아봅시다.

대성당 파사드에 등장하는 4대 복음서 저자들을 왼쪽부터 차례대로 말하자면 사람(혹은 천사)을 바라보고 있는 이는 마태Matthew(마태복음)이고, 사자 위에 앉아 있는 이는 마가Mark(마가복음)이며, 황소 등에 팔을 괴고 있는 이는 누가Luke(누가복음)입니다. 그리고 독수리 위에 책을 얹어 놓고 있는 이는 요한John the Apostle(요한복음)이지요.

4대 복음서의 저자들은 각각의 상징물을 갖고 있어 미리 알아두면 유럽을 여행할 때 도움이 되므로 그에 대해 설명하겠습니다.

각 상징물이 정해진 연유에 대해 명확한 근거가 있는 학설은 없지만, 각 복음서의 시작 부분과 상징물의 속성을 연관 지어 생각하려고 노력한 사람들의 주장에 수긍되는 점이 있어 간단히 소개합니다.

그라나다 대성당 파사드의 4대 복음서 저자를 상징하는 부조. 마태, 마가, 누가, 요한

- 마태복음(사람)-마태복음에서는 아브라함에서 예수에 이르기까지의 혈맥을 나열합니다. 이는 곧 '사람'들에 관한 이야기인 것입니다.

- 마가복음(사자)-마가복음은 '세례자 요한이 광야에서 사람들에게 회개하라고 외치니, 사람들이 그 앞에 나아가 자기 죄를 뉘우치고 세례를 받았다.'는 이야기로 시작합니다. 광야에서 큰소리로 외치는 요한에게서 포효하는 사자를 연상하였던 것 같습니다.

- 누가복음(소)-누가복음의 첫 부분에는 하느님의 뜻에 따라 세례자 요한을 낳은 제사장 사가랴와 그의 아내 엘리사벳에 관한 일화가 나옵니다. 소는 희생 제물로써 제사장의 임무와 밀접한 관련이 있습니다.

- 요한복음(독수리)-요한복음은 '태초에 말씀이 계시니라.'라는 유명한 구절로 시작됩니다. 하늘로부터 땅으로 내려오는 '말씀'을 구체적인 이미지로 표현한 것이 독수리라고 봅니다.

Jean Bourdichon의 '4대 복음서의 저자들The four evangelists'을 보면서 각각의 상징물을 다시 한 번 확인해 보세요.

Jean Bourdichon, '4대 복음서 저자들(The four evangelists)' / 마태, 마가, 누가, 요한

대천사 가브리엘과 수태고지

대성당 파사드 중앙 문 위에 있는 부조는 수태고지受胎告知/Annunciation를 표현한 것입니다. 수태고지란 대천사 가브리엘Gabriel이 마리아에게 찾아와 성령으로 하느님의 아들을 잉태하게 되리라고 알려주는 것으로, 기독교에서는 매우 중요하게 생각하는 장면입니다.

부조를 보면 왼쪽 아래쪽에 앉아 있는 것이 마리아이고, 오른쪽 약간 위에서 내려다보며 말하는 것이 가브리엘입니다. 가브리엘에게는 날개가 달려 있어 천사라는 사실을 알 수 있지요.

그런데 문득 이런 궁금증이 생깁니다. 가브리엘과 마리아의 관계에서 누가 더 고귀한 신분일까요? 마리아를 단순히 인간으로만 본다면, 하느님의 명을 받아 인간 세상으로 내려온 대천사 가브리엘이 더 고귀한 신분일 겁니다. 그렇지 않고 마리아를 하느님의 아들을 낳을 신분으로 본다면 하느님의 심부름꾼인 가브리엘보다 마리아가 신분상 더 고귀하다고 보아야 할 것입니다. 과연 어느 쪽이 맞을까요?

이 문제에 대해서는 명확한 답이 없는 것 같습니다. 수태고지를 다룬 그림들을 분류해 보면, 가브리엘이 높은 위치에서 말하고 마리아가 다

수태고지

소곳한 자세로 듣는 유형과 마리아 앞에서 가브리엘이 무릎을 꿇고 공손하게 말하고 있는 유형, 마리아와 가브리엘이 대등한 위치에서 대화를 나누는 유형으로 나뉩니다.

첫 번째 유형은 대천사 가브리엘이 마리아보다 지위가 높다고 보고, 두 번째 유형은 하느님의 아들 예수의 어머니가 가브리엘보다 더 고귀한 신분이라고 보는 것으로 해석되며, 마지막 유형은 두 사람 사이의 지위 고하를 따지는 것이 어렵다고 판단했거나 부질없다고 생각하여 그렇게 표현한 것이 아닐까 생각합니다.

그라나다 대성당 파사드의 수태고지는 이 가운데 첫 번째 유형으로 보입니다. 참고로, 수태고지 장면에는 항상 백합꽃이 등장하는데, 이는 성모 마리아의 순결을 상징합니다. 대개 가브리엘이 들고 있는 형태이지만, 꽃병에 꽂혀 있는 경우도 많으니 확인해 보세요.

첫 번째 유형(카라바조 作), 두 번째 유형(보티첼리 作), 마지막 유형(무리요 作)

성 베드로와 성 바오로

수태고지에서 아래쪽으로 시선을 내리면 중앙 문 좌우에 두 명의 조각상이 서 있습니다. 마지막으로 이들이 누구인지 알아봅시다.

왼쪽에 서 있는 사람은 두 개의 열쇠를 가지고 있군요. 그러면 베드로이지요. 그가 예수로부터 받았다는 천국의 열쇠는 그의 상징물이니까요. 그리고 오른쪽에는 왼손에 책을 들고 오른손으로는 하늘을 가리키고 있는 사람이 있는데, 사도 바오로입니다. 이와 비슷한 자세의 조각상이 로마 포폴로 광장 문Porta del Popolo에도 있으니 한번 비교해 보세요.

그라나다 대성당의 성 베드로

성 바오로

포폴로 광장 문의 성 베드로

성 바오로

이들에 대해서는 '산 페드로와 산 파블로 교회(460쪽)' 편에서 다시 설명하게 되므로, 여기에서는 생략합니다.

그라나다 대성당 내부

자, 이제 대성당 안으로 들어가 봅시다. 대성당 안으로 들어서면 제일 먼저 눈길을 사로잡는 것은 바로 20개의 우람한 코린트식 기둥입니다. 건축 당시의 그라나다의 경제적 부유함과 정치적 자신감을 말없이 증언하는 것 같습니다.

코린트식 기둥

그라나다 대성당의 내부 모습

흰색 대리석을 정교하게 조각하였음에도 우아하고 아름답다는 느낌보다는 위압적인 분위기를 먼저 느끼는 것은 워낙 규모가 크기 때문일 것입니다. 그리고 열주들이 공간을 구분하는 방식은 앞서 설명했던 바실리카 양식의 흔적이지요.

이 코린트식 기둥은 앞서 설명한 바 있는 르네상스 건

축 양식의 특징입니다. 그리스·로마 문화의 부흥을 외치던 당시에 고대에 사용되었던 기둥 양식을 가져와 쓴 것입니다. 코린트식, 도리아식, 이오니아식 기둥 양식들에 대해서는 카를로스 5세 궁전에서 자세히 설명한 바 있습니다.

반면, 천장은 고딕 양식입니다. 아치 지붕이 연속되어 이어지고, 그 아치 천장 사이를 몇 개의 골조Rib가 교차하면서 높은 천장이 누르는 하중을 줄여주고 지지해주는 역할을 하고 있는 것입니다. 반원형 덮개나 사각형의 평평한 지붕으로 처리하던 르네상스 양식과는 다른 모습이지요. 전형적인 고딕 양식과 르네상스 양식으로 만들어진 교회 건축물과 비교해 보면 각각의 특징을 쉽게 구별할 수 있습니다.

고딕 양식 성당의 내부   르네상스 양식 성당의 내부

그라나다 대성당 천장의 식물 문양 장식　　　　　　　코르도바 메스키타의 천장 장식

　　천장에서 또 하나 눈여겨 볼 것은 식물의 형태를 응용한 것으로 보이
는 문양이 가득하다는 점입니다. 식물은 아라베스크 문양에서 즐겨 사
용하는 아이템이지요. 실제로 이슬람교도들이 세운 코르도바의 메스키
타Cordoba Mezquita 천장에도 이런 문양의 장식이 많이 눈에 띕니다. 두 건
물 천장의 문양을 비교해 보면, 그라나다 대성당 공사에 동원된 이슬람
교도들의 솜씨일 거라는 심증이 더욱 굳어집니다. 이런 것들이 아마도
무데하르 양식의 예일 것입니다. 무데하르 양식은 그라나다 함락 후에
도 떠나지 못하고 남았던 이슬람교도들이 교회 건물 공사에 동원되어
자신들의 기술과 솜씨를 발휘한 흔적인 것입니다.

거인들이 열병하는 곳을 통과하는 기분으로 네이브身廊/nave(중앙 통로)를 걸어가면 제단이 나옵니다. 스페인 대부분의 대성당 제단이 그러하듯이 그라나다 대성당의 제단도 화려함의 극치를 보여줍니다.

은제 천개天蓋(신상을 보호하기 위한 닫집 모양의 시설)와 황금빛 찬란한 애프스apse(제단이 있는 반원 모양의 밖으로 튀어나온 공간)도 그렇지만, 돔과 돔 주변의 스테인드글라스도 그에 못지않게 아름답습니다. 스테인드글라스는 멀어서 내용을 눈으로 확인하기는 어려운데, 예수의 일생을 주제로 한 것입니다. 그리고 스테인드글라스 아래쪽의 그림들은 성모칠락聖母七樂을 표현한 것입니다. 성모 마리아가 살아생전에 겪었던 일곱 가지 즐거움聖母七樂과 일곱 가지 고통聖母七苦에 대해서는 카를로스 5세 궁전에 있는 예술 박물관 편에서 설명했으므로 여기에서는 생략합니다.

돔

스테인드글라스

성모칠락 그림

예수의 삶을 다룬 스테인드글라스

천개

그라나다 대성당의 돔과 제단

성모 마리아의 삶을 다룬 그림

쾰른 성당(고딕)   성 베드로 대성당(르네상스)

　돔 천장은 로마 판테온Pantheon에서 그 기원을 찾아볼 수 있을 정도로 역사가 오래된 건축 구조인데, 르네상스 시대에 로마의 건축 양식을 이상적으로 생각하는 사회 분위기 속에서 크게 유행하였습니다. 르네상스가 가장 찬란하게 꽃피었던 피렌체의 산타 마리아 델 피오레 성당의 두오모(돔 지붕)를 생각하면 이해하기 쉬울 것입니다. 만약 그라나다 대성당이 처음 설계대로 고딕 양식으로 완성되었다면 아마도 우리는 돔 천장 대신 첨두형 아치pointed arch(아치의 끝 부분이 뾰족한 형태로, 고딕 건축물의 특징)로 지탱되는 드높은 천장만을 보게 되었을 것입니다.

　이곳의 스테인느글라스도 고딕 양식의 영향으로 보입니다. 다만 고딕식의 가늘고 긴 창문이 아닌 아치형 창문으로 형태가 변한 것은 내부 구조에 르네상스 양식이 반영된 까닭일 것입니다.

그라나다 대성당 돔 천장의 별 무늬

돔 천장에서 또 하나 놓치지 말아야 할 것은 거기에 가득 그려진 아름다운 금색 별들입니다. 나스르 궁전의 대사의 방에서 보았던 천장이 생각나지 않나요? 세비야 알카사르의 대사의 방에도 마찬가지로 별들로 가득 수 놓인 천장이 있었지요. 이것 또한 무데하르 양식의 흔적입니다.

대성당의 성구보관실Sacristy(산티아고 제단과 산타 아나 예배당 사이에 입구가 있음)에는 알론소 카노의 '원죄 없는 성모 마리아' 조각상이 있습니다. 크기가 작기 때문에 모르고 지나치는 경우도 있는 듯한데, 성구보관실 정면의 '십자가에 매달린 예수' 아래에 있습니다. 사진으로 위치를 보여 드리겠습니다.

'원죄 없는 성모 마리아'의 위치   알론소 카노, '원죄 없는 성모 마리아'

　알론소 카노는 대성당 파사드를 설계한 사람으로 앞에서 소개했으니, 여기서는 원죄 없는 성모 마리아에 대해 소개해 보겠습니다.

　가톨릭에서는 성모 마리아를 일컬어 '원죄 없이 잉태되신 성모'라고 부릅니다. 원죄 없이 잉태되었다는 뜻으로 무염시태無染始胎(죄에 물들지 않고 잉태됨)라는 말을 쓰기도 하지요.

　여기서 '원죄 없이 잉태되었다'는 말이 무슨 뜻일까요? 그것을 알기 위해서는 먼저 '원죄'라는 말을 알아야 합니다. 원죄原罪란, 아담과 이브가 하느님의 뜻을 어기고 선악을 구분하는 열매를 먹음으로써 지은 죄, 즉 인류사 최초의 죄를 말합니다. 따라서 아담과 이브의 자손인 우리는 태어나는 순간부터 그들이 지은 죄에 물들어 있다는 것이 기독교에서 말하는 원죄인 것입니다.

그런데 최초로 원죄에 물들지 않고 태어난 사람이 성모 마리아라는 주장이 바로 '원죄 없이 잉태되신 성모 마리아'입니다. 성모 마리아는 인류를 구원할 예수를 낳을 존재이기 때문에 하느님의 특별한 은총을 받아 원죄 없이 태어났다는 설명입니다. 하느님의 아들이자 원죄 없이 태어난 성모 마리아의 아들인 예수도 당연히 원죄에 물들지 않고 태어났다고 하지요.

1476년에 교황 식스투스 4세Sixtus IV가 12월 8일을 '원죄 없이 잉태되신 복되신 동정마리아 대축일'로 선포한 이후로 이러한 주장은 가톨릭 교리에서 중요하게 다루어지게 되었는데, 문제는 이러한 추상적 개념을 어떻게 구체적으로 형상화할 것인가 하는 점이었습니다.

이 문제에 대해 스페인의 화가였던 프란시스코 파체코Francisco Pacheco는 이렇게 명쾌하게 정리했습니다.

"원죄 없이 잉태된 성모 마리아는 햇살이 가득한 천국에서 티끌 하나 없이 깨끗한 순백의 옷과 푸른 외투를 입고, 머리에는 12개의 별이 빛나는 후광과 왕관을 쓰고, 발밑에는 초승달을 딛고 서서 두 손은 가슴 위에 기도하듯이 모은 모습으로 표현되어야 한다."

그 이후로 원죄 없는 성모 마리아는 거의 정형화된 모습으로 표현되었는데, 프란시스코 파체코의 제자였던 알론소 카노 역시 스승의 주장을 충실히 따르며 작품을 제작한 것을 알 수 있습니다.

원죄 없는 성모 마리아의 전형적인 모습이 담긴 그림 몇 점을 감상해 보겠습니다.

바르톨로메 에스테반 무리요 作   프란시스코 데 수르바란 作   알론소 카노 作

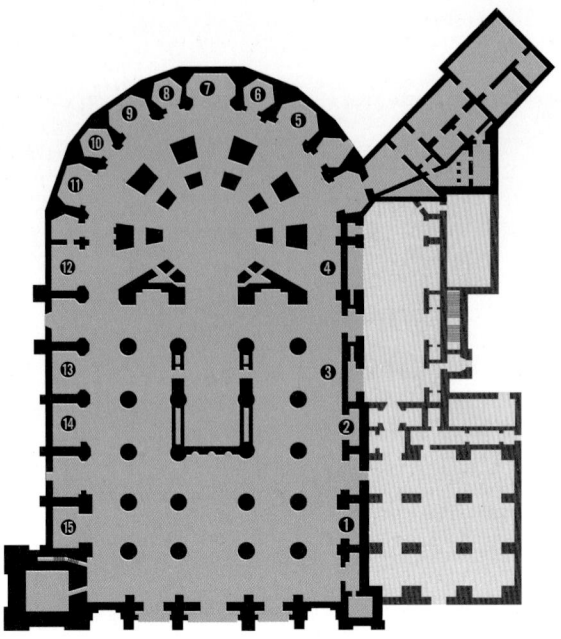

❶ 산 미구엘 소성당(Capilla de San Miguel)
❷ 삼위일체 소성당(Capilla de la Trinidad)
❸ 나사렛 예수 제단(Retablo de Jesús Nazareno/Altar de Jesus Nazareno)
❹ 산티아고 제단(Altar de Santiago)
❺ 산타 아나 소성당(Capilla de Santa Ana)
❻ 산 세바스티안 소성당(Capilla de San Sebastian)
❼ 산 세실리오 소성당(Capilla de San Cecilio)
❽ 산 블라스 소성당(Capilla de San Blas)
❾ 산타 테레사 소성당(Capilla de Santa Teresa)
❿ 십자가에 매달린 예수 소성당(Capilla del Cristo de las Penas)
⓫ 산타 루시아 소성당(Capilla de Santa Lucía)
⓬ 안티구아 성모 소성당(Capilla de Nuestra Señora la Antigua)
⓭ 고뇌의 성모 소성당(Capilla de la Virgen de las Angustias)
⓮ 카르멘 성모 소성당(Capilla de Nuestra Señora del Carmen)
⓯ 필라르 성모 소성당(Capilla de Nuestra Señora del Pilar)

그라나다 대성당의 제단과 소성당들

　유럽의 큰 성당들은 대개 신자들이 예배를 드리는 중앙 공간인 신랑身廊/nave이 있고, 신랑 양쪽에 측랑側廊/aisle이 있으며, 좌우 벽 쪽으로는 각각의 이름을 갖는 제단과 소성당小聖堂(작은 예배당)들이 자리하고 있는데, 그라나다 대성당도 예외가 아닙니다.

　그라나다 대성당의 제단과 소성당들은 각기 다른 시대에, 각기 다른 양식으로 아름답게 꾸며져 있으므로 하나하나 확인해 보시기 바라며, 여기서는 앞으로 설명할 예정이거나 이미 설명한 인물과 관련된 다음의 소성당을 제외한 나머지 소성당들을 사진과 함께 간략히 설명하겠습니다.

- 산타 아나 소성당 : 산타 아나는 성모 마리아의 어머니인 성 안나를 가리킵니다. 예수에게는 외할머니가 되는 인물이지요. 그녀에 대해서는 '산타 아나 교회(422쪽)' 편에서 자세히 설명할 예정입니다.
- 산 세바스티안 소성당 : 산 세바스티안은 화살에 맞아 순교한 성인으로 카를로스 5세 궁전의 그라나다 예술 박물관 편에서 설명했습니다.
- 십자가에 매달린 예수 소성당 : 이름 그대로 십자가에 매달린 예수 상을 안치한 공간입니다. 예수의 옆에 서 있는 두 여인은 성모 마리아와 마리아 막달레나로 보입니다.
- 고뇌의 성모 소성당 : '고뇌의 성모'는 십자가에서 죽은 예수를 안고 있는 비통에 잠긴 성모 마리아를 가리킵니다. '고뇌의 성모 마리아 대성당'에서 자세히 얘기할 것입니다.

산 미구엘 소성당(전체)　　　　　　　삼위일체 소성당(전체)

1. 산 미구엘 소성당(Capilla de San Miguel)

맨 처음 만나게 되는 산 미구엘 소성당은 대성당의 지붕과 파사드에서 보았던 대천사 미카엘을 위한 공간으로, 여기에서도 역시 악천사를 무찌르는 모습으로 나타납니다.

2. 삼위일체 소성당(Capilla de la Trinidad)

기독교에서의 삼위일체란, 성부聖父(하느님)와 성자聖子(예수)와 성령聖靈(하느님의 영혼으로 주로 비둘기의 형태로 표현됨)이 동일한 신격이라고 믿는 것으로, 325년에 니케아Nicaea 공의회에서 공인된 개념입니다. 삼위일체 소성당의 중앙 그림에 그러한 신앙이 잘 표현되어 있습니다.

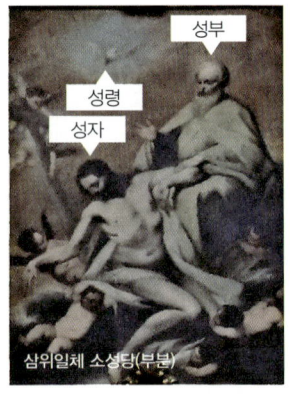

삼위일체 소성당(부분)

나사렛 예수 제단(전체)　　　나사렛 예수 제단(부분)

3. 나사렛 예수 제단(Retablo de Jesús Nazareno/Altar de Jesus Nazareno)

'나사렛 예수'란 말은, 예수가 나사렛 지방(갈릴리 지역의 작은 마을) 출신이기 때문에 그렇게 부르는 것입니다.

나사렛 예수 제단에는 여러 종류의 성화가 걸려 있는데, 그중에서도 한가운데에 있는 그림을 주목할 필요가 있습니다. 예수가 십자가를 메고 골고다 언덕으로 올라가던 중에 어머니인 마리아와 마주치는 장면을 그린 그림으로, 두 모자母子의 비극적 상황이 강조되고 있습니다.

산티아고 제단(전체)   Cuzco School, '무어인을 물리치는 야고보'

4. 산티아고 제단(Altar de Santiago)

산티아고 제단은 산티아고(성 야고보)에게 봉헌된 제단입니다. 산티아고 는 산티아고 순례길로도 우리에게 이름이 친숙한 인물로, 예수의 제자 들 중에서 가장 먼저 순교한 인물로 알려져 있습니다. 그에 대한 이야기 를 조금 더 알아봅시다.

황금빛 찬란한 이 제단祭壇의 중앙에는 말을 탄 한 남자가 칼을 휘두 르고 있고, 그의 말발굽 아래 한 사람이 짓밟히고 있습니다. 이 사람은 누구이며, 말발굽 아래에 있는 사람은 누구일까요.

그는 예수의 열두 제자 중 한 사람으로, '세베대의 아들 야고보'라고 하기도 하고, '대 야고보'라고 하기도 합니다. 갈릴리 호수에서 어부로 생 활하던 중에 예수의 부름을 받고는 동생 요한(《요한복음》의 저자인 사도 요 한)과 함께 그의 제자가 됩니다.

예수의 총애를 받은 제자 중의 한 명으로 예수가 겟세마네 동산으로 올라가 기도할 때 동행한 세 명의 제자 중 한 사람이었으나, 로마 병사들이 몰려와 예수를 체포할 때는 겁을 먹고 달아납니다. 그러나 예수의 부활을 목격한 후에는 예수의 가르침을 전하기 위해 여러 지역을 돌아다녔고, 이베리아 반도에도 다녀갔다고 합니다.

그는 성격이 불같이 급했다고 하는데, 그 때문인지 열두 제자들 중에서 제일 먼저 순교합니다. 아기 예수를 죽이려고 했던 헤롯왕을 헤로데스 1세라고 하고 그의 손자를 헤로데스 아그리파 1세라고 하는데, 기독교를 탄압하던 헤로데스 아그리파 1세의 명령에 의해 야고보는 참수형을 당합니다. 44년의 일이었지요.

스페인에서는 야고보를 예수의 다른 제자들보다 더 중요하게 생각하고 그를 스페인의 수호성인으로 여기는데, 그 이유는 다음과 같습니다.

844년에 이베리아 반도에서는 이슬람교와 가톨릭 간의 전쟁이 있었는데, 클라비호Clavijo 전투에서 야고보가 스페인 군대 앞에 나타나는 기적이 일어난 후 큰 승리를 거두었다는 것입니다. 그 일이 있고난 후 스페인 사람들은 야고보가 자신들을 특별히 보호해준다고 믿어 수호성인으로 여긴다고 합니다.

그라나다 대성당의 성 야고보 제단에 등장하는 말 탄 야고보는 그러니까 그의 도움으로 무어인을 물리쳤다는 상징적인 표현인 것입니다. 그렇다면 그의 말발굽 아래 짓밟히고 있는 사람은 이슬람교도인 무어인이겠네요. 이슬람교도에 대한 적대감이 여기에서도 확인됩니다.

산 세실리오 소성당(전체)   산 블라스 소성당(전체)

7. 산 세실리오 소성당(Capilla de San Cecilio)

산 세실리오 소성당에 성인聖人으로 보이는 남자의 입상立像이 있는데 그가 바로 산 세실리오입니다. 1세기 무렵에 그라나다 지방에서 신도들을 이끌던 세실리오 주교는 기독교를 박해하던 로마 제국에 의해 순교한 것으로 되어 있습니다. 순교자로서 성인의 반열에 오른 그의 축일은 5월 15일이며, '사도들의 제자'라는 별칭을 얻었습니다.

8. 산 블라스 소성당(Capilla de San Blas)

산 블라스(성 블라시우스)는 아르메니아 지방 세바스테의 주교였으며, 카파도키아Cappadocia의 총독인 아그리콜라우스Agricolaus에 의해 참수형을 받고 순교한 것으로 알려졌습니다. 주교 복장을 한 인물이 소성당에 모셔진 까닭은 그가 주교였기 때문이지요. 그는 '목구멍의 수호성인'으로 불리기도 하는데, 그가 목에 가시가 걸려 사경을 헤매던 소년의 목숨을 구해 준 것에서 유래된 것입니다.

산타 테레사 소성당(전체)　　　　　　　　산타 테레사 소성당(부분)

9. 산타 테레사 소성당(Capilla de Santa Teresa)

이곳은 아빌라의 성녀 테레사를 기리는 공간입니다.

아빌라의 성녀 테레사는 유대교에서 개종한 귀족 집안에서 태어난 가톨릭 신자였습니다. 19세에 수녀원에 입회하였고, 여러 차례 환시幻視를 체험하며 신앙심이 더욱 굳어졌다고 합니다. 한번은 기도를 하던 중에 불로 만든 창을 든 천사가 나타나 그녀의 가슴을 찌르는 체험을 하였는데, 이로 인해 그녀의 상징은 가슴을 관통한 불화살, 혹은 IHS라고 새겨진 심장입니다. 엄격한 규율로 널리 알려진 '맨발의 카르멜 여자 수도원'을 시작으로 15개의 남자 수도원과 17개의 여자 수도원을 세운 그녀는 1582년 67세의 나이로 사망했고, 1622년에 교황 그레고리우스 15세 때에 시성諡聖되었습니다.

소성당의 오른쪽 하단부에 천사의 창에 찔리는 테레사를 그린 그림이 있으니 유심히 보시기 바랍니다.

산타 루시아 소성당(전체)   십자가에 매달린 예수 소성당(부분)

11. 산타 루시아 소성당(Capilla de Santa Lucía)

산타 루시아는 동정童貞을 지키기 위해 순교한 성녀입니다. 시칠리아 귀족 가문에서 태어난 루시아는 어린 시절에 기독교 신앙을 알게 되어 스스로 동정을 지키기로 결심하고 어느 젊은 귀족과 결혼하라는 집안의 권유를 거절합니다.

그러자 그녀와 결혼하기를 원했던 청년이 앙심을 품고 그녀가 기독교인이라고 고발하였고, 체포된 루시아는 온갖 고문을 당한 끝에 비수에 목을 찔려 순교합니다. 그때가 340년 12월 13일이었으므로 그 날을 그녀의 축일로 정해 전해오지요. 그녀의 이름은 '빛'이라는 뜻을 갖고 있으며, 그래서인지 눈병을 앓는 사람들의 수호 성녀로 여겨집니다.

안티구아 성모 소성당(전체)　　　　　　　　　안티구아 성모 소성당(부분)

12. 안티구아 성모 소성당(Capilla de Nuestra Señora la Antigua)

안티구아 성모 소성당은 비교적 알려진 곳이지만 안티구아 성모가 누구인지에 대한 설명이 부족해 여행자로서는 답답합니다. '안티구아antigua'는 '안티구오antiguo'의 여성형으로 '오래전부터 존재한', '옛날의, 고대古代의' 등의 뜻이 있습니다. 영어의 앤틱antique과 어원이 같지요. 그러니까 안티구아 성모란 '옛날부터 있었던 성모 마리아'란 의미가 됩니다.

전설에 따르면 스페인의 어느 왕이 세비야 대성당에 있는 성모의 이콘icon(기독교의 주요 인물을 그린 예배용 화상) 앞에서 무릎을 꿇고 기도할 때, 성모 마리아가 나타나 "너는 오래된(안티구아) 내 이콘을 그동안 잘 보존하였다."며 그 공로를 치하하였고 합니다. 그 뒤로 그 이콘을 '안티구아 성모 이콘'이라고 부르게 되었고, 안티구아 성모는 스페인에서 꽤 유명한 존재가 되었습니다.

카르멘 성모 소성당(전체)　　　스테인드글라스 대천사 미카엘　　　스테인드글라스 대천사 라파엘

14. 카르멘 성모 소성당(Capilla de Nuestra Señora del Carmen)

　카르멘 성모 소성당은 성모 마리아에게 봉헌된 예배실입니다. 예수의 어머니인 마리아는 본명 이외에 로즈마리(아름다운 장미), 릴리안(순결하고 고귀한 백합) 등으로 불리며, 그 밖에도 신성한 성모의 이름을 부를 수 없다 하여 다른 이름으로 대신 부르기도 했는데, 돌로레스, 메르세데스, 아눈시오, 카르멘 등이 다 성모를 가리키는 말이었습니다.

　카르멘 소성당에서는 특히 제단 위의 스테인드글라스를 눈여겨보기 바랍니다. 앞에서 파사드의 부조를 설명할 때 이미 언급한 것입니다만, 거기에는 악룡을 무찌르는 대천사 미카엘과 물고기를 들고 있는 대천사 라파엘이 있기 때문입니다. 파사드의 부조와 비교하면서 보면 그 둘의 특징이 쉽게 이해될 것입니다.

필라르 성모 소성당(전체)　　　　　　　　　필라르 성모 소성당(부분)

15. 필라르 성모 소성당(Capilla de Nuestra Señora del Pilar)

　필라르 성모 소성당 역시 스페인과 관련이 있는 일화에서 이름을 따왔습니다. '필라르 성모'란 사라고사_Zaragoza의 성당에 모셔진 성모를 말하는데, 이름에 스페인어로 기둥을 뜻하는 'Pilar'가 들어간 까닭은 이런 이야기가 전해지기 때문입니다.

　AD 40년에 스페인의 수호성인인 야고보_St. James(스페인식으로는 산티아고)에게 성모 마리아가 발현發顯하여 나무로 된 성모상과 옥으로 된 기둥을 주면서 자신을 위한 성전을 지어달라고 부탁했다고 합니다. 기록에 의하면 야고보는 전도 여행 중에 이베리아 반도를 다녀간 것으로 되어 있으니, 그때의 일이 아닐까 합니다.

　야고보는 그 기둥을 스페인 사람들에게 전했고, 후일 그것을 초석 삼아 세운 것이 사라고사의 필라르 성모 성당이라고 하는데, 그라나다 대성당에 그 이름을 딴 소성당이 있는 것입니다.

사그라리오 교회

Iglesia del Sagrario

사그라리오 교회는 대성당, 왕실 예배당과 면해 있는 작은 교회입니다. 1705년에 공사를 시작하여 1722년에 완공하였으니 비교적 짧은 기간에 지어진 건물이라고 할 수 있습니다. 그리 큰 규모가 아니기에 가능한 일이었을 겁니다. 건축 책임자는 Francisco Hurtado Izquierdo와 José de Bada y Navajas로 알려져 있습니다.

사그라리오 교회는 대부분의 관광객들이 별로 관심을 갖지 않는 공간이라고 할 수 있지요. 특별히 설명할 만한 요소가 있는 곳도 물론 아닙니다. 다만 존재조차 모르고 지나치는 사람들이 많은 것 같아, 위치와 내부 모습을 소개하려고 합니다.

그라나다 대성당을 정면에서 보았을 때, 오른쪽에 있는 건물이 사그라리오 교회입니다.

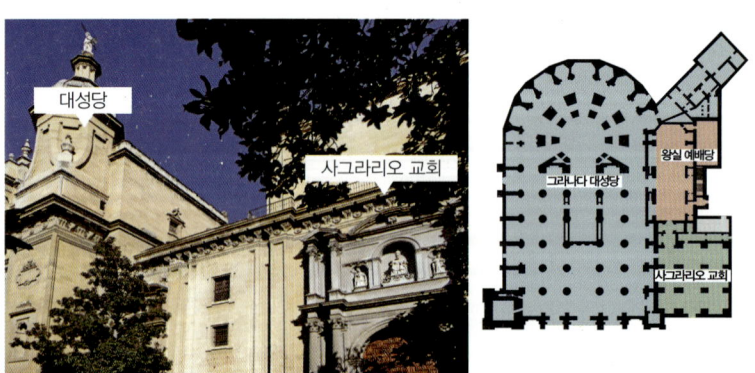

사그라리오 교회의 위치

사그라리오 교회의 설교단
사그라리오 교회의 파이프 오르간
사그라리오 교회의 조촐한 제단
제단 안의 '원죄 없는 성모 마리아'상

교회의 내부는 대성당과 매우 유사하며, 규모만 축소해 놓은 듯합니다. 특히 우람한 기둥과 아치로 지탱되는 천장은 대성당과 거의 같다고 볼 수 있습니다. 제단은 조촐하게 생겼습니다. 설교단의 장식과 파이프 오르간도 확인해 보세요. 유럽의 교회에서 만나는 파이프 오르간은 제 각각 개성 있는 모습이라 구별하면서 보는 재미가 있습니다.

사그라리오 교회를 볼 기회가 생긴다면, 천장도 꼭 감상해 보시라고 권해드립니다. 정교한 솜씨가 마치 그들의 경건한 신앙심의 표현인 것 같아 감탄사가 절로 나옵니다.

사그라리오 교회의 내부 기둥

사그라리오 교회의 멋진 천장

마태   마가   누가

이제 제단 앞의 네 기둥에 각각 인물상이 서 있는 것을 주목해 주십시오. 이들은 과연 누구일까요? 정답의 단서는 그들의 발 아래쪽에 있습니다. 잘 보면 사람, 사자, 소, 독수리가 새겨져 있는 것을 알 수 있습니다. 그렇다면 그들은 4대 복음서의 저자들이지요. 대성당 파사드 편에서 설명했으니 쉽게 이해할 수 있을 것입니다.

참고로 말씀드리자면, 기독교에서 4대 복음서는 매우 중요한 책이기 때문에 그 저자들도 각별한 대접을 받습니다. 성당 중에는 제단 주변에 그들을 표현해 놓은 곳이 많은데, 바티칸의 성 베드로 대성당에서도 그런 예를 찾아볼 수 있습니다.

사그라리오 교회를 나가기 전에 한 가지만 더 살펴보기로 합시다. 벽을 따라 작은 그림들이 붙어 있는데, 잘 보면 그림 위에 1에서 14까지의 숫자가 적혀 있습니다. 이것들은 무엇을 의미하는 것일까요?

요한   성 베드로 대성당 제단 위의 4대 복음서 저자 그림

    이것은 십자가의 길Way of the Cross, Via Crucis, Via Dolorosa을 나타낸 것입니다. 십자가의 길이란 예수의 수난과 죽음의 과정에서 일어난 중요한 사건 14가지를 기도의 주제로 삼은 것인데, 간추려보면 다음과 같습니다.

    1. 예수가 빌라도의 법정에서 십자가형을 선고받음
    2. 예수가 십자가를 지고 골고다 언덕으로 향함
    3. 기력이 떨어진 예수가 넘어짐
    4. 예수가 어머니인 마리아와 마주침
    5. 구레네 사람 시몬이 예수의 십자가를 대신 짊어짐
    6. 베로니카가 피땀으로 얼룩진 예수의 얼굴을 닦아줌
    7. 기력이 떨어진 예수가 두 번째로 넘어짐
    8. 예수가 자신을 위해 슬퍼하는 예루살렘의 부인들을 위로함
    9. 예수가 세 번째로 넘어짐
    10. 십자가에 매달리기 식선에 옷 벗김을 당함
    11. 십자가에 못 박힘
    12. 예수가 십자가 위에서 숨을 거둠
    13. 죽은 예수를 십자가에서 내림
    14. 예수를 장사 지냄

이와 같은 십자가의 길은 유럽의 성당 대부분에 어떤 형태로든지 표현된 경우가 많으므로 기억해 두면 좋을 것입니다.

❶ 예수가 빌라도의 법정에서 십자가형을 선고 받음
❷ 예수가 십자가를 지고 골고다 언덕으로 향함
❸ 기력이 떨어진 예수가 넘어짐
❹ 예수가 어머니인 마리아와 마주침
❺ 구레네 사람 시몬이 예수의 십자가를 대신 짊어짐
❻ 베로니카가 피땀으로 얼룩진 예수의 얼굴을 닦아줌
❼ 기력이 떨어진 예수가 두 번째로 넘어짐

❽ 예수가 자신을 위해 슬퍼하는 예루살렘의 부인들을 위로함
❾ 예수가 세 번째로 넘어짐
❿ 십자가에 매달리기 직전에 옷 벗김을 당함
⓫ 십자가에 못 박힘
⓬ 예수가 십자가 위에서 숨을 거둠
⓭ 죽은 예수를 십자가에서 내림
⓮ 예수를 장사 지냄

사그라리오 교회 앞의 알론소 카노 조각상

마지막으로 사그라리오 교회를 떠나기 전에 교회 앞마당에 앞서 설명한 알론소 카노Alonso Cano의 상반신 조각상이 있으니 그의 모습을 한 번 확인해 보시기 바랍니다.

알카이세리아

Alcaicería

그라나다 대성당과 왕실 예배당 근처에 있는 알카이세리아는 과거에 이슬람식 시장이 들어서 있던 곳으로, 지금도 기념품 가게들이 밀집해 있습니다.

Alcaicería란 단어는 사전적으로

1. (이슬람 통치 시대에 Granada나 다른 도시에서) 세금으로 비단을 내던 곳
2. (이슬람 통치 시대에 생사生絲나 다른 상품을 팔던) 상가 지역

이란 뜻을 갖는 스페인어입니다. 그러니 이름을 통해 이 상가 지역이 과거에 비단 판매를 주로 하던 곳이란 점을 짐작할 수 있습니다.

알카이세리아의 기념품 가게

그런데 어원을 좀 더 거슬러 올라가 보면, 이 말은 '카이사르의 땅the place of Caesar(여기에서 카이사르는 로마 황제를 일컫는 보통명사)'을 뜻하는 아랍어 'al-Kaysar-ia'에서 유래한다고 합니다. 동로마 제국의 유스티니아누스Justinianus 황제가 아랍인들에게 독점적으로 비단을 제조하고 판매할 수 있는 권리를 부여하자 그에 대한 감사의 뜻으로 비단 시장을 알카이세리아라고 부르게 되었다는 것입니다.

예로부터 비단은 막대한 이익을 남길 수 있는 교역 물품이었습니다. 동서양을 잇는 최초의 교역로를 실크로드라고 부른 것은 애초에 그 길이 비단 교역을 위해 개척되었기 때문입니다. 그만큼 비단은 동서 교역에서 중요한 비중을 차지하는 품목이었던 것입니다.

그렇다면 유스티니아누스 황제는 비단의 제조와 판매라는 황금알을 낳는 거위를 왜 아랍인들에게 넘겨주었을까요?

중동 지역에 살던 아랍인들은 타고난 상인들이었습니다. 그들은 동쪽으로는 중국과 인도를, 서쪽으로는 아프리카 북부와 유럽에 이르는 넓은 지역을 누비고 다니며 교역에 종사했습니다. 수십 마리의 낙타 떼를 몰고 사막을 건너는 대상隊商의 이미지를 떠올리면 쉽게 이해할 수 있을 것입니다.

실크로드를 오가며 동서 교역에 종사해 왔던 이들에게 비단은 친숙한 교역 물품이었으며, 동시에 그들에게 많은 이익을 남겨준 물품이었습니다. 그러다 보니 아랍인들에게 비단은 포기할 수 없는 품목이었을 것입니다. 그런 사실을 뒷받침하는 기록이 있습니다. 유스티니아누스 황제 때 비잔틴 제국과 사산조 페르시아Sassanian Persia가 비단의 근원이 되는 누에를 둘러싸고 전쟁을 했다는 기록이 남아 있는 것입니다.

이런 상황에서 유스티니아누스 황제가 로마 제국의 영토 안에서 아랍인들이 비단 판매를 독점할 수 있도록 허용했다는 것은 아마도 정치적인 이유에서였을 것입니다. 어차피 비단에 관한 전문가들은 아랍인들이며, 기독교 국가인 로마 제국에서 이교도인 아랍인들이 사사건건 반발하고 저항하면 큰 부담이 될 테니 유화책을 쓴 것이지요.

그 사실을 알고 있는 아랍인들은 자신들에게 우호적인 유스티니아누스 황제를 위해 비단 시장의 이름을 '(유스티니아누스) 황제의 땅'이라고 부르는 것으로 화답했던 것입니다.

그라나다의 알카이세리아는 이슬람식 시장입니다. 과거에는 비단과 향신료가 주된 판매 품목이었다고 하는데, 지금도 그런 흔적이 남아 있습니다. 다만 지금은 여행자를 대상으로 하는 기념품 가게가 더 많은 것이 사실이지만요.

이곳은 좁은 골목을 사이에 두고 가게들이 밀집해 있는 형태로, 과거에는 200여 개가 넘는 가게들이 들어선 대규모 시장이었다고 하는군요. 비가 와서 비단이 젖는 것을 막기 위해 통로 위에 천막을 쳤다고 하니, 그 생김새가 이슬람 세계에서 볼 수 있는 전통 시장인 바자르Bazaar에 가까웠을 것입니다.

이슬람식 바자르인 알카이세리아

이슬람 세계에서 경제 활동의 중심지이자 주민들의 커뮤니티 공간인 바자르는 '지붕이 덮인 시장'이란 뜻으로, 수크Sūq라고 하기도 합니다. 원래 좁은 거리의 양쪽에 가게들이 들어서고 통로의 위쪽을 둥근 지붕으로 덮는 것이 일반적인 양식이었으니 그라나다의 알카이세리아는 바자르의 조건을 다 갖추었다고 볼 수 있지요.

지금도 전통 형태를 갖춘 바자르가 이슬람 국가들에 남아 있는데, 터키 이스탄불의 그랜드 바자르는 대표적인 곳입니다.

알카이세리아의 핵심 품목은 물론 비단이었지만, 향신료 또한 이 시장의 주요 품목이었습니다. 이제는 규모가 축소되어 몇몇 가게만 남아 있지만, 이곳에 향신료 시장이 있었다는 것은 이 지역이 그라나다에서 가장 중요하고 번화한 상가 지역이었다는 뜻입니다. 마치 현대의 백화점이 도시의 중심부에 위치하듯 말이지요.

향신료 시장이 있었다는 점으로 미루어 이곳이 번화한 곳이었을 거라고 말할 수 있는 이유는, 그만큼 향신료가 중세 유럽 사람들에게 매우 중요한 물건이었기 때문입니다.

알카이세리아의 향신료 가게

향신료香辛料/Spice란 음식의 맛을 좋게 하거나 나쁜 냄새를 없앨 목적으로 사용하는 식물의 열매·씨앗·꽃·뿌리 등을 말합니다. 우리가 일상적으로 사용하는 마늘, 생강, 고춧가루 등이 향신료이며, 서양 요리에 사용되는 후추, 강황, 계피, 정향, 육두구, 바질, 로

즈마리 등도 향신료에 해당합니다. 향신료는 식욕을 돋우고, 소화를 촉진시키는 역할도 하지요. 또한 향신료에는 방부防腐(부패를 방지함) 효과나 살균 효과가 있어 저장 기술이 발달하지 않았던 과거에는 식품의 보관에 중요한 역할을 했습니다.

유럽 사람들에게 있어 고민은 그런 중요한 향신료를 구하기 힘들다는 점이었습니다. 후추, 정향, 육두구 등의 향신료는 인도나 동남아시아에서만 생산되었기 때문에 운반비용이 덧붙어 유럽에서 유통될 때는 값이 치솟을 수밖에 없었습니다. 그러다 보니 향신료가 단순한 양념의 의미를 넘어 다양한 목적으로 활용되었는데, 유럽 사람들이 그것을 어떤 용도로 사용했는지 알아보면 참 재미있습니다.

제일 보편적인 것이 자신의 부유함을 과시하는 용도로 사용하였다는 점입니다. 음식에 향신료를 많이 넣을수록 부자라고 생각했으므로 손님을 초대할 경우에는 필요 이상으로 많은 향신료를 사용했으며, 향신료가 특히 더 많이 들어간 음식(예컨대 '트레인 로스트Trayne roste' 같은)은 오직 왕만이 먹을 수 있었다고 합니다.

향신료를 향수 대신 사용했다는 기록도 있습니다. 몸에서 나는 향신료 냄새가 강할수록 부자라는 뜻이었으므로, 가루를 몸에 뿌리거나 액세서리처럼 몸에 지니고 다녔다는 것입니다.

향신료를 약으로 사용한 것은 이해가 가는 대목입니다. 중세 시대 이전부터 수도원에서는 허브를 재배해 약을 제조하는 전통이 있었고, 현대 의학에서도 강황 등의 향신료에 건강을 증진시키는 성분이 있다고 믿기 때문입니다. 그러나 넛메그Nutmeg(육두구)를 주머니에 넣고 다니면 뼈가 부러지지 않는다거나 중풍에 걸리지 않는다고 믿었다는 데에서는 실소失笑하게 됩니다.

향신료는 화폐를 대신하기도 했습니다. 원래 육두구는 한 줌에 소 일곱 마리의 가치가 있어 '먹는 보석'이라고 불렸고, 샤프란은 같은 무게의 금보다 더 비싸 '먹는 황금'이라고 불릴 정도로 귀한 대접을 받았습니다. 또한 후추는 같은 무게의 은과 동일한 가치를 지녔으므로 화폐처럼 활용되어 집세나 통행세를 후추로 내기도 했다고 합니다.

이렇게 귀중한 향신료를 구하기 위해 유럽인들은 동서 교역에 적극적으로 나섰고, 이는 동서양의 문화 교류를 촉진하는 효과도 있었습니다.

그런데 15세기에 오스만 제국이 콘스탄티노플(현재의 이스탄불)을 함락한 뒤, 동서무역로를 차단하면서 문제가 생겼습니다. 이슬람 제국인 오스만 튀르크는 종교적으로 앙숙 관계인 유럽에 타격을 주기 위해 동서 간의 무역을 방해한 것입니다. 이로써 육로를 통한 향신료 교역이 불가능해졌지요.

이 문제를 해결하기 위해 제일 먼저 나선 것은 포르투갈이었습니다. 포르투갈은 아프리카 연안을 따라 항해하여 인도로 가고자 했습니다. 바스코 다 가마Vasco da Gama가 희망봉을 돌아 인도에 도달하는 방법을 찾아냄으로써 포르투갈은 잠깐 동안이지만 향신료 무역에 있어 우위를 차지할 수 있었습니다.

바스코 다 가마와 전혀 다른 방법으로 인도에 가기 위해 나선 사람이 바로 크리스토퍼 콜럼버스입니다. 지구가 둥글다는 새로운 학설을 받아들인 그는 대서양을 건너가면 결국 인도에 닿을 수 있을 거라고 믿었습니다.

이사벨 1세의 후원으로 항해를 계속한 끝에 신대륙을 발견하여 스페인에게 해가 지지 않는 제국의 영광을 선사한 그이지만, 처음부터 신대륙을 발견할 생각으로 항해를 계획했던 것은 아니었습니다. 그는 뱃사람이자 장사꾼으로서 향신료를 안정적으로 공급할 방법을 찾으려고 했던 것뿐입니다.

콜럼버스가 향신료를 구하기 위해 떠났던 항해가 새로운 대륙을 발견하는 계기가 되었으니, 향신료는 세계 역사를 바꾼 위대한 교역품이라고 할 수 있겠습니다. 그라나다 대성당 옆의 향신료 시장은 그러한 역사의 한 페이지를 읽을 수 있게 해주는 공간인 것입니다.

비브 람블라 광장

Plaza Bib-rambla

비브 람블라 광장은 대성당 근처에 있으며 중앙에 분수대가 있고 주변에 기념품 상점, 노천카페, 레스토랑이 즐비한 광장입니다.

특별한 이야깃거리가 있는 광장은 아니지만, 광장 중앙 분수대 위에 삼지창을 든 한 사내가 보이기에 소개합니다.

분수대 위에 삼지창을 들고 서 있는 사내라면, 보나 마나 포세이돈 Poseidon입니다. 벼락이 제우스의 상징물이라면, 삼지창은 포세이돈의 상징물이니까요. 게다가 바다를 비롯한 세상의 모든 물을 관장하는 으뜸 신인 그는 유럽의 분수대에 단골로 등장합니다. 설명이 필요 없을 정도로 유명한 로마 트레비 분수의 포세이돈(넵튠)을 떠올려 보면 알 수 있지요.

비브 람블라 광장   비브 람블라 광장의 포세이돈

트레비 분수의 포세이돈에 비하면 이곳 비브 람블라 광장의 포세이돈은 볼품이 없습니다. 사실 로마 트레비 분수에 워낙 멋있게 등장하는 바람에, 다른 곳의 포세이돈은 어지간해서는 호평을 듣기 어렵지요.

따라서 이곳의 포세이돈이 미적으로 아름답거나 예술성이 탁월해서 언급하는 것은 아닙니다. 다만 유럽 어디를 가든 만날 수 있는 포세이돈에 대해 알아두면 그가 있는 분수를 만날 때마다 떠올려 볼 수 있을 것 같아 그에 관한 이야기를 소개하는 것입니다. 그리스 신화 속의 인물들은 대개 흥미진진한 캐릭터를 갖고 있으니까요.

포세이돈은 크로노스Kronos와 레아Rhea 사이에서 태어났으며, 하늘 세계의 신 제우스Zeus와 저승 세계를 다스리는 신 하데스Hades와는 형제간입니다. 태어나자마자 아버지 크로노스에 의해 삼켜지는 신세가 되었지만, 제우스의 기지機智로 다시 세상 구경을 할 수 있게 되었지요. 그래서

로마 트레비 분수의 포세이돈

동생인 제우스에게 하늘 세계를 양보하고, 자신은 바다 세계를 맡은 것입니다.

포세이돈은 바다의 요정 암피트리테Amphitrite를 부인으로 맞아 트리톤Triton 등의 아들을 낳습니다. 트리톤은 상반신은 인간이고 하반신은 물고기의 형상이며, 주로 소라고둥을 불어 파도를 다스리는 모습으로 나타납니다. 로마 트레비 분수에서 우리는 가장 전형적인 트리톤의 모습을 볼 수 있지요.

포세이돈의 결혼에 대해 재미있는 이야기가 전하기에 간략하게 적습니다.

너무나 아름다워서 제우스가 반했던 바다의 요정 테티스Thetis에게는 '아버지를 능가하는 아들을 낳을 것'이라는 신탁이 내려져 있었습니다. 천하의 바람둥이 제우스는 그 신탁이 두려워 테티스를 포기하지요. 그런데 테티스에게 반한 건 제우스만이 아니었답니다. 포세이돈 또한 그녀를 마음에 두고 있었지요.

그러나 포세이돈 역시 테티스를 포기합니다. 이유는 제우스와 마찬가지로, 그녀에게서 태어날 아들이 두려웠기 때문이지요. 신들도 자식에 의해 쫓겨나는 신세는 되고 싶지 않았던 것입니다. 결국 테티스는 인간인 펠레우스Peleus와 결혼하여 아킬레우스Achilleus를 낳습니다. 아버지인 펠레우스를 훨씬 능가하는 걸출한 영웅이었으니, 신탁이 맞았던 것입니다.

테티스를 포기한 포세이돈이 다음으로 반한 것은 바다의 요정 암피트리테였다고 합니다. 그러나 암피트리테는 포세이돈을 두려워하여 바다 깊숙이 숨어버립니다. 애가 탄 포세이돈은 바다의 모든 생물들에게 명을 내려 암피트리테를 찾아오도록 합니다. 포세이돈은 바다 세계 전체

트레비 분수의 트리톤   Jacob de Gheyn, '포세이돈과 암피트리테'

의 지배자이니 충분히 가능한 명령이었지요.

　포세이돈의 명령을 듣고 암피트리테의 행방을 알아온 것은 돌고래들이었다고 합니다. 돌고래들 덕분에 가까스로 암피트리테를 신부로 맞이할 수 있었으니, 포세이돈은 장가 한 번 들기가 참 어려웠군요.

　포세이돈은 돌고래들의 공을 인정하여 밤하늘에 별자리로 만들어주었는데, 그게 바로 돌고래자리라고 합니다.

　포세이돈은 메두사Medusa와 관련된 이야기로도 유명합니다.

　메두사는 매우 아름다운 처녀였습니다. 그런 메두사를 보고 반한 포세이돈은 그녀를 데리고 아테나Athena의 신전으로 가서 사랑을 나눕니다. 이것은 순결한 처녀신인 아테나를 욕보이는 일이었지요. 그 사실을 알고 분노한 아테나는 메두사를 세상에 다시없는 괴물로 만들어버립니다. 머리카락 한 올 한 올이 모두 뱀으로 변해, 끔찍한 그 모습을 본 사람은 그 자리에서 돌로 변해버렸다고 합니다.

벤베누토 첼리니, '메두사의 목을 벤 페르세우스'

포세이돈이 메두사를 데리고 하필 아테나의 신전으로 간 데는 까닭이 있었습니다. 그는 아테나와 그리스의 한 도시를 놓고 누가 수호신이 될 것인가를 겨룬 적이 있는데, 그만 진 것입니다. 그 도시가 바로 그리스 문명의 핵심인 아테네Athens였으니 포세이돈으로서는 자존심이 크게 상할 수밖에 없었지요. 그래서 치사하게도 아테나의 신전을 더럽히는 것으로 복수한 것입니다.

메두사는 나중에 페르세우스Perseus에 의해 죽임을 당하는 것으로 한 많은 일생을 마칩니다. 피렌체의 시뇨리아 광장Piazza della Signoria에 있는 조각 작품이 메두사의 최후를 보여주고 있습니다.

2장

그라나다의 광장과 그 주변 건축물

아담하고 조출하지만 역사와 문화가 담겨 있는 곳

누에바 광장 ①

Plaza Nueva

누에바 광장에서 오른쪽으로 가면 알람브라 궁전이, 직진하여 계속 올라가면 사크로몬테 집시 마을로 연결되는 길이, 조금 올라가다가 왼쪽으로 꺾어지면 알바이신 지구가 나옵니다. 그리고 아래로 내려가면 그라나다 대성당으로 가는 콜론 대로가 이어지지요. 그러니 누에바 광장은 그라나다 여행의 출발점이라 할 수 있습니다.

누에바 광장 사진을 보면 앞쪽에 산타 아나 성당이 보이고, 왼쪽에는 왕립 대법원인 찬시예리아Chancillería 건물이 있습니다. 그리고 오른쪽 언덕 위에는 알카사바의 일부가 보이는군요.

찬시예리아

알카사바

산타 아나 성당

누에바 광장

그라나다 찬시예리아 파사드

누에바 광장에서 제일 눈에 띄는 건축물이라면 아마도 왕립 대법원, 즉 레알 찬시예리아Real chancillería일 것입니다. 1530년에 지어진 이 건물은 톨레도에서 교육받고 플래터레스크 양식Plateresque style을 창시한 사람 중의 하나인 디에고 데 실로에Diego de Siloé가 설계했으며, 건물 파사드 조각은 석공예가石工藝家 마르틴 디아스Martín Díaz와 조각가 알폰소 에르난데스Alfonso Hernández가 맡았다고 합니다. 디에고 데 실로에는 그라나다 대성당 건축에 르네상스 양식을 도입한 사람이며, 그라나다에서 활동한 가장 중요한 건축가 중의 한 명으로 평가받는 사람이지요.

그런데 레알 찬시예리아의 파사드를 보면서 그가 톨레도에서 교육 받았고, 플래터레스크 양식을 창시했다는 사실을 떠올리니 겹쳐지는 이미지가 있습니다. 바로 톨레도의 산타 크루스 박물관Museo de Santa Cruz의 파사드입니다. 그 둘을 한번 사진을 통해 비교해 보세요.

톨레도 산타 크루스 박물관 파사드

두 건물 모두 장식에 있어 플래터레스크 양식을 적용했습니다. 이야기가 나온 김에, 플래터레스크 양식에 대해 알아봅시다.

플래터레스크란, 저부조低浮彫(메달이나 주화에서처럼 얕게 새기는 부조)에 의한 풍부한 장식 문양이 마치 금은세공Platería(플라테리아)을 닮았다 하여 붙여진 이름입니다. 이 양식은 특히 15~17세기에 걸쳐 스페인에서 유행했는데, 고딕·르네상스·이슬람 양식의 여러 요소를 다양하게 받아들였습니다. 이탈리아 르네상스로부터 자극받아 보다 화려하게, 보다 아름답게 치장하고자 했던 스페인 사람들의 열망이 반영된 것이 바로 플래터레스크 양식인 것이지요.

디에고 데 실로에가 톨레도에서 생활할 때 보았던 산타 크루스 박물관(당시는 산타 크루스 병원)의 파사드는 플래터레스크 양식의 특징이 두드러지게 나타납니다. 그가 그라나다로 돌아와 레알 찬시예리아를 설계할 때 플래터레스크 양식을 적용하고자 했지만, 어떤 사정에서인지 다소 간결한 형태로 후퇴한 것으로 보입니다. 그 둘을 사진으로 비교해 보면 산타 크루스 박물관 쪽이 플래터레스크 양식의 특징을 더 잘 보여줌을

산타 크루스 박물관의 파사드(부분)　　　　　레알 찬시예리아의 파사드(부분)

알 수 있습니다.

건물 장식에 대한 이야기는 이 정도로 하고, 이제 이 건물의 본질적인 용도에 대해 알아봅시다.

이 건물은 '왕립 대법원'이라고 앞에서 말했습니다. 그럼 왕립 대법원은 어떤 역할을 하던 기관이며, 왜 지금의 자리에 서 있는 것일까요?

과거 스페인에서는 민사소송과 형사소송을 아우디엔시아Audiencia(지방 법원)의 법관이 담당했습니다. 펠리페 2세 재위(1556~1598) 때부터는 사형이 선고되거나 민사 사건에서 소송가액이 일정한 액수를 초과하는 예외적인 경우를 제외하고는 아우디엔시아의 판결을 최종적인 것으로 여겼다고 합니다. 다만 예외적인 경우에는 대법원인 찬시예리아에 상소를 제기할 수 있었지요. 그러니까 찬시예리아는 우리나라의 대법원처럼 최종적이며 가장 권위가 높은 법률 기관인 것입니다.

그렇다면 그처럼 위상이 막중한 찬시예리아가 어째서 그라나다와 같이 작은 도시에 세워진 것일까요?

찬시예리아를 그라나다에 세우도록 지시한 사람은 이사벨 1세였습니다. 그라나다를 차지함으로써 스페인을 통일한 그녀는 이곳을 매우 특별하게 여겼습니다. 이 땅에 묻히길 원했던 것도 그런 생각에서였지요.

그녀는 다시는 이 땅을 이교도에게 빼앗기지 않을 것이며 나아가 그라나다를 스페인 남부의 성장 거점 도시로 삼아 이슬람 왕조 때보다 더 발전시키겠다는 계획을 했던 것입니다.

그러나 그녀는 대업을 이루고 난 뒤 겨우 12년 만에 눈을 감음으로써 (1492년 그라나다 함락, 1504년 사망) 자신의 뜻이 이루어지는 것을 보지 못합니다.

찬시예리아는 그녀의 손자인 카를로스 5세 때에도 공사가 계속되었지만 완공되지 못하였고, 펠리페 2세 때인 1530년에야 비로소 현재의 모습으로 완성될 수 있었답니다.

누에바 광장에서 알람브라 궁전 쪽을 바라보면 가까운 거리에 종탑이 우뚝 서 있는 아담한 건물이 보입니다. 산타 아나 교회Iglesia de Santa Ana, Church of St. Anne입니다. 산타 아나 교회 앞의 공간은 산타 아나 광장이라고 하지요.

산타 아나 교회에서 제일 먼저 눈에 띄는 것은 종탑입니다. 사각형의 생김새와 말굽 모양의 아치, 기하학적 문양을 가진 타일 장식 등이 전형적인 이슬람 건축 양식을 보여줍니다.

산타 아나 교회는 그라나다에서 이슬람 세력이 물러난 다음에 기독

산타 아나 교회　　　　　산타 아나 교회의 종탑　　　　　산타 아나 교회의 목재 천장

교도들이 들어와 지은 건물로 알려져 있는데, 아마도 그 자리에 있던 이슬람 사원을 허물고 지은 것일 겁니다. 이 교회가 이슬람교도들이 집단을 이루고 살았던 알바이신 지구 끝자락에 위치해 있으며, 30여 개의 모스크들이 그라나다 함락 이후에 교회 건물로 바뀌었다는 기록으로 미루어볼 때 그런 심증이 더욱 굳어집니다. 다만 종탑은 기독교의 교회에도 필요한 시설이므로 이슬람 사원의 것을 그대로 활용한 것일 텐데, 그런 경우는 더러 찾아볼 수 있습니다. 세비야 대성당의 히랄다 탑Torre de la Giralda 역시 이슬람 사원의 종탑을 그대로 사용하고 있는 예이지요.

어쨌든 이 건물은 디에고 데 실로에의 설계에 따라 1501년에 공사에 착수하였고 62년 후에 완공되었습니다. 디에고 데 실로에는 앞에서 그라나다 대성당과 찬시예리아를 설명할 때 등장한 바로 그 사람입니다.

산타 아나 교회의 내부 구조는 일반적인 형태에서 크게 벗어나지 않으므로, 특별히 언급할 것은 없습니다. 다만, 1600년대 그라나다 교회 건축물에서 발견되는 특징의 하나인 '덮어야 하는 공간에 따라 아주 다양한 유형으로 장식되는 목재 천장의 사용'은 눈여겨 볼 필요가 있습니다. 이는 나스르 궁전의 '바르카의 방' 천장에서 볼 수 있는 것과 비슷한 양식으로 이슬람 건축의 특징인데, 다른 지역의 교회 건물에서는 보기 어려운 것이기 때문입니다.

아마도 이슬람교도들이 밀려난 후에도 한동안은 그라나다의 교회 건축에 이슬람 양식이 차용된 듯하고, 이런 것들을 우리는 무데하르 양식의 일부로 이해할 수 있을 것입니다.

그러면 교회 이름에 들어간 '산타 아나(성 안나)'는 누구일까요? 이 질문에 대한 답을 찾기 위해서는 파사드의 조각을 살펴봐야 합니다.

산타 아나 교회의 파사드

　사진에서 맨 위의 둥근 원 안에 있는 것은 성모 마리아와 아기 예수입니다. 그리고 바로 아래에 서 있는 여인이 이 교회의 이름에 들어간 산타 아나이고, 그녀의 좌우에 서 있는 여인들은 마리아 자코베와 마리아 살로메입니다. 이들은 과연 누구일까요.

　산타 아나는 성모 마리아의 어머니인 성 안나Santa Anna입니다. Anna는 Ana, Anne 등으로 표기되기도 합니다.

　성서에 의하면, 예수의 어머니인 마리아는 요아킴Joachim과 안나Anna의 딸로 태어났습니다. 자식이 없어 오랫동안 근심하다가 늘그막에 얻은 귀한 딸이었다고 합니다. 이 설명을 액면 그대로 믿으면, 마리아가 그들의 유일한 자녀일 것 같습니다.

　그런데 프랑스의 축제일을 조사하다가 뜻밖의 사실을 알게 되었습니다. 프랑스의 카마르그Camargue 지방에서는 5월 24일과 10월 22일에 '성모 마리아의 자매인 마리 자코베Marie Jacobé, 마리 살로메Marie Salomé, 그리고 그들의 하녀인 사라Sarah를 기리기 위한 축제'를 여는데, 그들이 서기 42년에 이 지역에 상륙하여 기독교 공동체를 세운 것을 기념하기 위한 축제라는군요. 특히 사라는 집시들의 수호 성인으로 여겨진다고 합니다. 여기서 뜻밖이라고 하는 것은 축제가 열린다는 사실이 아니라, 성모 마리아에게 두 명의 자매가 있었다는 사실을 말하는 것입니다.

그래서 자료를 더 찾아보았더니 더욱 놀라운 이야기가 있었습니다. 이것은 성서에 나오는 이야기가 아니기 때문에 정통 기독교도에게는 반발심이 생길 수도 있을 것입니다.

상당수의 학자들은 안나가 요아킴과 결혼하여 평생을 함께 지냈다고 주장하지만, 일부 학자들은 그녀가 두 번, 혹은 세 번 결혼했다고 주장합니다. 특히 중세 후반기에는 세 번 결혼했다는 주장이 꽤 설득력 있게 받아들여졌다고 합니다. 첫 번째 결혼에서는 성모 마리아를, 두 번째 결혼에서는 마리아 자코베를, 세 번째 결혼에서는 마리아 살로메를 낳았다는 설명이지요.

물론 이런 설명에 대한 신빙성을 현재로서는 확인할 수 없고, 증거를 제시할 수도 없는 문제이기 때문에 논쟁거리를 만들 생각은 없습니다. 다만 산타 아나 교회가 지어질 무렵에는 그런 주장이 설득력을 가졌다는 것에 주목할 뿐입니다.

산타 아나라는 교회 이름과, 파사드에 등장하는 인물들―즉 성 안나, 성모 마리아와 예수, 그리고 일부 사람들이 성모 마리아와 자매간이라고 믿는 마리아 자코베와 마리아 살로메―을 보면 어쩐지 가족이라는 끈으로 묶인 사람들 같다는 생각이 드는 것입니다.

레오나르도 다빈치, '성 모자와 함께 있는 성 안나'   슬픔의 성모

성화 중에는 안나, 마리아, 예수가 함께 등장하는 작품도 다수 있는데, 루브르 박물관에 소장된 레오나르도 다빈치의 작품 '성 모자와 함께 있는 성 안나The Virgin and Child with St. Anne'가 가장 유명합니다. 그리고 그라나다 대성당 산타 아나 소예배당의 조각상도 유사한 구도입니다.

이 성당 안에는 '슬픔의 성모Virgen de la Soledad'라는 조각품이 있습니다. 이것은 스페인의 조각가로 그라나다파 목조木造 채색 성상 조각의 전문가인 호세 데 모라José de Mora의 걸작으로 평가받는 작품이므로, 기회가 된다면 꼭 눈여겨보시라고 권해드립니다. 호세 데 모라는 그라나다 대성당의 파사드를 제작한 알론소 카노의 영향으로 비극적인 느낌이 드러나는 작품에서 개성을 발휘했다는 평가를 받는 작가입니다. 그의 작품은 그라나다 대성당의 '에케 호모', 그라나다 산 호세 성당의 '그리스도 책형상磔刑像' 등이 있습니다.

산타 아나 교회에 대한 이야기를 마치기 전에, 교회의 급을 표시해 주는 단어들에 대해 잠시 설명 드리겠습니다. 산타 아나 교회Iglesia de Santa Ana는 이글레시아Iglesia라고 하고, 그라나다 대성당Catedral de Granada은 카테드랄Catedral이라고 하며, 왕실 예배당Capilla Real은 카피야Capilla라고 합니다. 그런가 하면 뒤에서 설명할 고뇌의 성모 마리아 대성당Basílica de Nuestra Señora de las Angustias은 바실리카Basilica라고 합니다. 이것들은 어떤 차이가 있는 것일까요.

바실리카란 원래 고대 로마 공화정 시대에 재판소나 집회장, 시장, 관공서 등으로 사용하던 대규모 공공시설을 가리키는 말이었습니다. 중앙의 넓은 복도를 열주랑으로 둘러싸고 천장을 높게 해서 창문을 달았고, 개방된 주랑을 통해 내부로 들어가게 되어 있는 구조였으며, 한쪽 끝 혹은 양쪽 끝에는 집정관이나 제정자가 앉을 수 있는 자리가 있었습니다.

가장 오래된 형태의 바실리카 유적을 우리는 로마 포로 로마노에서 볼 수 있는데, 넓은 복도와 질서정연하게 늘어선 기둥의 흔적이 지금도 뚜렷하게 남아 있습니다.

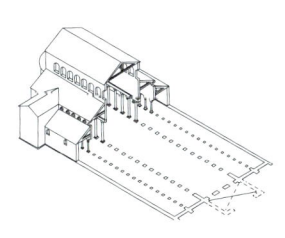

로마 시대 공공건물 바실리카 형태

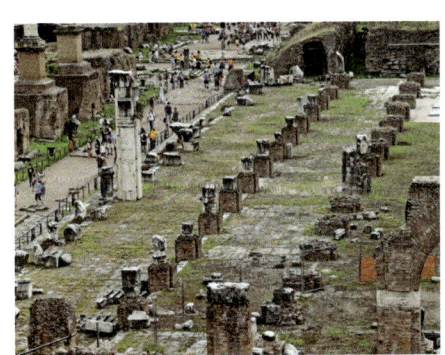

로마 포로 로마노의 바실리카 율리아 유적

바실리카란 단어는 세월이 흐르면서 건물의 용도(공공시설)보다는 건물의 형태(직사각형 구조)를 가리키는 말로 쓰이게 되었습니다. 고대 그리스 문명을 폭넓게 받아들인 로마는 그리스 신전 양식을 받아들여 건물을 지으면서 그리스 신전 모양의 직사각형 건물을 바실리카라고 부른 것입니다.

이러한 바실리카는 훗날 종교 시설로 사용됩니다. 콘스탄티누스 대제가 밀라노 칙령을 발표하며 기독교를 공인公認함으로써 종교의 자유를 얻게 된 기독교도들은 공개적으로 예배를 올릴 수 있게 되었지만, 그들에게는 예배를 올릴 만한 마땅한 장소가 없었습니다.

할 수 없이 기존에 있던 건물을 예배 장소로 이용했는데, 가장 안성맞춤인 것이 바실리카였던 것입니다. 왜냐하면 바실리카는 많은 신자들을 수용할 수 있을 만큼 규모가 컸고, 집정관의 자리는 중앙제단이 놓이는 지금의 애프스apse 역할을 할 수 있었습니다. 열주들로 분리된 공간의 중앙부nave와 네이브 양쪽의 공간aisle에는 신도들이 앉을 수 있었습니다.

이렇게 기존의 바실리카를 예배 공간으로 사용하다 보니 이후에 짓는 교회 건물들도 자연스럽게 바실리카의 구조를 닮게 되었고, 바실리카 구조를 그대로 간직하고 있는 오래된 성당들은 현재도 바실리카라는 이름을 갖고 있습니다.

바실리카라는 용어를 사용하는 또 다른 경우가 있는데, 그것은 종교적으로 특별히 중요하여 교황이 축성하거나 승인한 성당을 일컫는 경우입니다. 바티칸의 성 베드로 대성당Basilica di San Pietro과 산 지오반니 인 라테라노 대성당San Giovanni in Laterano Basilica, 로마의 성 바오로 대성당Basilica di Santi Giovanni e Paolo과 산타 마리아 마조레 대성당Basilica di Santa

Maria Maggiore 등이 그런 경우에 해당하지요.

카테드랄은 주교좌 성당이라고 하는데, 주교(교구敎區를 관할하는 성직자)가 직위에 있으면서 미사를 주관하는 -즉 교구 안에서 가장 중심이 되는- 중요한 성당을 가리킵니다. 영어(Cathedral)와 프랑스어(Cathédrale), 스페인어(Catedral) 등에 표기는 약간씩 다르지만 같은 의미로 쓰이는 단어가 있습니다. 그리고 이탈리아에서는 같은 위상을 갖는 성당을 두오모Duomo라고 하며, 독일에서는 돔Dom 또는 뮌스터Münster라고 합니다.

유럽을 여행하다가 카테드랄, 혹은 두오모, 돔이라고 불리는 종교 건축물을 보면 그 도시에서 가장 역사가 오래되고 웅장하며 중요한 의미를 갖는 성당이라고 생각하면 크게 틀리지 않을 것입니다.

카피야(혹은 카펠라. 영어로는 Chapel)는 카테드랄에 소속된 작은 성당(예배당)을 말합니다. 바티칸 대성당 산하의 시스티나 예배당(Cappella Sistina)이 대표적인 경우지요. 그라나다의 왕실 예배당 역시 그라나다 카테드랄 산하의 작은 예배당인 것입니다.

스페인어인 이글레시아는 '교회 건물이나 조직'이라는 뜻으로, 상대적으로 규모가 작은 교회를 가리킵니다. 그러니까 산타 아나 교회는 이름만 보아도 규모가 작은 곳임을 짐작할 수 있지요. 실제로 산타 아나 교회는 매우 아담한 규모입니다. 가는 곳마다 입이 딱 벌어질 정도로 어마어마한 규모의 대성당들이 있는 스페인에서는 예외란 생각이 들 정도입니다.

가톨릭 왕 이사벨의 광장 ②

Plaza de Isabel la Católica

　누에바 광장에서 가톨릭 국왕 부부의 거리Calle de los Reyes Católicos를 따라 대성당 쪽으로 내려오다 보면 콜론(콜럼버스) 대로Gran Via de Colon와 만나는 곳에 사진과 같은 광장이 있습니다. 이곳에서 직진하여 더 내려가면 그라나다 시청사가 나오지요.

　이 광장의 한가운데에는 동상이 서 있습니다. 두 사람이 진지한 태도로 뭔가를 의논하는 중인데, 콜럼버스 대로와 가톨릭 국왕 부부의 거리가 만나는 위치가 이미 암시하듯이 이들은 이사벨 여왕과 콜럼버스입니

가톨릭 왕 이사벨의 광장

이사벨 여왕과 콜럼버스

다. 아마도 이들은 지금 산타페 협약의 내용을 숙의 중인 것으로 보입니다. 산타페는 '성스러운 믿음'이라는 뜻의 스페인군 요새로, 나스르 왕조를 항복시키기 위해 이사벨 여왕이 그라나다 근교에 건설한 최첨단 요새입니다. 이곳에서 이사벨 여왕과 콜럼버스가 협약을 체결하였기 때문에 '산타페 협약'이라고 합니다.

이탈리아 제노바 출신의 콜럼버스가 인도로 가는 새로운 항로를 개척하기 위해 후원자를 찾아 여러 나라를 떠돌았다는 이야기는 널리 알려져 있습니다. 그는 포르투갈, 스페인, 프랑스 등에 도움을 요청했지만 모두 거절당했습니다. 당시 스페인(카스티야 왕국)의 이사벨 1세는 레콩키스타에 모든 역량을 집중하고 있는 터라 다른 일에 신경 쓸 여력이 없었습니다. 해양 강국이었던 포르투갈은 이미 아프리카 연안을 돌아 인도로 가는 길을 개척 중(1498년 바스코 다 가마 일행이 인도에 도착)이었으므로, 성공 가능성이 없어 보이는 대서양 횡단에 투자할 필요를 느끼지 못했습니다. 프랑스의 경우는 영국과의 백년전쟁(1337~1453)을 치르느라 국력을 소모한 뒤였기 때문에 내정內政을 추스르는 문제만도 벅찬 상황이었지요.

후원자를 찾지 못해 자신의 원대한 야망을 접어야 할 처지에 놓인 콜럼버스를 구한 것은 카스티야 왕국의 이사벨 1세였습니다. 1492년 1월에 레콩키스타를 완수한 그녀는 새로운 항로 개척에 대해 설명하던 콜럼버스를 떠올렸습니다.

그때 이사벨 1세는 필생의 숙원 사업이던 레콩키스타를 이루고 난 뒤라 자신감이 충만한 상태였으며, 라이벌인 포르투갈이 인도로 가는 길을 개척하여 향신료 무역을 독점할까 봐 걱정하는 중이었습니다. 만약 인도로 가는 또 다른 길을 찾을 수만 있다면 스페인의 통일에 버금가는 업적이 될 수도 있을 터였습니다.

이사벨 1세는 그라나다 근교의 산타페 요새로 콜럼버스를 불러 후원 조건에 대한 논의를 시작합니다. 협약 체결 장소에서 이름을 따 '산타페 협약Santa Fe Capitulations'이라고 불리는 이 협약의 주요 내용은 '콜럼버스와 후손에게 귀족의 작위 세습 허용, 그곳에서 생산되는 물산의 10%와 교역으로 얻는 이익의 1/8 보장, 그 땅을 식민지로 할 경우 총독으로 임명' 등이었다고 합니다.

안정적인 향신료 공급을 위한 방법을 찾는 과정에서 뜻하지 않게 신대륙을 발견하게 된 콜럼버스는 막대한 부와 명예를 누리게 되고, 스페인은 세계를 호령하는 대제국으로 발전하게 됩니다. 세비야 대성당에 가보면, 네 왕국(카스티야, 아라곤, 레온, 나바라)의 왕들이 콜럼버스의 관을 메고 있는 모습을 볼 수 있습니다. 이것은 스페인에서의 그의 위상이 어떠한지를 보여주는 상징적인 증거입니다. 또한 세비야 대성당의 제단은 온통 황금으로 찬란하게 치장되어 있으며, 성구 보관실에는 금과 은, 온

콜럼버스   산타페 협약 문서

갖 보석들로 장식된 유물들이 즐비한데, 그 당시의 스페인이 얼마나 부유했는지와 그 부의 원천이 어디에 있는지를 짐작하게 해주는 단서라 할 수 있습니다.

그러나 그로 인해 남아메리카 대륙이 치러야 했던 대가는 우리의 상상을 초월하는 것이었습니다. 원주민들은 약탈과 학살, 노동력 착취, 그리고 이주자들이 퍼뜨린 전염병 등으로 인해 인간 이하의 삶을 살아야 했습니다. 급속한 인구 감소의 기록을 보면 그 참담한 정황을 짐작할 수 있습니다. 1492년 콜럼버스가 도착한 카리브 해 연안에는 약 20여만 명의 원주민들이 살고 있었는데 20년 뒤에는 14,000명이 되었고, 다시 30년 뒤에는 200명이 되었다고 합니다. 학자에 따라서는 이 당시의 상황을 '인류 역사상 최악의 인종 학살', '대량 몰살'이라는 용어를 사용할 정도입니다.

지금도 남아메리카의 원주민들이 차별과 가난에 시달리며 고통스럽게 사는 현실을 고려하면, 콜럼버스의 신대륙 발견을 멋모르고 마냥 칭송할 일은 아닌 것 같습니다. 그러나 그것은 국외자의 관점이고, 스페인 사람들에게 콜럼버스는 여전히 은인이며 영웅일 것입니다. 그를 기리는 기념물이 도시마다 있는 것은 그런 까닭에서겠지요.

그라나다 시 청사와 ③ 카르멘 광장

Ayuntamiento de Granada&
Plaza del Carmen

  가톨릭 왕 이사벨의 광장에서 가톨릭 국왕 부부의 거리를 따라 내려오다 보면 왼쪽에 보이는 건물이 그라나다 시 청사입니다. 옥상에 청동 기마상이 서 있기 때문에 알아보기 쉽습니다.

  이 청동상은 필자의 관심을 끌었습니다. 이 사람은 누구일까, 왜 눈을 가리고 있는 것일까, 손에 들거나 발치에 놓인 황금 공은 무엇을 의미할까 등이 궁금했기 때문입니다. 앞으로 그라나다를 방문하게 될 여행자들도 나와 같은 궁금증을 갖지 않을까 싶어 여러 경로로 자료를 찾아보

그라나다 시 청사   그라나다 시 청사의 청동 기마상

았습니다.

이 작품은 기예르모 페레스 비얄타Guillermo Perez Villalta라는 화가의 그림을 바탕으로 라미로 메히아스Ramiro Mejias라는 조각가가 만든 것이라고 합니다. 그런데 이 작품의 제작 의도에 대해서는 서로 다른 주장이 있으므로, 두 가지 다 소개하겠습니다.

먼저, 이 작품이 1936년에 그라나다 시청 근처에서 암살당한 페드리코 가르시아 로르카Federico Garcia Lorca(1899~1936)를 기리기 위한 것이라고 주장하는 사람들이 있습니다. 로르카는 바르셀로나의 람블라스 거리가 너무나 아름다워 "영원히 끝나지 않기를 바라는 길"이라고 했다 하여 타국의 여행자들에게도 친숙한 이름이지요.

로르카는 그라나다에서 태어나 자랐고 그라나다 대학에서 법학과 철학을 공부했습니다. 시인이자 극작가로서 스페인 사람들에게 많은 사랑을 받았지요. 그런데 스페인 내전이 일어난 며칠 뒤에 고향인 그라나다에서 프랑코 반군에 의하여 사살됩니다. 그 자신은 이데올로기와 무관하였고 특별히 정치적인 활동을 한 것도 아니었지만, 친구들 중 몇 명이 공산주의자였고 그의 작품 가운데 우익 민병대를 조롱하는 내용이 있어 프랑코 측의 미움을 받았기 때문이라고 합니다. 어쨌든 그라나다 출신이며 젊은 나이에 억울하게 죽은 위대한 시인을 기리기 위해 시청 옥상에 조형물을 세웠다고 주장하는 사람들이 있는 것입니다.

이와는 다른 해석도 있습니다.

청동 조각상에 아이디어를 준 비얄타Villalta의 작품은 '엘 인스탄테 프레키소El instante preciso'인데, 이 말은 '지금 이 순간'이란 뜻입니다. 작가는 완전한 행복에 이르려면 지금 이 순간에 집중해야 하며(눈을 가린 것은 그 밖의 다른 것에는 한눈을 팔지 않아야 한다는 뜻), 행복은 말 타고 공 위에서

균형을 잡는 것처럼 위태롭고 짧은 시간 동안만 누릴 수 있는 것이지만 그래도 우리는 그것을 포기할 수 없으므로 기꺼이 말 위에 올라야 한다는 뜻을 담았다는 것입니다.

어느 주장이 더 옳은지는 이방인으로서 알 수 없지만, 어느 쪽이든 상관없다는 생각입니다. 많은 상상을 하게 만드는, 멋진 설치 예술품이니 말입니다.

시 청사는 건물 자체가 중요한 의미를 갖는 것은 아닙니다. 1627년에 수도원으로 건립되었는데, 지금은 시 청사로 사용되고 있다는 정도의 설명을 덧붙일 수 있습니다.

그러나 이곳은 그라나다 관광의 중심지입니다.

시 청사 오른쪽으로 난 좁은 나바스Navas 골목에는 그라나다의 타파스tapas(스페인의 전채 요리)를 맛볼 수 있는 식당들이 즐비합니다. 늦은 시

카르멘 광장

간까지 흥성한 분위기의 그 골목은 여행자에게 즐거운 추억을 선사하지요. 시 청사에서 큰길을 건넌 다음 골목길을 따라 가면 알카이세리아, 비브 람블라 광장, 그라나다 대성당, 왕실 예배당, 사그라리오 교회 등이 나옵니다. 그리고 시 청사 위쪽으로 난 좁은 골목길을 올라가다 보면 코랄 델 카르본Corral del Carbon(상인들의 숙소로 현재까지 남아 있는 것 중에서 가장 오래된 건물)이 나오고, 넓은 가톨릭 국왕 부부의 거리Calle de los Reyes Catolicos를 따라 올라가면 가톨릭 왕 이사벨의 광장Plaza de Isabel la Católica과 누에바 광장이 나오지요.

반대로 아래쪽으로 내려가 좌회전하면 그라나다의 수호 성녀인 '고뇌의 성모'가 모셔져 있는 고뇌의 성모 마리아 대성당이 나옵니다.

그러니 시 청사는 그라나다의 구시가지 관광에 있어 중심지라고 할 수 있지요.

시청 앞 광장은 그리 넓지 않지만 카르멘 광장Plaza del Carmen이라고 불리며 시의 중요한 행사가 개최되는 곳입니다. 그런데, 카르멘 광장의 '카르멘Carmen'은 무슨 뜻일까요?

이 이름은 아마도 스페인의 예술 작품에 등장하는 여자 주인공 중에서 가장 유명한 '카르멘(소설과 오페라의 주인공)'에서 따왔다고 추정할 수도 있습니다. 그러나 그라나다에서 정원과 채소밭이 있는 별장을 카르멘이라고 한다는 점을 고려하고, 시 청사가 원래 수도원이 있던 곳이라는 점을 감안한다면 후자 쪽이 더 설득력이 있습니다. 수도원에 딸린 정원과 채소밭이 있던 자리가 지금의 카르멘 광장인 것이지요.

그라나다의 카르멘

'카르멘'이란 단어는 본디 아랍어 '까름Gafn'에서 왔고, '까름'은 포도나무나 포도나무 열매를 뜻한다고 합니다. 카르멘에는 일반적으로 화초, 포도나무나 오렌지 나무 등의 과일나무, 분수나 샘 등이 있으며, 현재 그라나다에서 볼 수 있는 카르멘은 위와 같은 형태입니다.

포도나무는 소중한 열매와 함께 덩굴을 뻗어 그늘을 만들어주고, 분수나 샘은 생명수의 역할에 더해 메카를 향해 기도하기 전에 몸을 씻거나(이슬람교도), 세례 의식이나 교회 안에 들어가기 전에 상징적으로라도 몸을 씻는 의식(기독교도)에 꼭 필요한 것입니다. 그러므로 시청 앞 광장에 이름으로 남은 '카르멘'은 이슬람교의 흔적으로 볼 수도 있지만, 기독교에서 보더라도 꼭 필요한 공간이었을 것입니다. 그라나다 시 청사 자리에 있었던 수도원에 카르멘이 있었고, 그 자리가 바로 지금의 카르멘 광장이 아닐까 하는 생각이 드는 것은 그 때문입니다.

3장

그라나다의 수도원과 성당
그라나다의 숨어 있는 보석

산 헤로니모 수도원 ①

Monasterio de San Jeronimo

산 헤로니모 수도원은 1492년에 가톨릭 국왕 부부의 후원으로 산타 페에 세워졌다가 나중에 보압딜 왕 소유의 땅으로 이전되었는데 그곳이 현재의 위치입니다. 그라나다 대성당에서 그리 멀지 않은 곳이므로, 대성당을 본 다음 함께 보면 될 것입니다.

산 헤로니모 수도원은 이름 그대로 산 헤로니모(영어명 성 제롬Saint Jerome)를 기리는 수도원입니다. 그 사실을 수도원 정문 파사드의 부조에서 확인할 수 있지요.

부조 속의 산 헤로니모는 손에 돌을 들고 있고 발치에 사자가 앉아 있

산 헤로니모 수도원 정문 파사드   사자와 함께 있는 산 헤로니모   Francesco Bassano the Younger, '성 제롬'

습니다. 벽에 걸린 수도사 옷과 손에 들린 십자가는 수도사라는 그의 신분을 알려주는 것이지요. 그렇다면 산 헤로니모는 돌멩이와 사자에 관련된 일화를 가지고 있겠네요.

그가 돌멩이로 자신의 가슴을 치는 까닭은 인간적인 욕망을 떨쳐버리기 위해 스스로 고행을 선택했다는 의미이며, 사자는 그가 발에 박힌 가시를 빼주자 은혜를 갚기 위해 평생 그의 곁을 지켰다는 사자의 일화에서 비롯된 것입니다.

성 제롬은 광야에서 고행하는 모습으로 표현되거나 돌멩이로 가슴을 치는 모습으로 표현되는데, 서재에서 해골을 곁에 두고 집필에 몰두하는 모습으로 표현되는 경우도 있습니다. 그것은 그가 라틴어로 된 성서를 번역한 성서학자이기 때문입니다.

참고로 산 헤로니모 부조상 위에는 이 수도원을 건립하도록 명령한 사람이 가톨릭 국왕 부부이기 때문인지 요한의 독수리와 이사벨의 멍에, 페르난도의 화살이 있으니 확인해 보시기 바랍니다.

요한의 독수리와 이사벨의 멍에, 그리고 페르난도의 화살

산 헤로니모 수도원의 클로이스터　　　　카르투하 수도원의 클로이스터　　　　　사크로몬테 수도원의 클로이스터

　정문을 통해 수도원 안으로 들어가면 제일 먼저 클로이스터Cloister가 나옵니다. 클로이스터는 대부분의 수도원에서 발견되는 사각형의 안뜰을 말합니다. 그라나다의 3대 수도원 역시 모두 클로이스터를 갖고 있지요.

　산 헤로니모 수도원의 예배실은 그라나다 대성당이나 고뇌의 성모 마리아 대성당과 비교해도 전혀 부족함이 없는 내부 장식을 자랑합니다.

　이곳의 제단 장식은 왕실 예배당에서 본 것과 비슷한 점이 많습니다. 황금을 많이 사용하여 찬란하게 보이는 것도 그러하고, 여러 칸으로 나눈 다음 성서 속의 인물이나 사건을 새겨 넣은 것도 그러하며, 제단 양쪽에 가톨릭 국왕 부부가 기도하는 자세로 꿇어앉아 있는 것도 그러합니다. 이는 두 곳 모두 가톨릭 국왕 부부의 명으로 지어진 것과 무관하지 않을 것입니다.

　내용적으로도 왕실 예배당의 제단과 유사한 점이 많으니 왕실 예배당의 제단에 있던 각각의 조각상을 떠올리면서 주제를 연관 지어 보시기 바랍니다. 더불어 제단에는 앞에서 설명한 광야에서 고행하는 성 제롬과 성서를 번역하는 성 제롬도 있으니 그의 상징물을 힌트로 하여 찾아 보시기 바랍니다.

산 헤로니모 수도원의 예배실

산 헤로니모 수도원 예배실의 제단

꿈아의 성 제롬

성서를 번역하는 성 제롬

미카엘　　　　　가브리엘　　　　　라파엘

산 헤로니모 수도원 예배실의 천장

　예배실의 기둥에는 대천사들이 그려져 있습니다. 칼을 들고 악룡을 무찌르는 것은 미카엘, 백합꽃(성모 마리아를 상징)을 들고 있는 것은 가브리엘, 물고기를 들고 있는 것은 라파엘이라는 것을 대성당의 파사드에서 설명했으니 금방 알아볼 수 있을 것입니다.

　산 헤로니모 수도원의 예배실은 제단도 아름답고 벽과 기둥 장식도 아름답지만, 천장 또한 그 아름다움이 탁월합니다. 놓치면 아까운 곳이니 꼭 챙겨서 보시길 권유합니다.

카르투하 수도원 ②
Monasterio de la Cartuja

 카르투하 수도원이 들어선 자리는 이슬람교도들이 사랑하던 장소인 아이나다마르Aynadamar 언덕으로, 이슬람 왕조 당시에는 아름다운 밭과 정원이 가득한 곳이었다고 합니다.

 수도원으로 들어가는 정문은 16세기에 후안 가르시아 데 프라다스 Juan García de Pradas가 제작한 것으로 플래터레스크 양식Plateresque style으로 조각되었습니다. 아치 위 감실에는 아기 예수를 안고 있는 성모 마리아 조각상이 있지요.

카르투하 수도원 정문

수도원 안으로 들어가면 앞에서 설명했듯이 클로이스터가 나옵니다. 사면을 둘러싼 아치와 기둥들로 안뜰이 조성되고, 건물 쪽으로는 수도사들이 생활하던 방들이 배치되어 있는 구조이지요. 물론 그 방들은 현재는 전시실 등의 용도로 사용됩니다.

산 헤로니모 수도원이 예배실을 제외하고는 별다른 전시실이 없는 데 비해, 카르투하 수도원은 성화들을 전시해 놓은 전시실이 동쪽과 남쪽, 북쪽에 있습니다. 서쪽에는 사제관과 성구실聖具室이 있는데, 실질적인 볼거리는 거기에 모여 있지요.

먼저, 성화들이 전시되어 있는 전시실을 훑어본 다음에 사제관과 성구실을 보도록 하겠습니다.

수도원 입구에서 볼 때 오른쪽 방향 즉, 남쪽에 전시실Capilla de Legos이 있습니다. 이 방에는 주로 성인 성녀의 삶과 죽음을 다룬 그림들이 걸려 있고, 십자가에 못 박힌 예수의 모습도 보입니다.

남쪽 전시실   베드로와 바오로의 방

'최후의 만찬'이 그려진 식당 자리   사제관. 표시한 곳은 승천하는 마리아

동쪽에는 열쇠를 든 베드로와 긴 칼을 든 바오로가 함께 있는 그림이 걸린 '성 베드로와 성 바오로의 방'Sala de S. Pedro y S. Pablo'이 있고, '최후의 만찬'이 그려진 식당Refectorio 자리도 있습니다. 레오나르도 다빈치의 '최후의 만찬'이 밀라노 산타 마리아 델레 그라치에 성당Chiesa di Santa Maria delle Grazie의 식당 벽에 그려진 것처럼, 카르투하 수도원의 식당에도 '최후의 만찬'이 그려진 것이 흥미롭습니다.

회화 전시실을 다 둘러본 다음에 서쪽으로 가서 출입문을 들어서면 드높은 천장을 가진 방이 나타납니다. 예배실이라고 불러도 손색이 없을 이 공간은 사제관이라고 불립니다. 순백색의 르네상스식 천장도 아름답고, 승천하는 마리아를 모신 제단 장식도 아름답습니다.

성 가족(왼쪽)과 예수의 세례(오른쪽)

어린 마리아의 성전 방문

마리아와 엘리사벳의 만남

아기 예수의 성전 봉헌

성모의 승천

    사제관의 제단 맞은편은 '성 가족'과 '예수의 세례'가 그려진 파티션으로 공간이 나뉘어집니다. 이곳은 특히 천장 가까운 벽에 그려진 그림들이 훌륭하므로 성서의 내용을 생각하며 감상하면 좋을 것입니다. '어린 마리아의 성전 방문', '마리아와 엘리사벳의 만남', '아기 예수의 성전 봉

성구실

성합과 보관소

성구실 천장

헌', '성모의 승천' 등이 보입니다.

　다시 제단 있는 곳으로 나와 제단 왼쪽으로 난 문을 들어서면, 성구
보관실이 나옵니다. 말 그대로 미사에 사용하는 물건들을 보관하던 곳
인데, 성구실 자체가 보물처럼 아름답습니다. 특히 천장의 그림이 볼 만
하며, 성합聖盒(미사에 쓰이는 제구의 일종)도 갖은 정성을 다해 만들었다는
것을 알 수 있는 명품입니다.

사크로몬테 수도원 ③

Abadía del Sacromonte

사크로몬테 수도원이 있는 사크로몬테 지역은 집시들의 동굴 가옥이 있는 마을로 유명합니다. 누에바 광장에서 다로 강을 따라 계속 올라가 다 보면 사크로몬테가 나옵니다.

알람브라 궁전에서 보면 다로 강 건너편 언덕의 오른쪽이 사크로몬테 이고, 왼쪽이 알바이신 지구입니다. 사크로몬테는 '거룩한 산'이란 뜻이 지요. 사크로몬테는 집인 듯도 하고 아닌 듯도 한 동굴 집들이 모여 있 는 곳인데, 이곳은 집시들이 모여 살던 곳입니다. 그들이 스페인에 처음 도착한 약 600년 전부터 마을이 형성된 것으로 보입니다.

사크로몬테는 동굴 집을 개조한 식당에서 공연되는 플라멩코를 감상 하러 가거나, 아니면 사크로몬테 수도원에 가기 위해 경유하는 사람들

사크로몬테의 동굴 마을   동굴 집 내부

사크로몬테 수도원

이 있을 뿐이라, 그리 북적거리는 관광 명소는 아닙니다.

동굴 집은 겉에서 볼 때는 원시적인 가옥 구조로 보이는 것이 사실입니다. 그러나 그 안을 들여다보면 일반 주택과 다를 바 없이 생활에 필요한 것들을 갖추고 있다는 것을 알 수 있습니다. 집시들에게 동굴 주택은 안락한 생활의 터전인 것입니다. 이러한 모습은 사크로몬테 지역의 동굴 박물관Museo Cuevas del Sacromonte을 통해 관찰할 수 있습니다.

사크로몬테 수도원은 집시 마을 위쪽(동굴 박물관에서 다로 강을 따라 조금 더 올라간 곳)의 산언덕에 있습니다. 그라나다의 여러 언덕 중 하나인 발파라이소Valparaiso에 아늑하게 자리 잡고 있는데, 그라나다의 관광 명소들 중에서는 가장 북쪽에 위치하고 있지요. 기독교를 박해하던 로마 제국 시절에 수도원이 있는 자리에서 많은 순교자들이 목숨을 잃었는데, 훗날 그들의 유해가 발견된 자리에 수도원을 세웠다고 합니다.

수도원의 역사를 조금 더 자세히 알아봅시다. 1523년 이슬람 대 모스크를 철거하고 그라나다 대성당을 짓는 공사가 시작됩니다. 그 과정에서 대 모스크에 부속된 투르피아나 탑Torre Turpiana에서 상자가 발견되었는데, 그 안에 성모 마리아가 그려진 목판, 그림 한 점, 뼈 한 개, 라틴어와 아랍어, 그리고 스페인어로 쓰인 문서 등이 들어 있었습니다.

이는 진위眞僞 여부를 둘러싸고 많은 논쟁이 벌어지는 계기가 되었어요. 이슬람 모스크의 탑에서 성모 마리아가 그려진 목판이 발견되었으니 당연히 의심을 살 수밖에 없었지요. 그러나 여러 차례의 감정을 거친 끝에 그것은 진품으로 판정되었고, 그라나다 대주교는 유물들을 보관하기 위한 수도원을 세우면서 순교자 산 세실리오San Cecilio에게 봉헌했다는 것입니다. 산 세실리오는 그라나다 대성당 편에서 언급했던 바로 그 성인이며, 이때 세운 것이 바로 사크로몬테 수도원이지요. 수도원이 완공된 것은 1588년의 일이라고 합니다.

사크로몬테 수도원에 가려면 누에바 광장에서 미니버스를 탄 후 버스가 구불구불한 알바이신의 골목길을 거쳐 사진과 같은 정류장에 도착하면 내리세요. 정류장에서는 수도원이 보이지 않지만, 그래도 이곳에

수도원 입구 버스 정류장이 있는 곳   사크로몬테 수도원 입구

사크로몬테 수도원에서 발견한 다윗의 별

서 내리는 것이 가장 가깝답니다. 버스에서 내려서 5~10분쯤 언덕길을 걸어 올라가면 수도원 입구가 나옵니다.

사크로몬테 수도원에는 예배당과 박물관 등이 있는데, 사진 촬영이 금지되므로 눈과 마음에 담아올 수밖에 없습니다. 할 수 없이 경내를 돌아다니며 수도원의 외관을 살펴보다가 몇 군데에서 '다윗의 별star of David, magen David'을 발견하였기에 그 이야기를 하려고 합니다.

다윗의 별이란, 정삼각형 두 개를 교차시켜 놓은 모양의 도형으로, 헥사그램hexagram이라고도 합니다. 그런데 이 도형을 유대인과 연관 지어 생각하는 것은 엉뚱한 발상이 아닙니다. 일단 이스라엘의 국기에 이 도형이 들어가 있으며, 히틀러의 유대인 박해 때 유대인에게 노란색의 다윗의 별을 달도록 했다는 것은 널리 알려진 사실입니다.

안네 프랑크Anne Frank는 일기에, '유대인은 노란색 별(다윗의 별)을 달아야 하고, 자동차는 물론 전차도 탈 수 없으며, 오후 8시 이후에는 자기 집 뜰에도 나가서는 안 됩니다.'라고 적어 유대인들이 당한 가혹한 탄압에 대해 알리고 있습니다. 노란색의 다윗의 별을 달아야 하는 것이 유대인에게 가해진 탄압의 하나일 정도로, 그것은 유대인의 상징이었습니다.

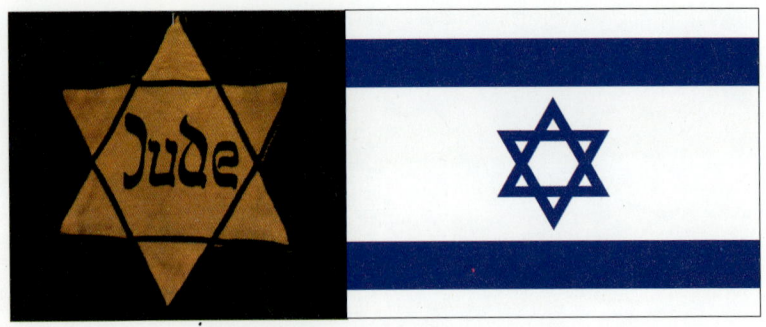

유대인이 달고 다녀야 했던 노란색 다윗의 별   이스라엘 국기에 쓰인 다윗의 별

그런데 전통적으로 유대교와 사이가 안 좋은 가톨릭 수도원에 다윗의 별이 새겨져 있는 까닭은 무엇일까요?

다윗의 별은 히브리어로 마겐 다윗Magen David이라고 하는데, 이는 '다윗 왕의 방패'라는 뜻입니다. 다윗 왕의 아들인 솔로몬 왕은 이스라엘과 유대를 통합한 후 두 개의 삼각형을 합친 도형을 만들고 이를 다윗의 별이라고 했습니다. 이는 이스라엘과 유대의 통합을 의미하며, 위대한 왕이었던 다윗의 가호를 받아 나라가 번영하기를 바라는 마음을 담은 것이었지요.

다윗은 이스라엘 왕국의 두 번째 왕으로 오랜 숙적이었던 필리스티아 Philistia(성경에 나오는 블레셋으로 현재의 팔레스타인 지역에 있던 나라)의 거인 골리앗을 무찌르고 나라를 안정시킨 위인이었습니다. 소년 다윗이 거인 골리앗을 돌팔매로 쓰러뜨리는 이야기는 유명합니다. 솔로몬으로서는 아버지 다윗의 업적을 기리는 한편, 통합된 나라의 앞날을 위협하는 요인을 막아줄 수 있는 방패(혹은 부적)로 다윗의 별을 선택한 것입니다. 그 뒤로 다윗의 별은 유대 왕의 문장이 되었고, 유대인과 유대교의 상징이 되었으며, 나아가 이스라엘의 상징이 된 것입니다.

다윗의 별은 유대인과 유대교의 상징이기도 했지만, 주술적인 용도로 더 널리 사용되었다고 합니다. 솔로몬 왕조차도 다윗의 별을 이용하여 귀신을 물리치고 천사를 불렀다는 기록이 탈무드에 전할 정도입니다.

그 이후로 다윗의 별, 즉 헥사그램에는 악마를 쫓아내는 특별한 힘이 있다고 믿어져 유대인뿐만 아니라 기독교도, 이

도나텔로, '골리앗의 목을 벤 다윗'
(피렌체 바르젤로 미술관 소장)

슬람교도들도 즐겨 이용했으며, 마술이나 주술에서도 폭넓게 활용되었습니다. 특히 중세 유럽에서는 다윗의 별을 귀신 들린 사람의 입에다 가져다 대면 귀신이 물러간다고 믿어 일종의 부적처럼 생각했다고 합니다.

그러니까 사크로몬테 수도원의 다윗의 별은 악마를 물리치고 천사를 부르기 위한 그들의 신앙심의 표현이었던 셈입니다. 현재는 비록 유대인의 상징처럼 여겨지는 다윗의 별이지만, 사크로몬테 수도원이 세워지던 당시에는 가톨릭에서도 거부감 없이 사용하던 상징이라는 점을 알 수 있었습니다.

집시(Gipsy)

사크로몬테에 온 김에 이곳에 모여 살았다는 집시들에 대해 알아봅시다.

집시의 기원에 대해서는 확정된 학설이 없습니다. 인도의 낮은 카스트에 속한 사람들이 서쪽으로 이동해 와서 집시로 불렸다는 설도 있고, '집시Gipsy'라는 말이 '이집트인Egyptian'이라는 말에서 나왔다고 보아 이들의 고향이 이집트일 것이라고 생각하는 사람들이 있습니다.

집시의 가장 큰 특징으로는 유랑 생활을 꼽습니다. 전 세계 집시 인구는 2,000만 명으로 추산되며, 유럽의 집시는 600만 명 정도로 추산합니다. 이들 중 일부는 20세기 들어서 정착 생활을 시작했지만, 여전히 한곳에 정착하지 않고 이동하면서 생활하는 사람들이 많습니다.

집시들은 배타적 문화와 방랑기질 때문에 지역사회에 동화되지 못하고 계속 박해를 받아왔는데, 나치에 의한 대학살이 대표적인 예입니다. 현재도 집시들은 소외되고 빈곤한 계층으로 남아있으며, 일부 국가에서는 소매치기 등으로 생계를 이어가기 때문에 악명을 얻기도 했습니다.

앞서 그라나다의 사크로몬테에 집시들이 들어와 살기 시작한 것이 약 600여 년 전의 일이라고 했습니다. 그 이후로 그라나다에는 많은 일들이 있었는데 집시들이 여전히 그곳을 지키며 살 수 있었던 까닭은 무엇일까요. 예를 들어 알바이신에 자리 잡고 살던 유대인과 이슬람교도들은 레콘키스타 이후에 추방당하거나 박해를 당했는데 말입니다.

그에 대해서는 이런 설명이 있습니다.

알람브라 궁전을 함락시키기 위해 가톨릭 국왕 부부의 군대는 성을 포위한 채 항복을 기다리고 있었습니다. 나스르 궁전의 아름다움을 지키기 위해 공격을 자제했다는 설도 있지만, 워낙 난공불락의 성이라 공격이 쉽지 않아 지공遲攻 작전을 쓴 것이 아닐까 싶습니다.

이때 집시들을 첩자로 활용했다는 것입니다. 즉, 집시들로 하여금 성안을 정탐하도록 하여 군사 정보를 수집한 것이지요. 집시들은 스파이 역할을 충실히 수행하여 성안에 식량은 얼마나 남았는지, 무기는 얼마나 있는지, 이슬람 군대의 사기는 어떠한지 등을 가톨릭 국왕 부부에게 알려줬다고 합니다. 이들의 협조 덕분에 승리를 거둔 가톨릭 국왕 부부는 그들의 공로를 인정하여 세금을 면제해 주면서 사크로몬테에서 살 수 있도록 해주었다는 것입니다.

집시 이야기가 나온 김에, 유랑 생활을 하는 자유분방한 사람들을 일컫는 보헤미안Bohemian이라는 말과 집시라는 말은 어떤 차이점이 있는지 알아봅시다.

집시의 가장 큰 특징이라면 한 곳에 정착하지 못하고 떠돌아다닌다는 점과, 구속받는 것을 매우 싫어한다는 점을 들 수 있습니다. 그런데 체코의 보헤미아 지방에 집시가 많이 살고 있었으므로 15세기에는 집시를 보헤미안이라고 불렀습니다. 이때부터 보헤미안이라는 말은 '보헤미아 지방에 사는 사람'이라는 본래의 의미를 잃고, '속세의 관습이나 규율 따위를 무시하고 방랑하면서 자유분방한 삶을 사는 예술가'라는 의미로 쓰이게 되었습니다. 보헤미안이라는 말이 집시와 거의 같은 의미를 갖게 된 것이지요.

예술가들은 특히 자유를 사랑하고 구속받거나 얽매이는 것을 싫어하는 사람들이 많은데, 그들

〈카르멘〉 공연 포스터

에게 보헤미안(즉, 집시)은 낭만적인 삶을 사는 사람들로 보여 동경의 대상이 되기도 했습니다. 그래서 문학과 음악, 미술 등 다양한 장르에서 집시를 소재로 한 작품들이 창작되었는데, 그중에서 가장 유명한 것이 소설 〈카르멘〉과 그것을 바탕으로 한 오페라 〈카르멘〉이 아닐까 합니다.

이들 작품은 안달루시아 지방을 배경으로 하였으므로, 지금도 안달루시아 지방을 여행하다 보면 공연을 알리는 포스터를 종종 볼 수 있답니다.

프로스페르 메리메Prosper Merimée(프랑스 작가)가 1845년에 발표한 소설 〈카르멘〉은 안달루시아 지방을 답사하던 고고학자가 우연한 계기로 산적 호세의 도움을 받는데, 나중에 그가 사형수가 되어 집행을 기다린다는 소식을 듣고 감옥으로

찾아가 그의 사연을 듣는 형식의 이야기입니다.

세비야 담배 공장에서 일하는 집시 여인 카르멘을 만나 사랑에 빠진 돈 호세는 그로 인해 인생이 꼬여가기만 합니다. 그녀를 감옥으로 호송하다가 놓아준 일로 졸병으로 강등되었고, 사랑에 눈이 먼 나머지 그녀를 독점하고 싶은 욕심에서 살인을 저지르는 등, 끝없이 추락하면서도 카르멘에게서 벗어나지 못합니다. 결국 그는 탈영하여 산적이 되면서까지 카르멘의 사랑을 얻고자 몸부림치지만, 어디에도 정착할 수 없는 집시 여인의 사랑은 바람 같은 것이었습니다. 카르멘의 사랑이 투우사 루카스에게로 옮겨간 것을 알게 된 호세는 질투심에 눈이 멀어 카르멘을 죽인 다음 자수하고, 사형 집행을 기다리는 신세가 되었다는 것이 소설 속의 화자가 들은 이야기입니다.

격정적이며 퇴폐적인 카르멘의 생활을 통해 떠돌이 유전자를 지닌 집시들의 위태로운 삶을 잘 보여준 작품이 바로 〈카르멘〉이며, 낭만주의의 물결이 넘쳐나던 19세기 유럽에서 선풍적인 인기를 끌었던 것입니다.

플라멩코(Flamenco)

'정열의 나라'라고 불리는 스페인을 상징하는 것에는 여러 가지가 있겠지만, 그중에서 빼놓을 수 없는 것이 바로 플라멩코와 투우입니다. 그런데 지금은 그 두 가지가 안달루시아 지방에서 주로 계승되고 있지요. 그중에서 플라멩코에 대해 소개할까 합니다.

플라멩코 포스터   투우 포스터

플라멩코Flamenco라는 말의 기원에 대해서는 여러 가지 설이 있으나 불꽃을 뜻하는 Flama에서 비롯되었다는 주장이 가장 유력합니다. 화려한 집시들의 춤이 마치 활활 타오르는 불꽃처럼 멋지게 보였던 것 같습니다.

인도 북부의 라자스탄Rajasthan 지방에서 발생한 것으로 추정되는 집시들이 중동 지방을 거쳐 유럽으로 건너갔고, 다시 이베리아 반도의 남부 지역까지 방랑의 길을 계속한 것으로 학자들은 설명합니다. 이들 집시들은 가는 곳마다 환영받지 못했으며, 한곳에 정주定住하지 못하는 그들의 속성상 고달프고 서러운 삶을 지속해야만 했을 것입니다. 그러한 그들의 한限과 애환을 몸짓으로 표현해낸 것이 바로 플라멩코인 것입니다. 비록 화려한 옷과 현란한 몸짓으로 보는 이들의 감탄을 자아내는 춤일지언정 어딘지 모르게 애수어린 분위기를 느낄 수 있는 것은 그들의 고단한 삶이 묻어 있기 때문이겠지요.

물론 안달루시아 지방에서 전승되는 플라멩코가 온전히 집시들만의 것이라고는 할 수 없습니다. 기독교도들에게 그라나다 왕국이 정복당하고 난 뒤 박해받던 무슬림(이슬람교도)과 유대인들의 한과 애환도 거기에 가미되었기 때문입니다. 안달루시아 지방의 전통적인 플라멩코가 심오하고 비장한 분위기 속에서 죽음, 번뇌, 절망 등을 담고 있는 것은 그러한 역사적 배경과도 무관하지 않을 것입니다.

특히 그라나다 칙령(스페인에 살고 있던 유대인들을 추방한다는 내용) 이후 박해와 탄압을 피해 은둔 생활을 할 수밖에 없었던 이교도(이슬람교와 유대교를 믿는 사람들)와 집시들은 동굴에서 숨어 살면서 플라멩코를 즐겼는데, 그 전통이 현재까지 이어져 지금도 그라나다의 사크로몬테 지구에는 '동굴'이라는 뜻의 쿠에바Cueva란 이름이 붙은 플라멩코 공연장들이 있습니다. 그라나다를 여행할 때 한 번쯤 즐겨볼 만한 공연이지요.

우리는 플라멩코란 말을 들을 때, 원색의 화려한 주름치마를 입고 격정적으로 몸을 흔들며 춤을 추는 무희를 먼저 떠올리게 됩니다. 그러다 보니 플라멩코를 춤으로 이해하는데, 물론 춤이 주요 요소이기는 하지만 전부는 아닙니다. 마치 판소리에서 소리가 주요 요소이지만 '일 고수 이 명창一鼓手二名唱(판소리 공연 때 제일은 북재비요 그다음이 소리꾼이라는 말)'이란 말이 있고, 흥을 돋워주는 추임새가 꼭 필요한 것처럼 말입니다.

그러면 플라멩코를 이루는 요소에는 어떤 것들이 있을까요? 칸테Cante(노래), 토케Toque(기타 연주), 바일레Baile(춤), 팔마스Palmas(박수)를 플라멩코를 이루는 4대 요소라고 합니다. 이 중 바일레는 무희의 동작이고, 칸테·토케·팔마스는 무용수의 춤을 뒷받침해주는 요소들이지요. 이 네 가지가 함께 어울려 스페인의 정열을 가장 잘 나타내준다고 하는 플라멩코가 완성되는 것입니다. 세비야의 플라멩코 박물관에서 본 아래 그림에 플라멩코의 네 가지 요소가 모두 표현되었기에 사진으로 소개합니다.

플라멩코의 상징처럼 여겨지는 화려한 주름치마를 입고 격렬한 몸동작과 발 구름 동작으로 혼신의 힘을 다해 추는 무용수의 춤Baile은 안달루시아 지방의 강렬한 태양을 연상시킬 만큼 흥겹고 역동적입니다.

그런가 하면 삶의 애환을 거칠고 깊은 목소리로 부르는 노래는 애절하고 구슬픈 내용도 있고 경쾌하고 흥겨운 내용도 있습니다. 그리고 빠르면서도 가볍지 않은 리듬을 현란한 기교로 연주하는 기타 연주는 플라멩코에 담긴 애수의 분위기를 더욱 고조시키며 듣는 이의 심금을 울려주지요.

플라멩코만큼 스페인의 정열과 집시의 애환을 동시에 보여주는 예술 장르도 없을 것입니다. 안달루시아 지방을 여행하는 여행자라면 빠뜨리지 말아야 할 문화 체험이라고 권유하는 까닭이 거기에 있습니다.

사크로몬테의 쿠에바 플라멩코   네 가지 요소가 조화를 이루며 완성되는 플라멩코

산 페드로와 산 파블로 교회 ④

Iglesia de San Pedro y San Pablo

'산 페드로와 산 파블로 교회'는 누에바 광장에서 사크로몬테 쪽으로 다로 강변을 따라 올라가다 보면 만날 수 있습니다. 1559~1567년에 그 자리에 있던 모스크를 허물고 지은 교회이며, 무데하르 양식의 건물로 분류됩니다. 설계는 디에고 데 실로에의 수제자였던 후안 데 마에다Juan de Maeda가 맡았지요.

산 페드로와 산 파블로 교회 전경

이 교회는 이름에서 알 수 있다시피 산 페드로(성 베드로)와 산 파블로(성 바오로, 혹은 사도 바울)를 모시는 곳입니다. 정면 파사드에 등장하는 두 사람이 바로 그들이지요.

산 페드로와 산 파블로

베드로는 예수의 열두 제자 중 한 사람으로 로마에 기독교를 전하려다 네로의 기독교 박해 때 순교했습니다. 그는 로마의 초대 주교이자 제1대 교황이며, '제자 중의 제자'라는 뜻으로 수제자首弟子라고도 합니다.

그는 원래 갈릴리 호수에서 물고기를 잡으며 사는 어부로 이름은 시몬Simon이었습니다. 예수를 만난 뒤, 동생인 안드레아Andreas와 함께 제자가 되었지요. 예수가 그에게 '반석盤石(넓고 튼튼한 돌)'이란 의미의 '케파Cephas'란 이름을 새로 지어주었는데, 그것을 그리스어로 바꾼 것이 '페트로스Petros', 즉 베드로가 된 것입니다. 서양 이름의 피터, 페터, 페드로, 표트르, 피에르 등이 모두 그에게서 나왔으며, 요르단의 암석 도시인 페트라Petra도 어원상 같은 계열입니다.

유다의 배신으로 예수가 붙잡혀 갈 때 겁에 질려 예수를 모른다고 세 번 부인했다는 일화는 널리 알려져 있습니다. 그러나 그는 곧바로 자신의 잘못을 뉘우친 다음, 스승의 가르침을 세상에 널리 알리기 위해 선교 활동을 다닙니다.

베드로가 로마로 가서 선교 활동을 한 것은 네로 황제 때입니다. 네로는 기독교를 박해한 최초의 로마 황제로 기록되었으며, 그의 재위 때 많은 순교자가 발생하였지요. 그런데 네로는 왜 기독교를 박해했을까요?

서기 64년 7월 18일에 로마에 커다란 화재Great Fire of Rome가 발생합니다. 로마 외곽의 기름 창고에서 일어난 작은 화재가 강한 바람을 타고 로마 시내로 번지면서 걷잡을 수 없이 커진 것입니다. 7일 밤낮 동안 계속된 불길로 로마 시내는 거의 잿더미로 변하고 말았다고 합니다.

화재가 진압된 후 살길이 막막해진 로마 시민들 사이에 흉흉한 소문이 떠돌기 시작했는데, 황제가 불타는 로마를 바라보며 시를 읊었다는 내용이었습니다. 심지어는 시적 영감을 얻기 위해 네로가 일부러 불을 질렀다는 말도 함께 떠돌았습니다. 평소에 예술적 감수성이 풍부했던 네로가 자작시를 읊기도 했으므로 이 소문은 그럴싸하게 들렸습니다. 소문은 빠르게 퍼져나가 로마 시민들을 분노하게 만들었지요.

실제로는 네로가 로마에서 80km 떨어진 안티움에서 휴가를 보내던 중에 화재 소식을 듣고 급히 로마로 돌아와 수습을 위해 애썼다는 기록이 남아 있지만, 당시 로마 시민들은 떠도는 소문을 더 신뢰했습니다. 네로는 시민들에 의해 쫓겨날지도 모른다는 공포감을 느끼게 되었지요.

그러자 그는 자신의 안위를 위해 기독교도들에게 누명을 뒤집어씌웁니다. 로마에 불을 지른 것은 기독교도들이라고 여론몰이를 했던 것입니다. 실제로 네로는 수많은 기독교인을 잡아다가 군중 앞에서 화형에 처하면서 자신에게 씌워진 누명을 벗으려고 안간힘을 썼습니다.

베드로가 순교한 것은 이때의 일인데, 그는 화형당하는 대신 십자가에 매달려 죽었습니다. 기독교도들의 지도자였기 때문에 더 가혹한 처벌을 받은 것입니다. 그는 죽을 때 "감히 스승과 같은 자세로 십자가에

Henryk Siemiradzki, '기독교도들을 화형에 처하도록 지시하는 네로 황제'

베드로의 순교, Leonello Spada 作

베드로, 헬싱키 대성당

서 죽을 수 없으니 거꾸로 매달아 달라."고 요청하였다고 합니다. 그래서 그의 상징물은 거꾸로 된 십자가입니다. (혹은 예수가 그에게 천국의 열쇠를 맡겼다 하여, 성인 중에서 열쇠를 들고 있는 이가 있으면 베드로로 봅니다.)

순교한 후, 그의 시신은 바티칸 언덕(현재의 성 베드로 대성당 자리)에 묻혔다고 합니다. 그의 무덤이라고 인정되는 곳에 세운 교회가 전 세계 기

성 베드로의 무덤. 성 베드로 대성당 지하

독교 신자들의 구심점이 되고 있으니, '반석'이란 그의 이름이 제 몫을 하는 것이지요. 베드로의 무덤은 성 베드로 대성당 지하에 있습니다.

한편, 바오로Paulos, Paul(사도 바울)는 바리사이파Pharisaioi의 일원으로 성장하여 그리스도교도들을 박해했는데, 어느 날 갑자기 회심回心하여 이방인에게 복음을 전하는 그리스도교의 전도자로서 활동한 사람입니다. 그의 율법 비판을 싫어한 유대인들에 의해 로마의 유대 총독에게 넘겨졌고, 로마로 호송되어 간 뒤 베드로보다 다소 이른 시기(사망 연도 미상)에 순교한 것으로 알려졌습니다.

로마 시민권자가 아닌 베드로가 극형인 십자가형에 처해진 것과는 달리 시민권자였던 바오로는 참수형을 받았습니다. 죽는 순간까지 고통을 당해야 하는 십자가형보다는 참수형이 그나마 덜 가혹하기 때문에 시민권 여부에 따라 차별을 둔 것입니다.

그가 순교할 당시 목을 베자 잘린 머리가 땅에서 세 번 튀었다고 합니다. 바오로의 머리가 닿은 자리마다 샘물이 솟았는데 이를 '세 분수Tre Pontane'라고 했고, 그 자리에 세운 교회가 바로 세 분수 교회Chiesa di Tre Fontane입니다. 세 분수 교회는 로마 외곽에 있습니다.

그리고 그의 무덤 위에 세운 것이 바티칸의 4대 바실리카 중의 하나인 성 바오로 대성당입니다.

그는 예수 생전에 제자로 활동한 것이 아니고, 더구나 열두 명의 제자에 포함되는 인물은 아니지만 열두 제자를 묘사할 때 함께 등장하는 경우가 많습니다. 이는 열두 제자 중의 하나인 유다가 스승을 배신하고 자

바오로의 순교지에 세운 세 분수 교회 중 하나　　바오로의 무덤 위에 세운 성 바오로 대성당

책과 칼을 들고 있는 성 바오로   칼을 들고 있는 성 바오로(헬싱키 대성당)   엘 그레코, '성 베드로와 성 바오로'
(로마 산 지오반니 인 라테라노 성당)

살하였으므로 제자들을 기리는 자리에 넣어주기 꺼림칙하여 빼버리고 그 대신 바오로를 넣기 때문입니다.

　그가 남긴 편지가 신약성서에 전하는데, 『로마서』, 『고린도전서』, 『고린도후서』, 『갈라디아서』, 『빌립보서』, 『데살로니가전서』, 『빌레몬서』 등이 있습니다. 많은 편지글을 통해 기독교신자들에게 복음을 전했기 때문에 그는 주로 책을 들거나 글을 쓰는 모습으로 나타나며, 칼로 참수되어 순교했으므로 긴 칼을 든 모습으로도 나타납니다.

　바오로는 베드로와 비슷한 시기에 순교했기 때문에 둘을 함께 그린 그림도 많은 편입니다. 엘 그레코의 그림처럼 말입니다. 그라나다에 둘을 함께 기리는 교회가 선 것도 같은 이유일 거라고 생각합니다. 바티칸 광장에도 두 사람의 동상이 나란히 서 있답니다.

고뇌의 성모 마리아 대성당

Basílica de Nuestra Señora de las Angustias

이사벨 광장 또는 카르멘 광장에서 가톨릭 국왕의 길Calle de los Reyes Católicos을 따라 5분 정도 내려가면 레알 문Puerta Real(푸에르타 레알)에 이르게 됩니다. 그리고 레알 문 쪽에서 왼쪽을 보면 스페인의 대표적 백화점 체인인 엘 코르테 잉글레스El Corte Ingles 매장이 보입니다. 그리고 그 끝에 우리가 찾아가고자 하는 고뇌의 성모 마리아 대성당Basílica de Nuestra Señora de las Angustias이 있습니다.

'Basílica'는 대성당을 뜻하고, 'Nuestra Señora'는 성모 마리아를 뜻하며, 'Angustias'는 '괴로워하다, 번민하다, 고뇌하다'는 뜻을 갖고 있으니, '고뇌의 성모 마리아 대성당'이라고 번역하면 될 것 같습니다. 죽은 예수를 안고 비통에 잠겨 있는 마리아를 모신 성당이라고 보면 됩니다.

이 성당이 들어선 앙구스티아스 구역은 16세기에 그라나다가 확장될 무렵 이슬람 성벽 밖에 들어선 새로운 지역이었습니다. 현대식으로 표현하자면 신도심이었던 것이지요. 구도심이었던 메디나(그라나다 대성당이 들어선 지리)로부터 그리 멀지 않은 곳이기는 하지만, 1664년에 이 성당의 공사가 시작되었다는 점을 고려한다면 그때 이미 도시가 이 지역까지 팽창했던 것을 짐작할 수 있습니다. 도시의 수호 성녀를 모시는 성당을 도시 외곽의 쓸쓸한 곳에다 세우지는 않았을 것이니 말입니다. 지금은 물론 그라나다에서 가장 큰 백화점이 들어설 정도로 중심가가 되었으니,

대성당의 위용에 전혀 손색이 없습니다.

고뇌의 성모 마리아 대성당의 외관은 특별한 것이 없습니다. 파사드에 카를로스 5세의 쌍두 독수리 문장이 있는 것은 이 성당이 카를로스 5세의 아들인 펠리페 2세가 기증한 땅에 세워진 것과 상관이 있을 것입니다. 그리고 그 아래쪽에 조촐하게 조각된 피에타상이 있는데, 눈길을 사로잡을 정도로 솜씨가 빼어난 것은 아닙니다. 다만 같은 자세의 피에타를 성당 안에서 볼 수 있으며, 그것이 이 성당의 이름이 되었다는 점을 생각하면 관심을 갖고 볼 필요가 있습니다.

평범해 보이는 외관의 이 성당은 안으로 들어가면 눈이 휘둥그레질

카를로스 5세 쌍두 독수리

피에타

고뇌의 성모 마리아 성당 외관

피에타

고뇌의 성모 마리아 대성당 내부　　　　　　천장

정도로 찬란한 빛을 발합니다. 스페인에는 웅장한 성당, 화려한 성당, 아름다운 성당이 무수히 많은데, 이 성당 또한 아름답고 화려하기로는 어디에 내놓아도 손색이 없어 보입니다. 제단과 천장, 벽면 등 모든 부분이 눈부시게 화려합니다.

　그러나 이 성당의 진정한 가치는 아름답고 화려한 내부 장식에 있지 않습니다. 제단에 놓여 있는 '고뇌의 성모 마리아'가 바로 그라나다의 수호 성녀라는 사실이 중요합니다. 이사벨 1세 시절의 궁정 화가이자 스페인 플랑드르파 화가의 한 사람이었던 프란시스코 차콘에 의해 제작되고, 가톨릭 국왕 부부에 의해 기증되었다는 이 성모상은 이 성당의 상징이자 그라나다의 상징입니다. 규모가 그리 크지 않은 이 성당을 바실리카(대성당)라고 부르는 이유가 아마 여기에 있을 것입니다.

　'고뇌의 성모 마리아'는 죽은 예수를 무릎에 안고 슬픔에 잠겨 있는 성모 마리아를 새긴 일종의 피에타상인데, 어느 피에타와도 비교할 수 없을 정도로 화려합니다. 아마도 이것을 제작할 당시의 스페인의 경제적 풍요와 자신감이 반영된 결과일 것입니다. 성모 마리아의 망토에 새겨진 석류는 그라나다의 수호 성녀가 되는 것과 관련이 있을 테고, 이사벨의 멍에는 그녀의 책임감을, 그리고 페르난도의 화살은 이교도를 모조리 무찌르겠다는 당시 사람들의 결연한 다짐을 대변하는 것 같습니다. 그것을 종교적 편협함으로 해석하고 보면 좀 불편해지기는 합니다만.

참고로, 고뇌의 성모 마리아 대성당에도 사그라리오 교회에서 보았던 것과 같은 십자가의 길이 벽면에 표시되어 있으니 그림과 내용을 대입하면서 직접 확인해 보시기 바랍니다.

고뇌의 성모 마리아

십자가의 길(9번 길)　　　　　　베드로　　　　　　　　　타데오

　이곳에서는 예수의 열두 제자와 그들의 상징물에 대해서 말해볼까 합니다. 고뇌의 성모 마리아 대성당 벽면에는 사진에서 보는 것처럼 예수의 열두 제자(예수를 배반한 유다를 빼고, 사도 바오로를 넣었습니다) 조각상이 세워져 있습니다.

　이곳은 보는 이의 이해를 돕기 위해서인 듯 조각상 아래에 각자의 이름을 적어놓았습니다. 그러나 이름이 없어도 열두 제자를 표현한 그림이나 조각을 보면 그것이 누구인지를 짐작할 수 있답니다. 제자들마다 고유의 상징물이 있기 때문이지요. 고뇌의 성모 마리아 대성당의 조각상을 보면서 그것을 확인해 봅시다.

　제단 왼쪽의 맨 앞에 있는 이는 베드로입니다. 그의 손에 들린 열쇠를 보면 알 수 있습니다. 그리고 베드로와 직각으로 꺾인 옆 벽면에 서 있는 이는 타데오로, 도끼창을 들고 있습니다. 그가 도끼로 목이 잘려 순교했기 때문에 도끼나 도끼창을 든 제자는 타데오로 봅니다.

안드레아와 요한   작은 야고보   바르톨로메오

타데오와 마주 보는 위치에 서 있는 이는 X자형 십자가를 지니고 있습니다. 안드레아이지요. 베드로와 형제간인 그는 십자가형을 받을 때 X자형 십자가에서 죽기를 원했다고 합니다. 그래서 그의 상징물은 X자형 십자가입니다.

안드레아와 직각으로 꺾인 옆 벽면에 서 있는 이는 사도 요한으로 술잔을 들고 있습니다. 4대 복음서 저자 중의 한 사람인 그는 독수리와 함께 표현되는 경우가 많지만, 때때로 술잔을 들고 있기도 합니다. 예수가 최후의 만찬에서 그에게 "고난의 잔을 마실 수 있겠느냐?"고 물었다는 데서 유래한 상징물입니다.

요한의 옆(대성당의 출입문 방향)에는 몽둥이로 맞아서 순교한 작은 야고보와 살가죽이 벗겨져 순교한 바르톨로메오가 있습니다. 각각 몽둥이와 살가죽을 벗길 때 사용한 작은 칼을 들고 있지요.

자, 이제는 제단의 오른쪽을 살펴봅시다. 베드로와 대칭되는 위치에 있는 이는 커다란 칼을 들고 있습니다. 칼로 참수당해 순교한 바오로입니다. 그는 예수가 살아 있을 때 제자로 활동하지는 않았지만, 유다 대신 열두 명의 제자에 포함될 때가 많으며, 특히 베드로와 함께 표현되는 경우가 많습니다. '산 페드로와 산 파블로 교회' 편에서 이미 설명한 바 있습니다.

타데오와 대칭되는 위치에 있는 이는 시몬으로 커다란 톱을 들고 있습니다. 그가 톱으로 목이 잘려 순교했기 때문입니다.

안드레아와 대칭되는 위치에 서 있는 이는 큰 야고보입니다. 그라나다 대성당의 산티아고 제단에서 보았던 이가 바로 큰 야고보입니다. 예수의 제자 중에 같은 이름을 쓰는 이가 있어 '큰 야고보Apostle St. James the Greater(혹은 세베대의 아들 야고보)'라고 합니다. 다른 야고보는 몽둥이에 맞아 순교한 이로 '작은 야고보Apostle St. James the Less(혹은 알패오의 아들 야고

바오로　　　　　　　　　시몬　　　　　　　　　큰 야고보

보)'라고 하지요. 큰 야고보가 묻혀 있는 산티아고 데 콤포스텔라Santiago de Compostela에 이르는 길이 산티아고 순례길이며, 그는 순례자들의 수호 성인으로 여겨집니다. 그래서 그의 상징물은 길을 걸을 때 필요한 지팡이 이며, 조개껍데기도 그의 상징물로써 산티아고 순례길을 표현할 때 사용 됩니다. 이 조각상을 잘 보면 순례자의 지팡이와 조개껍데기가 보입니다.

요한과 마주 보는 위치에 서 있는 이는 도마로, 그는 부활한 예수를 보고도 믿지 못해 예수의 옆구리에 난 상처를 만져본 다음에야 비로소 믿었다고 합니다. 예수의 부활을 확인한 후 스승의 뜻을 알리기 위해 노 력하다 창에 맞아 순교했다고 알려졌습니다. 그래서 그는 창을 들고 있 는 모습입니다.

마지막으로 두 사람이 남았습니다. 도마 옆에 십자가를 들고 있는 이 는 빌립보로 그의 상징물은 십자가, 또는 용입니다. 맨 마지막에 서 있 는 이는 요한과 마찬가지로 4대 복음서 저자 중의 한 명이면서 예수의

도마   빌립보   마태

제자인 마태입니다. 복음서 저자답게 책을 들고 있는 모습으로 표현되었습니다.

이 성당은 입장료를 받고 관광객에게 공개하는 시설이 아니라 지금도 시민들이 정기적인 예배를 드리는 곳입니다. 필자는 때마침 예배 시간에 맞추어 성당을 방문할 수 있었는데, 대부분 노인들이 참석한 미사는 장엄하면서도 진지하였습니다. 미사가 끝난 다음에는 서로 인사를 주고받으며 다정한 한 때를 보내는 것을 보니 성당이 신자들에게는 커뮤니티 공간이 된다는 것을 알 수 있었습니다.

이렇게 본래의 기능을 충실히 하고 있는 이 성당이야말로 진실로 살아있는 종교의 현장이라는 생각을 했습니다.

위키피디아 및 ⊗ 참고 그림 목록

Alvesgaspar 95, Bocachete 320, Daniel Ullrich·Threedots 454, Daniel Villafruela 137 438, Dragases 33, El Pantera 321, Fczarnowski 465, Heralder 205 213, Hippophaë 212, Immasureda 321, Ipankonin 34, Jebulon 212 259, Jmdigne 102, José Antonio Fernández 436, José Manuel Ferro Ríos 470, Leon petrosyan 164, Macucal 381, Magnificus 325, michael clarke stuff 274, Michal Osmenda 137, N3MO 33, Olivier Bruchez 326 327 329 Pepepitos 16 273 297, Ra-smit 196, shakko 341, Shesmax 104, Sundance Raphael 212, Superchilum 259, Ujorge 211, Wolfgang Sauber 259, XpoferenS 432, Yair Haklai 459

일러두기

이 책에 등장하는 인명, 지명 등 외래어 표기는 해당 국가(지역)의 발음을 기준으로 하되, 〈표준국어대사전〉에 따랐습니다. 단, 이미 널리 사용되고 있는 표기가 있는 경우 더 일반적인 것을 따랐습니다.